DE GELUKKIGSTE KINDEREN VAN DE WERELD

Rina Mae Acosta en Michele Hutchison

De gelukkigste kinderen van de wereld

Opvoeden *The Dutch Way*

Vertaling Petra C. van der Eerden

Nijgh & Van Ditmar
Amsterdam

www.nijghenvanditmar.nl

Eerste druk 2017
Tweede druk (e-book) 2017
Derde druk 2018

Copyright © Rina Mae Acosta en Michele Hutchison 2017
Copyright Nederlandse vertaling © Petra C. van der Eerden/
Nijgh & Van Ditmar 2017
Oorspronkelijke titel *The Happiest Kids in the World. Bringing Up Children the Dutch Way*, Doubleday, Londen
Omslag Studio Ron van Roon
Omslagillustratie en illustraties binnenwerk Alyana Cazalet
Foto auteurs Elma Coetzee
Typografie Zeno Carpentier Alting
NUR 320 / ISBN 978 90 388 0155 1

Voor onze kinderen

Rina's gezin

Rina Mae

Ik ben een Aziatisch-Amerikaanse schrijfster en ik woon in een Nederlands dorp met mijn man Bram en onze twee zoons. Ik kom uit de San Francisco Bay Area en geniet van mijn leven als expat in Europa.

Bram

Mijn man, een Nederlandse ondernemer die op zijn papadag graag bij Julius en Matteo is.

Bram Julius

Onze oudste zoon, een energiek kind dat graag nieuwe dingen ontdekt en dol is op verhaaltjes voor het slapengaan en hagelslag.

Matteo

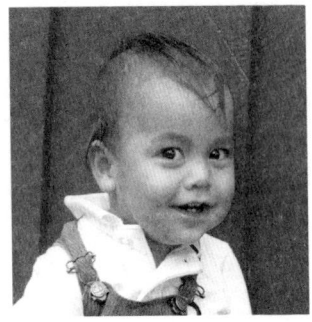

Ons tevreden kind, dat in het begin niet zo'n goede slaper was maar nu geniet van een nieuwe eet-, slaap- en speelroutine.

Micheles gezin

Michele

Ik kom uit de Britse Midlands en verhuisde naar Amsterdam toen ik mijn eerste kind verwachtte. Als ik niet vertaal of schrijf, ben ik meestal bezig op mijn volkstuintje.

Martijn

Mijn man, een Nederlandse uitgever en, ironisch genoeg, een enorme anglofiel, die graag uren in de keuken bezig is.

Ben

Ons oudste kind, dat sinds kort naar de middelbare school gaat en fanatiek danst.

Ina

Onze dochter, een energiek, sportief meisje met een passie voor rekenen.

'De beste manier om te zorgen dat kinderen lief zijn is zorgen dat ze gelukkig zijn.'

– Oscar Wilde

Inhoud

Beste *Dutchie* 11
Inleiding 13

1 Op zoek naar 'Dutchland' 23
2 Moeder bemoederen 43
3 Rust, reinheid en regelmaat 61
4 Leren spelen 81
5 Stressvrij onderwijs 93
6 Over discipline 119
7 Fietsen in de regen 133
8 Een jeugd vol vrijheid 149
9 Een eenvoudig leven 171
10 Gelukkige ouders hebben gelukkige kinderen 185
11 Het komt allemaal door de hagelslag 207
12 Dan nu over seks 219
13 Nederlandse tieners rebelleren niet 233

Conclusie: tijd voor een revolutie 261
Noten 271
Bibliografie 283
Dankwoord 286

Beste *Dutchie,*

Als je dit boek in het Nederlands leest, ben je waarschijnlijk een Nederlander, een expat die hier al een tijdje woont of gewoon iemand die dol is op de Nederlandse taal en cultuur.

We hebben dit boek vooral voor de Angelsaksische markt geschreven, waar dringende behoefte is aan andere inzichten op het gebied van opvoeding. Neem bijvoorbeeld opvoedfilosofieën die niet uitgaan van succes op school, maar van het geluk van het kind: een van de dingen die we hier geweldig vinden. Vanuit onze positie als buitenstaanders, soms verbaasd, soms overrompeld, kunnen wij zien hoe anders de dingen hier zijn dan in ons respectievelijke vaderland. Alles bij elkaar zul je merken hoezeer wij onder de indruk zijn van Nederlandse ouders. We dachten dat onze landgenoten, en misschien zelfs wel de hele wereld, baat zouden kunnen hebben bij wat wij van jullie leren. Die mengeling van een pragmatische opvoedfilosofie en een verfrissende kijk op wat een kind feitelijk is, een belangrijk aspect waar veel moderne opvoedmethoden niet bij stilstaan.

Het is altijd fijn om positieve reacties op je eigen cultuur te krijgen. Er zijn dingen die je misschien heel vanzelfsprekend vindt tot een buitenlander je erop wijst. We hopen dat je nieuwe waardering zult krijgen voor wat er zo goed is aan het Nederlandse opvoeden. We hopen dat jullie de dingen zullen koesteren die nu worden bedreigd door, laten we eerlijk zijn, een aantal van de slechtste tendensen uit de Angelsaksische opvoedcultuur. Nog niet zo lang geleden verschilde Groot-Brittannië bijvoorbeeld niet zoveel van Nederland – kinderen mochten vrij buiten spelen – maar een snel veranderingsproces heeft geresulteerd in een klimaat van angst en overbezorgdheid. We hadden meer tradities gemeen, zoals de vroedvrouw, maar als dat gebruik bij ons kon verdwijnen, kan dat bij jullie ook. Sterker nog, toen een van onze Nederlandse familieleden de Engelse editie las, mailde ze terug: 'Wat een mooi boek. Ik vroeg me wel meteen af of we in Nederland niet precies dat aan het verliezen zijn wat jullie zo mooi beschrijven als de typisch Hollandse manier van opvoeden. Ik ben juist zo bang dat het hele systeem van meer waarde hechten aan cijfers, het al jong beginnen met kinderen veel te leren hier steeds meer opkomt.'

Nieuwe trends lijken steeds verder af te staan van het traditionele Nederlandse model, in de richting van een intensievere en stressvollere opvoeding. Denk er alsjeblieft goed over na voor jullie dat pad inslaan, en leer van de Amerikaanse en Britse ervaring.

De Nederlandse editie is enigszins aangepast; zo leggen we niet nodeloos uit hoe de dingen hier werken. Maar neem van ons aan dat we alles goed uitleggen aan onze Engelstalige lezers. We hebben een paar kadertjes aan de Nederlandse editie toegevoegd, speciaal voor jullie.

We hopen dat je geniet van onze overpeinzingen en dat je je eigen ervaring met de Nederlandse manier van opvoeden, of de manier waarop je zelf bent opgevoed, erin herkent.

Liefs,

Michele Hutchison en Rina Mae Acosta

Inleiding

Twee peuters hebben elkaar net een klimrek in gejaagd en verdringen zich nu boven aan de glijbaan. Hun moeders zijn diep in gesprek op een bankje vlakbij, ze nippen aan hun koffie verkeerd en voelen de bleke zon op hun gezicht. In de verte blaft een hond en er schuift een klein jongetje voorbij op zijn loopfiets, gevolgd door zijn opa die een buggy voortduwt. Een groepje oudere kinderen komt over het fietspad aan geracet, lachend en grappen makend, met hockeysticks die gevaarlijk dicht langs hun fietswielen bungelen. Ze passeren een jonge moeder die minder snel fietst, omdat ze een baby voorop en een peuter achterop heeft. Een groep meisjes is een potje aan het lummelen op het gras, hun vrolijke gegil klinkt overal in het rond. Een eindje verderop oefenen een paar jongens hun skateboardmoves. Geen van de schoolgaande kinderen heeft een volwassene bij zich.

Dit vrolijke tafereeltje komt niet uit een film. Het is een doodgewone woensdagmiddag in de lente in het Amsterdamse Vondelpark, een scène die elke dag in heel Nederland te zien is.

In 2013 stelde een rapport van UNICEF dat Nederlandse kinderen de gelukkigste kinderen op aarde zijn. Volgens onderzoekers lopen Nederlandse kinderen met hun fijne jeugd voor op hun leeftijdsgenoten in de negenentwintig rijkste geïndustrialiseerde landen. Groot-Brittannië stond op nummer zestien en de VS op zesentwintig, net boven Litouwen, Letland en Roemenië – de drie armste landen in het onderzoek. Kinderen uit Nederland haalden de top vijf in alle beoordeelde categorieën: *Materieel welzijn*; *Gezondheid en veiligheid*; *Onderwijs*; *Gedrag en risico's*, en *Huisvesting en milieu*. Sterker nog, Nederland scoorde het hoogst in de categorieën *Gedrag en risico's*, en *Onderwijs* (een categorie waarin Groot-Brittannië de vierentwintigste plaats behaalde). Toen Nederlandse kinderen werd gevraagd te beoordelen hoe gelukkig ze waren, zei ruim 95 procent dat hij of zij gelukkig was. Ook verschillende andere onderzoeken hebben de nadruk gelegd op de voordelen van het opgroeien in Nederland – bijvoorbeeld de Britse Child Poverty Action Group en de Wereldgezondheidsorganisatie. Het UNICEF-rapport was een vervolg op een rapport uit 2007 waarin Nederland voor het eerst werd aangemerkt als voorbeeld van kinderwelzijn. Groot-Brittannië en de VS stonden helemaal onder aan de ranglijst.

Bovendien wijst nieuw onderzoek er ook op dat Nederlandse baby's gelukkiger zijn dan hun Amerikaanse leeftijdsgenootjes. Na onderzoek naar het verschil in humeur tussen baby's geboren in de VS en in Nederland, bleek dat Nederlandse baby's tevredener waren – ze lachten, glimlachten en knuffelden meer – dan Amerikaanse baby's. Nederlandse baby's waren ook makkelijker te kalmeren, terwijl Amerikaanse baby's meer angst, verdriet en frustratie lieten zien. Psychologen wijten deze discrepanties aan de verschillende culturele mores op het gebied van opvoeding in de twee landen. Het verbaast ons bijzonder dat daar niet meer ophef over gemaakt wordt.

Als Amerikaanse mama en Britse mama die, beiden

getrouwd met een Nederlander, hun kinderen grootbrengen in Nederland, konden we er niet aan ontkomen te zien hoe gelukkig Nederlandse kinderen zijn. Het tafereel dat we hierboven beschreven, geeft al enig idee waarom: Nederlandse kinderen hebben vrijheden die kinderen in onze beide vaderlanden niet hebben, en ze varen er wel bij. Hier zijn een paar dingen waarin Nederlandse kinderen anders zijn dan Britse of Amerikaanse:

- Nederlandse baby's krijgen meer slaap
- Nederlandse kinderen hebben weinig of geen huiswerk op de basisschool
- Nederlandse kinderen worden niet alleen gezien, maar ook gehoord
- Nederlandse kinderen mogen zelfstandig op de fiets naar school
- Nederlandse kinderen mogen zonder toezicht buiten spelen
- Nederlandse kinderen eten regelmatig met het hele gezin
- Nederlandse kinderen brengen meer tijd door met hun ouders
- Nederlandse kinderen zijn blij met kleine dingen en tevreden met tweedehandsspeelgoed
- En last but not least, Nederlandse kinderen krijgen hagelslag bij hun ontbijt!

Hier bestaat je jeugd uit veel vrijheid, eindeloos spelen en weinig stress op school. Als gevolg daarvan zijn Nederlandse kinderen prettig in de omgang. Als je voorbij hun ongezouten manier van communiceren kijkt, komen ze over als gezellig, vriendelijk, spraakzaam, verfrissend eerlijk en direct. Nederlandse kinderen zijn behulpzaam, nemen snel initiatief en eisen niet continu aandacht van volwassenen. Ze kunnen zichzelf vermaken.

Als we zeggen dat we hebben gemerkt dat de kinderen hier gelukkig zijn, bedoelen we niet dat ze de hele tijd ronddansen van plezier, tegen de muren op stuiteren en spontaan uitbarsten in 'Happy' van Pharrell Williams. Nederlandse kinderen zijn zelfbewust en zelfverzekerd, ze zijn in staat een diepe band met familieleden te onderhouden, liefde te vinden en hun plek in de wereld te ontdekken. Dat is het soort geluk dat kinderen ervaren als hun ouders naar hen luisteren en hun mening respecteren.

Met een dergelijke opvoeding krijg je de meest zelfverzekerde, verantwoordelijke en respectvolle tieners die je wellicht ooit zult tegenkomen. Nederlandse tieners rebelleren veel minder dan hun Angelsaksische tegenhangers. Ze hebben niet die ijdele arrogantie die wij en onze vrienden op hun leeftijd hadden, maar eerder een volwassen zelfvertrouwen. Hoewel romantische logeerpartijtjes cultureel aanvaardbaar zijn, kan Nederland ook bogen op een van de laagste aantallen tienerzwangerschappen ter wereld. Deze goed aangepaste kinderen zijn voorbereid op de zorgen en problemen van het volwassen leven.

De Angelsaksische manier van opvoeden is doortrokken van de stelling van de zeventiende-eeuwse filosoof John Locke, dat een kind bij de geboorte een schone lei is die wordt beschreven door zijn omgeving. Sommigen zeggen dat dit heeft geleid tot het nieuwe normaal van hyperwaakzame, enorm eigenwijze en overdreven betrokken ouders. Hun kinderen worden onder druk gezet om te presteren, gepusht om zich aan te passen en ingesteld op succes – ze mogen zich niet in hun eigen tempo ontwikkelen. Engelse en Amerikaanse ouders zijn tegenwoordig meer bezig met hun kinderen dan ouders in vorige generaties, en zijn geneigd te geloven dat alles wat een kind doet strikt in de gaten gehouden moet worden door een volwassene. Een belangrijk kenmerk van moderne ouders in Groot-Brittannië en de VS is bezorgdheid: onze vrienden daar maken zich enorm druk; elke opvoedkundige beslissing gaat gepaard met twijfels, bedenkingen en schuldgevoel. Waarom gaan Nederlandse ouders niet gebukt onder dergelijke zorgen? Waarom vertonen zij niet dat overdreven angstige helikoptergedrag dat je elders zo vaak ziet?

Nederland heeft de reputatie een ruimdenkend land te zijn dat tolerant omgaat met seks, drugs en alcohol, maar daaronder schuilt een goed bewaard geheim: de Nederlanders zijn eigenlijk een vrij conservatief volkje. Het hart van de Nederlandse cultuur wordt gevormd door een samenleving van huismussen waarin het kind centraal staat. Ouders hebben een gezonde houding ten opzichte van hun kinderen, die ze zien als individuen en niet als verlengstukken van zichzelf. Ze begrijpen dat prestaties niet per se leiden tot geluk, maar dat geluk prestaties kan cultiveren. De Nederlanders hebben de bezorgdheid, stress en verwachtingen van het moderne ouderschap beteugeld en herdefiniëren zo de betekenis van succes en welzijn. Voor hen begint succes met gelukkig zijn – voor hun kinderen en henzelf.

De Nederlandse manier van opvoeden kent die ongrijpbare balans tussen ouderlijke betrokkenheid en gezonde verwaarlozing. Ze hebben gezag, maar ze zijn niet autoritair. De Nederlanders geloven in de ouderwetse normen en waarden van het gezin, gepaard aan een moderne erkenning van de intrinsieke waarde van het kind en respect voor het leven van de vrouw buiten haar rol als moeder. De norm in Nederland is eenvoud: gezinnen kiezen vaak voor eenvoudige, goedkope activiteiten en een *back-to-basics*-aanpak.

De Nederlandse samenleving heeft met succes gevochten voor een benijdenswaardig evenwicht tussen werk en vrije tijd. Als parttime-kampioenen van Europa werken de Nederlanders gemiddeld negenentwintig uur per week, ze besteden minstens één dag per week aan hun kinderen en proberen ook nog tijd vrij te maken voor zichzelf. Je zult een Nederlandse moeder niet horen zeggen dat ze zich schuldig voelt over de hoeveelheid tijd die ze met haar kinderen doorbrengt – ze zorgt dat ze tijd voor zichzelf maakt buiten haar moederrol en haar werk. Deze robuuste, verwaaide en zelfverzekerde moeders gaan niet zodra ze het ziekenhuis uit komen met hun pasgeboren kind stressen dat ze hun strakke lijf terug willen. En Nederlandse moeders doen geen dingen voor hun kinderen die ze prima zelf kunnen – zij stimuleren op een gepaste leeftijd onafhankelijkheid in hun kinderen. Ze zijn zelfverzekerd en kalm. Je ziet nauwelijks die mama-concurrentie of dat moederlijk schuldgevoel dat je in Groot-Brittannië of de VS ziet.

Nederlandse vaders, en dan vooral vaders van baby's en peuters, geloven in een gelijkwaardiger verdeling van opvoeding en huishouden – ze delen de taken in de opvoeding en het huishouden eerlijk. Ze passen op hun kinderen op hun vrije dagen en helpen de kleintjes in bed stoppen. Je ziet net zo vaak een vader achter de kinderwagen als een moeder. En als een kind bijvoorbeeld koorts heeft, blijven een Nederlandse vader en moeder om beurten thuis bij hun kind, waar de meeste Nederlandse werkgevers niet al te moeilijk over doen. Nederlandse vaders zijn trots en direct en het boeit ze niet als wij expats ze uitlachen om hun onberispelijk met gel vastgeplakte krullen, rode broeken en gele regenjacks.

We zien daarentegen dat Britse en Amerikaanse ouders constant onder druk staan en rusteloos zijn door hun eigen onrealistische verwachtingen en de meningen van anderen. Men veronderstelt dat kinderen alle tijd, geld, middelen en aandacht nodig hebben die een ouder ze (bovenmenselijkerwijs) kan geven om een goede start te maken in het leven. Die gedachte lijkt ingebakken in de Britse en Amerikaanse cultuur. Als moeders niet voldoen aan het ideaalbeeld van de zelfopofferende, Pinterest-bedreven, zich in bochten wringende mama, staat de samenleving klaar met het bestraffende vingertje. Maar sinds wanneer ben je pas een goede ouder als het opvoeden van je kinderen je hele leven bepaalt? Sinds wanneer accepteren we dat het moderne ouderschap alleen maar werk is, en geen plezier?

Aan de basis van het grote veroordelen ligt de manier waarop de maatschappij opvoedkundig succes meet en vergelijkt aan de hand van de schoolprestaties van onze kinderen. We kennen de kleinburgerlijke opvoedclichés van ons eigen land: ergonomische draagzitjes, extravagante buggy's, biologische snacks, exclusieve particuliere scholen, sportclubs, muzieklessen... Het schoolplein is een slagveld voor ouders geworden. Een vriendin in New York beschreef de achterbakse rugbyscrum om een plekje op een peuterschool aan de Upper East Side te bemachtigen. Ouders en kinderen van drie moeten een keiharde selectie doorstaan, en afgewezen worden is erger dan als bruid bij het altaar gedumpt worden. Er is zelfs zoiets als 'goede' en 'foute' geboortedata, waarbij de verwekking precies gepland wordt om te zorgen dat het kind de oudste (en, zo luidt de redenering, dus intellectueel het verst) van de klas wordt. Competitief moederschap neemt de extreemste vormen aan in New York en Londen; van daaruit dringt het door in andere steden, voorsteden en dorpen. Opvoeden is verworden tot een uiterst concurrerende, uitputtende bezigheid, en onderwijs is nu een oorlogsgebied.

Maar hier in dit kleine, platte, West-Europese landje doen ouders het anders. Met als resultaat de meest tevreden kinderen ter wereld. De Duitse dichter Heinrich Heine zei ooit schertsend: 'Als de wereld vergaat, ga ik naar Holland, want daar gebeurt alles vijftig jaar later.' Er is iets vertrouwds en ouderwets aan het leven in Nederland. Nederlandse kinderen hebben een verregaande vrijheid: ze fietsen naar school, spelen op straat en gaan na schooltijd bij vriendjes spelen, allemaal zonder begeleiding. Iedereen aan de eettafel mag meepraten en gezinnen hebben tijd om samen dingen te ondernemen. Kinderen op de basisschool hoeven weinig huiswerk te maken en ze blokken niet voor examens. Het is het soort jeugd waar veel van ons vol weemoed naar kijken. Een jeugd van zwart-witfoto's, oude films en Enid Blyton-boeken.

Maar is die versie van een kindertijd wel zo ouderwets? Of is het misschien progressief en zijn tijd vooruit? Hebben de Nederlanders misschien bewust vastgehouden aan dit idee van de jeugd? En wat heeft Nederland dat maakt dat deze kinderen nog steeds zo'n zorgeloos leven kunnen leiden? Is het in dit kleine landje echt zoveel veiliger dan in andere landen?

Nederland is een rijk West-Europees land dat over alle gemakken van het moderne leven beschikt en ook last heeft van de bijbehorende eerste wereldproblemen als misdaad, moord en kinderontvoeringen. Er is echter geen rioolpers die de zorgen van ouders doet oplaaien, en Nederlandse ouders kunnen de dingen heel goed in perspectief zien: ze bepalen het werkelijke risico voor hun kinderen en handelen daarnaar. De Nederlanders hebben daar zelfs een woord voor: relativeren. Dat betekent het afwegen van voor- en nadelen in plaats van bang te zijn voor pedofielen of grote rampen, en kinderen voorbereiden op normale risico's zoals verdrinken en verkeersongelukken, door ze te leren zwemmen, fietsen en veilig oversteken.

Een belangrijk punt is dat de gemiddelde schuld van een Nederlands huishouden weliswaar tot de hoogste van Europa behoort en het land geen gebrek heeft aan sociale problemen, maar er is minder sociale en financiële ongelijkheid in Nederland dan in Groot-Brittannië en de VS. De leefomstandigheden zijn goed, al zijn ze niet voor iedereen ideaal. In het UNICEF-rapport uit 2013 stond Nederland achter Zwitserland, Ierland en Noorwegen in de categorie *Huisvesting en milieu*. Vergeet niet dat het er behoorlijk vochtig is (een groot deel van het land ligt onder zeeniveau), en ernstig overbevolkt. De eeuwig grijze lucht kan soms bepaald deprimerend zijn. Het is geen Utopia.

Als expat-moeders die onze kinderen in Nederland grootbrengen, zullen we je het fijne vertellen over de Nederlandse manier van opvoeden. Michele, die oudere kinderen heeft dan Rina, zal zich richten op kinderen vanaf de basisschoolleeftijd; Rina op kinderen onder de vijf. We hebben allebei gesproken met ouders en hun kinderen in een poging uit te zoeken wat de Nederlanders weten, en hun Britse en Amerikaanse tegenhangers zijn vergeten of over het hoofd zien. Hoe brengen Nederlandse ouders zulke gelukkige kinderen voort, en zulke sympathieke tieners? Ligt het antwoord werkelijk in de hagelslag die ze bij het ontbijt op brood krijgen? Of is het dat Nederlandse kinderen overal naartoe fietsen? Is het de relaxte manier van opvoeden? De voorkeur voor thuisbevallingen? De Nederlandse liefde voor zuivelproducten? De frequente kampeervakanties? Het middelbaar onderwijs met richtingen? We hebben met andere ouders gesproken en we hebben geluisterd, en zullen de aha-momentjes uit die gesprekken met je delen. En we zullen zoveel mogelijk tips geven om te helpen je kinderen groot te brengen op de Nederlandse manier: gelukkig.

Elders in Nederland

We beschrijven onze ervaringen in Noord-Holland en de provincie Utrecht, maar een heel relevante vraag is hoe het in andere delen van Nederland gaat. Ik heb gehoord dat je in Limburg een heel pak koekjes mag opeten als je bij iemand op bezoek gaat, niks één koekje uit de trommel en dan de deksel weer dicht. Men zegt dat ze in het zuiden vriendelijker en opener zijn, en dat het in de Randstad lastiger is om vrienden te maken. Een Engelse vriend die in de uiterst conservatieve Bijbelgordel woonde, voelde zich er echt ellendig. Dus we horen graag van Nederlanders hoe het gaat met het ouderschap in hun provincie. Je kunt ons bereiken via findingdutchland.com

1

Op zoek naar 'Dutchland'

Rina in Doorn, een schilderachtig Nederlands dorpje in de bossen

Mijn onderzoek naar het geluk van Nederlandse kinderen begint bij mij thuis in Doorn, een Nederlands dorp met tienduizend inwoners, midden in een nationaal park en bevolkt met jonge gezinnen, gepensioneerden, natuurliefhebbers en mensen die op zoek zijn naar een rustiger leven. Het is een plek waar je kinderen ziet spelen in straten met bomen, waar het zelf maken van heerlijke pannenkoeken en warme chocolademelk wordt gezien als een deugd, waar gezinnen op de boerenmarkt versgebakken stroopwafels eten, waar in de lente en de zomer de geur van barbecuerook in de lucht hangt, en in het najaar en de winter die van een brandend haardvuur, en waar je de meeste kans hebt nieuwe vrienden, jong en oud, te ontmoeten tijdens een wandeling in het plaatselijke bos. Het is ook 8816 kilometer van San Francisco, de plek waar ik bijna mijn hele leven heb gewoond.

Hoewel ik dankzij mijn Facebook-feed, Instagram-berichten en Skype-videodates verbonden blijf met de gefilterde realiteit van het leven in de Bay Area, leef ik in een parallel universum. Mijn ouders werkten zich drie slagen in de rondte volgens een waslijst vol opofferingen; de mantra 'wij hebben alles opgegeven opdat jij een beter leven en een goede opleiding zou krijgen' werd voortdurend afgespeeld. Ze legden de lat voor mijn prestaties op school extreem hoog, en elke misser of tekortkoming betekende schande en gezichtsverlies voor het gezin. Zorgen dat mijn broers en ik een fijne jeugd hadden, was meer een bijzaak, een voetnoot bij dringender zaken, terwijl mijn ouders zich van betaaldag naar betaaldag vochten om ons naar de plaatselijke particuliere katholieke school te kunnen sturen, de hypotheek te kunnen betalen, eten op tafel te kunnen zetten, geld te sturen aan familie die nog in de Filippijnen zat en niet achter te blijven bij de Santosjes naast ons.

Je jeugd leek iets wat je moest doorstaan, niet iets waar je van mocht genieten. Ironisch genoeg ben ik nu een Amerikaanse expat in een Nederlands dorpje, die probeert om te gaan met het ouderschap en, net als mijn ouders, een nieuwe manier moet vinden om te leven in een cultuur die heel anders is dan de mijne.

Dat komt allemaal door een trans-Atlantische liefde op het eerste gezicht die begon toen een Nederlandse promovendus letterlijk voor mijn voordeur werd afgezet. Mijn nicht Grace, die bevriend was geraakt met de Nederlandse student aan de Universiteit van Florida, was ervan overtuigd dat wij voor elkaar gemaakt waren. Aangezien ik te druk bezig was met mijn carrière als medisch onderzoeker om me daar iets van aan te trekken, nam ze het heft in eigen hand: ze nam Bram mee toen ze me kwam opzoeken in Philadelphia, waarbij ze net deed alsof het gewoon een spontaan bezoekje was. Toevallig was het Brams laatste week in de VS voor hij terugging naar Nederland voor zijn masterscriptie.

Niemand verwacht op het eerste gezicht verliefd te

worden. Ik had beslist niet verwacht dat ik een charmante Europeaan in de deuropening zou aantreffen die me al een paar uur na onze eerste kennismaking de liefde zou verklaren. Gelukkig had ik genoeg gezond verstand om die Hollander in elk geval een kans te geven – met 5988 kilometer Atlantische Oceaan ertussen, natuurlijk. Het werd een heerlijk ouderwetse romance met een moderne twist; lange, handgeschreven brieven naast frequente mailtjes, regelmatige chats via Gmail, en spontane telefoontjes. En voor het eerst in mijn leven was ik eerlijk tegen mezelf: ik moest me afvragen waar mijn hart nu werkelijk lag – en dat was niet bij een carrière als arts.

Hij deed me een aanzoek in Parijs en we trouwden in San Francisco. En hier zit ik dan in Nederland, tien jaar later, in een gehuurd jarendertighuisje in het bos, te peinzen over de cultuurverschillen tussen Nederland en de VS in een poging de gulden middenweg te vinden. Hoewel ik een heel gelukkig huwelijk heb, heeft het een tijd geduurd voor ik kon genieten van het leven in de Lage Landen. Sterker nog, ik heb het de eerste zeven jaar best moeilijk gehad: de cultuurshock was enorm, allesomvattend en onverbiddelijk. Het weer was voortdurend grauw, regenachtig en bewolkt, en ik had elf maanden per jaar last van een winterdepressie. En er waren nog meer aspecten aan het Nederlandse leven die me niet bevielen – zo vond ik het bijvoorbeeld moeilijk te aanvaarden hoe klein alles leek, en dat iedereen me ongevraagd advies gaf.

Toen ik mijn eerste kind, Bram Julius, verwachtte, was ik bezorgd. Waarschijnlijk is 'angstig' een betere term. Ik wilde mijn zoon geven wat ik niet had gehad: een gelukkige jeugd. Dus trapte ik in de mythe van de perfecte moeder, een geïdealiseerde (en onrealistische) versie van het moederschap die vereiste dat ik mezelf geheel aan mijn kind zou wijden en hem ongekende hoeveelheden geduld en aandacht zou betonen. Ik verslond alle (ongevraagde) adviezen over wat je wel en niet moet doen tijdens je zwangerschap, en allerlei elkaar tegensprekende filosofieën over opvoeden. Ik schreef me in voor zwangerschapsgym en yoga en bestudeerde nauwkeurig alle ontwikkelingsmijlpalen in het eerste levensjaar van een kind. Goedbedoelende Amerikaanse vriendinnen en familie overspoelden me met flashcards, lessen in babygebarentaal, handboeken over babygeleid spenen, boeken van Dr Seuss en dvd's van *Sesame Street*.

Ik begon me ook te beraden op de voor- en nadelen van de montessori-, dalton-, Regina Coeli- en Rudolf Steiner-methodes in speelzalen. Ik dacht: mijn baby zal immers maar zoveel tijd hebben om zijn antwoorden voor te bereiden als de toelatingscommissie van de peuterschool straks vraagt: 'Wat heb je de eerste zesendertig maanden van je leven gedaan?' (Aangenomen dat we terug zouden gaan naar San Francisco.)

Als expat-moeder had ik een onverwachte band met andere buitenlanders in Nederland wier moedertaal toevallig Engels was: Britten, Canadezen, Australiërs en Nieuw-Zeelanders. Wij zijn sowieso 'allemaal Engels', aldus de Nederlanders. *Zij is Engels* is vaak hoe ik word voorgesteld door (oudere) Nederlanders. Aangezien ik graag van mijn eenzaamheid en cultuurshock af wilde, en van mijn groeiende besef dat ik een *desperate housewife* aan het worden was, begon ik een blog met de titel 'Finding Dutchland', over mijn ervaringen als Amerikaanse expat-moeder in Nederland. Bloggen leek een ideale manier om mijn passies te combineren – schrijven, fotografie en familie. Het was ook een oprechte poging in contact te komen met andere *Engelse* expats, en een virtuele portfolio van wie ik ben. Als mensen mijn blog leuk vonden om te zien en te lezen, zouden ze misschien wel vrienden met me willen worden.

Het duurde een tijd voor ik iets begon te zien in de Nederlandse manier van opvoeden. Zelf ben ik grootgebracht met katholiek schuldgevoel en het arbeidsethos van immigranten, en dus leek de Nederlandse aanpak me een beetje te makkelijk, egoïstisch en lui. Met enige argwaan bekeek ik de bevallingen onder leiding van een vroedvrouw, het liefst thuis en zonder verdoving. Nederlanders stuurden hun peuters niet naar muziekles of extra onderwijsprogramma's, en ze maakten zich niet druk om de juiste peuterspeelzaal. Wat mankeerde die mensen?

Toen ik een jaar moeder was, kwam ik een artikel tegen waarin werd beweerd dat de Nederlandse kinderen het gelukkigst waren van alle kinderen ter wereld, aldus UNICEF. Hoe waar was dat? Waren ze werkelijk zo gelukkig?

Het najagen van geluk is diep verankerd in de Amerikaanse psyche. We streven naar een perfecte opvoeding omdat we denken dat we die begeerlijke prijs verdienen als we 24 uur per dag speelkameraadjes zijn voor onze kinderen en ze continu in de gaten houden.

Extra pijnlijk was dat Nederlandse ouders dat en masse voor elkaar kregen, en nog met veel minder moeite ook. Misschien moest ik gewoon wat rustiger aan doen en kijken hoe de Nederlanders het deden. Stel dat opvoeden ook *leuk* kon zijn.

Ik raakte gefascineerd door de aanpak van ouders om me heen en begon te analyseren wat het verschil was met mijn aanpak. En ik raakte bevriend met kinderen uit de buurt, die graag langskwamen om met mijn zoontje te spelen, de enige baby in onze straat. Op een avond besloot ik mijn observaties op te schrijven – 'The Eight Secrets of Dutch Kids, the Happiest Kids in the World', mijn eerste poging toe te treden tot de mamasfeer. Mijn blog werd een internethit en vond weerklank bij ouders over de hele wereld.

Perfecte moeders

Amerikaanse moeders worden geacht 'perfect' te zijn. Al die geïdealiseerde beelden van moeders die hun kinderen perfect grootbrengen worden vastgelegd op Facebook, Instagram en Pinterest. Het martelaarschap wordt vaak geprezen, waarbij moeders maaltijden overslaan om hun kinderen ingewikkelde biologische gerechten te kunnen voorschotelen en geen tijd vrijmaken voor simpele genoegens als de kapper. Het is onuitgesproken, kruiperige opschepperij als een moeder zichzelf omschrijft als 'een wrak'. Hoewel veel Amerikaanse moeders elkaar in werkelijkheid wel steunen, klinkt er veel openlijke kritiek vanuit de samenleving en heimelijke roddel en achterklap. Je kunt goed zien hoe schijnheilig die houding is in de Facebook-commentaren van populaire Amerikaanse opvoedwebsites zoals Scary Mommy, Babbly en Popsugar Moms.

De mamaveldslagen die vaak draaien om thuisblijfmoeders versus fulltime werkende moeders bestaan helaas echt. Vaak is de druk zelf opgelegd, door moeders die aan zichzelf twijfelen en zich angstig afvragen of ze de juiste keuze hebben gemaakt door thuis te blijven of juist fulltime te werken. Helaas lijkt er geen ideale oplossing te zijn. Moeders die ervoor kiezen thuis te blijven krijgen te horen dat ze geen *lean-in*-moeder zijn en dat ze financieel afhankelijk zijn, en moeders die kiezen voor een baan worden veroordeeld omdat ze hun kinderen niet genoeg aandacht zouden geven. Er is in Amerika geen parttime-werkcultuur waarin vrouwen het allebei kunnen doen, vooral omdat ze zich dan geen ziektekostenverzekering kunnen veroorloven.

*

Vandaag ben ik me, volledig in Californische streberige mama-modus, als een gek aan het voorbereiden op het verjaarspartijtje van Julius, die drie wordt. (Aangezien mijn man en onze oudste zoon dezelfde naam hebben, zal ik onze zoon Julius noemen om verwarring te voorkomen.) Behalve Nederlandse familieleden komen er ook expats met kinderen van Julius' leeftijd. Ook zij vinden de relaxte opvoedfilosofie van hier geweldig. Deze herstellende workaholics leren nu waardering te krijgen voor de parttimecultuur van Holland, die zelfs voor de meest ambitieuze mensen een haalbare optie is. En net als ik zien ze de voordelen.

Ik ben bezig met de lastminutevoorbereidingen – wat extra garnering op de ambachtelijke pizza, zelfgemaakte loempia's bakken, nog een beetje limoensap uitpersen voor de guacamole en de Vietnamese bief-noedelsalade klaarmaken. Misschien verraden de spulletjes van de Mickey Mouse Club en het toetjesbuffet met een tweelagentaart met fondant, red velvet cupcakes, chocoladetruffels en Italiaanse zandkoekjes dat ik hier niet vandaan kom. Ik probeer te integreren, maar ben nog steeds geneigd de keukengodin uit te hangen.

Bram schudt geamuseerd het hoofd en mijn schoonfamilie lijkt overdonderd door alle moeite die ik erin heb gestoken. Mijn schoonmoeder snapt niet waar ik het allemaal voor doe. Maar ik kom maar niet van het idee af dat hoe meer tijd, moeite en aandacht ik in het verjaarspartijtje van mijn kind stop, hoe meer ik bewijs dat ik van hem hou. Het is echter doodvermoeiend en ik weet niet eens of mijn zoon het wel waardeert. De Nederlandse kinderfeestjes waar we zijn geweest waren eenvoudige, nuchtere aangelegenheden, voorbehouden aan directe familie en hooguit een paar buren, waar elke gast één punt taart krijgt en de volwassenen beleefd drie uur lang in een kring zitten te praten terwijl de kinderen rondrennen en spelletjes doen.

Nederlandse verjaardagen, en de meeste andere festiviteiten, draaien meer om het vieren van de saamhorigheid. Bij ons feliciteren gasten eerst de ouders en grootouders van de jarige, en het kind. Nederlanders verwachten dat je iedereen in de kamer feliciteert. Je snapt wel dat ik dat een beetje vreemd vond toen ik voor het eerst geconfronteerd werd met deze traditie. Later begon ik die culturele eigenaardigheid te waarderen. Net als het gebruik om een traktatie mee te nemen voor je klasgenootjes, of je collega's op kantoor op taart te trakteren als je jarig bent, gaat het meer om geven dan om ontvangen. Dat mag ik wel.

Mijn zoon rent naar me toe en zegt: 'Taart, mama.' Het is tijd voor de verjaardagsliedjes. De menigte onder de vier jaar komt erbij en de taart wordt voor Julius neergezet. Het eerste lied is 'Happy Birthday' in het Engels, gevolgd door de Nederlandse versie 'Lang zal hij leven'. Ik vind de Nederlandse leuker, want die eindigt met 'hieperdepiep hoera!' en het feestvarken steekt triomfantelijk zijn handen omhoog.

Terwijl Julius zijn drie kaarsjes uitblaast, denk ik onwillekeurig: hij heeft een gelukkige jeugd.'

Doe maar gewoon...

Er is een nationale uitdrukking die ieder facet van het leven in Nederland definieert: *doe maar gewoon, dan doe je al gek genoeg*; of kort gezegd *doe normaal*.

Sommige expats vatten dat negatief op, als maatschappelijke druk om de status-quo te bewaren, om jezelf neer te leggen bij middelmatigheid en niet meer te willen. Maar eigenlijk gaat het om jezelf accepteren zoals je bent. Het leven is niet zo perfect als op Pinterest en niemand verwacht dat van jouw leven. Het gaat over inzien dat je niet zo hard je best hoeft te doen. Nederlanders waarderen authenticiteit en oprechtheid. Ze begrijpen de verwarring en onvolmaaktheid van het leven.

En als het om opvoeden gaat, draait *doe maar gewoon* alleen om je best doen. *Keep it real!*

> Intussen zit Michele in de dorpse metropool Amsterdam...

Net nu Rina en ik beginnen met onze zoektocht naar wat Nederlandse kinderen zo gelukkig maakt, heb ik zo'n dag die mijn nieuwe leven hier perfect weergeeft. Het is een zonnige lentedag en ik ben op de volkstuin even buiten de ringweg van Amsterdam. Ik kom hier van april tot oktober bijna elk weekend.

De vogels zingen; eentje roept dringend 'tsja-wie, tsja-wie, tsja-wie'. Ik sta voorovergebogen met een metalen klauw het gras uit mijn aardbeien- en frambozenperk te wieden. Twee meter verderop, op het verwaarloosde grasveldje, helpen mijn tienjarige zoon Benjamin en zijn vriendje Floris mijn Nederlandse man Martijn met het in elkaar zetten van de trampoline die de hele winter in de opslag heeft gestaan. De twee jongens werken goed samen en gooien al hun kracht in het aanspannen van de veren tussen het canvas en het frame. Mijn dochter Ina van acht heeft die ochtend haar beste vriendje Tijn gebeld en is op haar step vertrokken om bij hem thuis te gaan spelen.

Het is een vredig, harmonieus tafereeltje, compleet met zonneschijn en narcissen. Als de trampoline klaar is, gaan de jongens er om de beurt op springen. Ik maak een grapje over hoe zwaar Floris is, of hij wel onder het maximale gewicht zit dat het canvas aankan. Met zijn elf jaar is hij bijna even lang als ik, zo'n potige Nederlandse jongen met gigantische voeten. Naast hem lijkt mijn half-Engelse zoon wel een dwerg. Ze zeggen dat het door de groeihormonen in de melk komt, maar ik denk dat het meer met genen te maken heeft.

Twee uur later sta ik nog te wieden. Het is een arbeidsintensieve bezigheid, en de muizen hebben tunnels gegraven onder de planten. Nederlanders zijn buitenmensen en ze zijn dol op hun volkstuinen. De meesten brengen er veel meer tijd door dan ik. Er zijn vijf of zes grote complexen binnen tien minuten van mijn huis. Waar Britse volkstuinen meestal bestaan uit een paar rijtjes groenten en een krakkemikkig schuurtje, pakken de Nederlanders het groots aan en bouwen luxe huisjes met zonnepanelen, stromend water en gas. Aangezien ze vaak verzot zijn op kamperen, worden hun volkstuinen minicampings voor het weekend, en ze overnachten er vaak. Op het complex zie je overal gebruinde bejaarden die zonnebaden in hun ligstoel, kinderen die met water en modder spelen, en toegewijde tuiniers met een hoofddoek en een gekromde rug. Er is een voetbalveld, een zandbak en een speeltuin voor de kinderen en een grote kantine waar de volwassenen bier en snacks kunnen krijgen. In de weekends zijn er kaarttoernooien, bingo- en meezingavonden.

Ben en Floris liggen om beurten dwars over de trampoline op hun buik. Ze praten aan één stuk door, ze verzinnen en veranderen de fantasiewereld waar ze op dat moment in leven – ze zijn raketten, astronauten, zwemmers, olympische duikers, acrobaten; ze leven in een gewichtsloze wereld zonder zwaartekracht; ze hebben superkrachten; ze kunnen zeventien flikflaks maken; ze zijn ontvoerd en meegenomen naar een boomhut; ze springen met een salto uit de boomhut en zijn weer op de trampoline. Ze vertellen elkaar moppen, soms zelfs ten koste van de ultrarechtse Geert Wilders, en giechelen om flauwe woordgrappen. Ben ratelt opgewonden over de zaterdagse toneelclub van gisteren, nog steeds genietend van de pret achter de schermen, tussen de optredens.

Ik vraag Floris of hij vandaag niet moet leren voor de proefwerken die eraan komen. Hij kijkt me verbaasd aan. *Natuurlijk niet, wat een raar idee!* valt er in zijn blik te lezen. Ik vraag het omdat de jongens midden in de overgang van de basisschool naar de middelbare school zitten, en ik weet van Ben dat Floris op het randje balanceert tussen twee richtingen. Maar geen van de jongens heeft het over de aankomende examens. Het lijkt ze totaal niet bezig te houden. Vandaag is het zondag, en van dinsdag tot en met donderdag hebben de jongens hun laatste examen op de basisschool, de Cito-toets. Dit examen is het equivalent van de oude Britse Eleven Plus (om kinderen te selecteren voor het atheneum). Alleen kun je er in Nederland niet voor slagen of zakken. De score beoordeelt de academische prestaties van kinderen om ze vervolgens te laten doorstromen naar een breed scala aan middelbare scholen – van academisch tot technisch, vak- of praktijkopleidingen. Met andere woorden, dit cruciale examen kan invloed hebben op de rest van het leven en de mogelijke carrièrekeuzes van een kind.

Om eerlijk te zijn maak ik me nogal zenuwachtig over de Cito-toets. Martijn en ik weten vrij zeker dat onze zoon niet heel goed gaat scoren. Hoewel Bens vroegere resultaten goed waren – hij heeft zelfs een klas overgeslagen – is hij snel afgeleid en doet hij het niet goed bij multiplechoicetoetsen. Hij heeft de neiging meteen te gaan voor de eerste optie die het weleens zou kunnen zijn, zonder de rest door te lezen. Bij de paar oefentoetsen die hij gedaan heeft, had hij de meeste antwoorden fout! Als het aan mij lag, zou ik met hem blokken en hem coachen, zoals ik ook gedaan zou hebben als we in Engeland zouden wonen. Maar zijn juf Cinthya, een rustige vrouw van mijn leeftijd – begin veertig – heeft me expliciet gevraagd dat niet te doen.

'Je wilt hem niet onder druk zetten,' waarschuwde ze, alsof een kind onder druk zetten het ergste is wat je als ouder kunt doen.

Het was meer een bevel dan een beleefde suggestie. En ik heb geleerd dat je niet met Nederlandse vrouwen moet dollen. Tegenwoordig maak ik me liever uit de voeten dan dat ik voor het conflict kies. Nederlandse vrouwen zijn groter, sterker en een stuk assertiever dan ik. Waar de mannen overkomen als vriendelijke reuzen, zijn de vrouwen fel. Bovendien leek Cinthya te weten wat ze deed en had ze alles onder controle. Dus geheel tegen mijn instinct in besloot ik haar te vertrouwen.

Ben heeft de lijst van zijn tien favoriete middelbare scholen al ingeleverd, in volgorde van voorkeur. Toen we naar de open dagen gingen, werd hij aangemoedigd de scholen te kiezen waar hij zich het prettigst voelde. Daarna besprak Cinthya zijn keuzes met hem. Als ouders werden we er alleen bij betrokken in een adviesrol, we waren naar de achterbank verwezen. Ben las van alles over de verschillende scholen en hun leermethodes, besprak hun reputatie met oudere vrienden en zocht op hoelang hij zou moeten reizen.

Zijn eerste keus is een heel moderne school waar de nadruk op de vrije kunsten ligt, en waar film en drama op het curriculum staan. Zijn tweede keus is het ouderwetse gymnasium waar zijn opa op gezeten heeft, voor een deel ook weer omdat ze daar drama geven. In tegenstelling tot zijn ouders is ons kind een geboren acteur. Zelfs als baby bespeelde hij de menigte, en hij zette een show neer voor hij zelfs maar kon praten. Eigenlijk heeft Ben veel meer interesse in de schoolmusical waarin hij de hoofdrol speelt – het hoogtepunt van *zijn* basisschoolambities – dan in zijn eindtoets.

Martijn vertelt dat hij elf was toen zijn Amsterdamse basisschool bepaalde naar welke middelbare school hij zou gaan. De voorkeur van de ouders is blijkbaar nooit erg van invloed geweest. Dat is waarschijnlijk wat mensen bedoelen als ze zeggen dat Nederland een 'maatschappij is die om het kind draait'. Het is immers het kind dat naar die school moet. Jammer genoeg sluipt de Amerikaanse opvoedpraktijk van *concerted cultivation* de welgevulde zakken van dit land in, en dat baart me zorgen. Ouders die hun kinderen academisch klaarstomen en privédocenten inhuren hebben geen oog meer voor de waarde van het Nederlandse schoolsysteem, dat het kind bij voorkeur zomin mogelijk stress wil opleggen. Gelukkig ligt de nadruk in mijn omgeving nog steeds op wat het kind wil en wat de leraar het beste lijkt, dan op het streven van de ouders.

In juni horen we naar welke school onze zoon gaat. Er is een ruime keuze – er zijn vierentwintig scholen die het soort onderwijs bieden dat men geschikt acht voor hem. Alle scholen die we hebben bezocht, leken me prima. Het kind zelf laten kiezen is een stuk minder stressvol voor de ouder. Er is onlangs een nieuw 'matchingsysteem' geïmporteerd vanuit New York. Je kiest tien scholen en dan kun je gegarandeerd op een van die scholen terecht, zo luidt de theorie althans. Het systeem wil de kinderen plaatsen op een school die zo hoog mogelijk op hun lijst staat. Maar dit is het eerste jaar, dus wij zijn nog proefkonijnen.

Hiervoor ging het op basis van loting. Aangezien het aantal plekken op de vijf, zes populairste scholen beperkt was – en nog steeds is – kwam het kind ofwel op de school van zijn keus terecht (en dat gold voor de meeste) of er werd via een rekensysteem elders een plek gevonden. Nederlanders zijn dol op lotingen, misschien omdat daarmee nepotisme en vriendjespolitiek uitgesloten wordt. Nederlanders hebben vreemd genoeg ook iets tegen meritocratische procedures. Er zijn geen toelatingsgesprekken en plekken worden niet toegewezen op basis van cijfers. Dat is voor mij heel vreemd, aangezien ik uit een cultuur kom waar het behalen van hoge cijfers wordt gezien als een voorsprong voor succes in het leven. Als kind werd mijn examenvrees allesomvattend en ik kreeg er paniekaanvallen van. Vóór een examen gaf ik over op de toiletten. Ik weet nog dat ik een keer ben opgestaan en weggelopen bij een wiskundeproefwerk, de tranen liepen me over de wangen. De directeur van de school hield me tegen bij de poort.

Achteraf gezien begrijp ik dat ik de ambities die mijn

ouders voor me hadden op mezelf betrokken had. Ze waren verhuisd naar een schooldistrict dat toegang gaf tot een *grammar school*, zodat ik het beste onderwijs kon krijgen dat de staat te bieden had. Ik was een goede leerling, presteerde goed en was als de dood om mijn moeder teleur te stellen. Toen ik zo oud was als Ben deed ik ook aan wedstrijdzwemmen, ik trainde elke dag en moest in het weekend vaak met mijn teamgenoten het hele land rond reizen voor wedstrijden. Ik gaf ook over op de toiletten van die zwembaden, doodsbang dat ik mijn persoonlijk record niet zou verbeteren. Mijn jeugd leek één grote competitie en ik moest altijd de beste zijn.

Toen ik elf jaar geleden naar Nederland verhuisde, was ik niet bezig met scholen. Ik was zevenendertig weken zwanger en van plan mijn half jaar zwangerschapsverlof door te brengen bij Martijn in Amsterdam, en dan terug te gaan naar Londen en de baan waar ik zo aan verknocht was. Ik was een ambitieuze, jonge workaholic die carrière maakte in de uitgeverswereld. Ik zag mijn kind al naar een kinderopvang in Noordwest-Londen gaan; over scholen zou ik later wel nadenken. Mijn weekendhuwelijk waarbij ik over de Noordzee heen en weer forensde had tot dan toe uitstekend gewerkt; ik ging ervan uit – achteraf naïef, zo bleek – dat het ook zou werken als we eenmaal ouders waren. Mijn eigen vader was in mijn vroege jeugd vaak weg geweest voor zijn werk op olieplatforms. Vaders leken me optioneel in het opvoedingsproces – stom van me.

De realiteit kwam al snel hard aan toen ik thuiszat met een brullend kind. Voor een baby zorgen vergt een hoop tijd en energie, en ik had gedacht terug te keren naar een volledige baan en alle stress van Londen. Ik begon me te verdiepen in de praktische aspecten van het grootbrengen van mijn kind in Amsterdam, en dat bleek een heleboel voordelen te hebben. In de stad kon je overal op de fiets naartoe, dus geen gedoe met muffe metro's of propvolle bussen. Nederlandse ouders leken relaxed, kleine kinderen renden overal vrolijk rond – zelfs in restaurants! De kinderen van mijn schoonzus waren beleefd en vriendelijk, en er was een algemeen schoolsysteem, dus geen angstaanjagende kloof tussen openbaar en particulier, tussen rijk en arm. Dat trok me enorm. Misschien zou het goed zijn om mijn kind hier groot te brengen. Ik besloot door de zure appel heen te bijten en in Amsterdam te blijven.

Elke keer als ik in Londen was, praatte ik bij met vrienden, en ik werd me al snel bewust van de verschillen in ons leven als prille moeders. In het begin scheelde het niet zoveel: zo waren er ook crèches en nanny's in Nederland. Maar naarmate de kinderen ouder werden en naar school gingen, werd duidelijk dat de twee landen op een heel andere manier te werk gingen. *The Daily Telegraph* schatte onlangs dat het in Groot-Brittannië £600.000 kost om twee kinderen van de crèche tot hun eindexamen naar particuliere scholen en drie jaar naar een universiteit te sturen. Dat hadden wij nooit kunnen betalen, en dat geldt ook voor veel van mijn vrienden in Londen. Vele van hen zagen zich gedwongen te verhuizen naar een schooldistrict dat toegang biedt tot een goede staatsschool.

Mijn vriendin Helen, die in Surrey woont en tegenwoordig naar hartje Londen forenst, zei dat ze zich schuldig voelt dat ze haar kinderen niet 'het beste onderwijs' heeft kunnen bieden. 'Als je niet particulier gaat, heb je niet echt alles gedaan wat je kon,' vertrouwde ze me toe. Ze keek me een beetje afgunstig aan toen ik zei dat in Nederland het systeem van staatsscholen de enige optie is. Particuliere scholen zijn er in het algemeen alleen voor expats, te weten de Britse school, de Amerikaanse school en de Internationale school.

Mijn vriendin Selma, die in de rijke Londense wijk Knightsbridge woont, klaagde dat de particuliere school van haar kinderen te veel van de leerlingen verwacht. De directrice had haar op gesprek gevraagd over haar jongste zoon en zei dat ze 'bang was dat haar zoon op academisch gebied achterbleef'. Het probleem was dat haar vijfjarige zoontje de tafels nog niet uit zijn hoofd kende. Selma vond het vreselijk dat haar zoon al zo jong het stempel 'mislukkeling' kreeg. In Nederland beginnen kinderen pas te leren als ze zes zijn; voor die tijd ligt de focus op gestructureerd spel.

En dat zijn maar twee voorbeelden. Veel mensen in Groot-Brittannië hebben problemen met scholen en kinderopvang die we hier in Nederland gewoon niet kennen. Ik weet dat je appels niet met peren kunt vergelijken – Amsterdam is minuscuul vergeleken met Londen of New York. Natuurlijk maakt het wonen in een kleinere stad het leven met kinderen makkelijker, maar de verschillen gaan verder dan alleen de schaal. Britse en Amerikaanse ouders lijken veel meer controle over het leven van hun kinderen uit te oefenen en zijn veel meer van hun schaarse vrije tijd kwijt aan het rondrijden van hun kroost – kinderen mogen simpelweg niet de deur uit in hun eentje. Maar wie laat nou bij zijn volle verstand een kind alleen rondlopen als hysterieopwekkende rioolbladen vrijwel elke dag waarschuwingen over pedofielen rondtoeteren? Dat soort pers heb je in Nederland niet, dus hoewel er in Nederland heus wel pedofielen zijn, wordt die dreiging niet tot absurde proporties opgeblazen. Veel scholen in de grote Engelse steden zijn strenger beveiligd dan menige gevangenis. Er staan metaaldetectoren aan de ingang van een staatsbasisschool in Noord-Londen waar een vriend van mij zijn kinderen naartoe stuurt. Dat zou in Nederland niet zo gauw gebeuren. Iedereen kan een Nederlandse school binnenwandelen. Dat wil niet zeggen dat er moordenaars binnenlopen; het punt is gewoon dat de mogelijke dreiging in perspectief gehouden wordt.

Toen Selma vertelde dat ze de energie niet heeft om het

sociale leven van haar kinderen in goede banen te leiden, keek ik haar geschokt aan. Ik kon niet geloven dat mensen dat deden. Ze vertelde dat gewoon in het park spelen iets was wat Britse stadskinderen niet deden. Die wilden duur vermaak, dagtochtjes en geplande activiteiten, zei ze. Thuis verwachtten ze de nieuwste videogames, surroundsound, homecinema's en al die dingen. Ze vertelde dat ze een van haar zoons met een vriendje had meegenomen om te bowlen en ze toen teruggereden had naar haar huis. Het vriendje had na een half uur gevraagd of hij zijn moeder mocht bellen om opgehaald te worden omdat er niets te doen was. Sinds wanneer weten kinderen niet meer hoe je moet spelen?

Verschillende intelligente, ambitieuze vrienden van me hebben hun carrière op een laag pitje gezet om aan de eisen van het moderne ouderschap te kunnen voldoen. De druk is extreem. Ouders zijn zo bang dat ze hun kinderen niet de beste start in het leven geven, dat ze verstrikt zijn geraakt in een vicieuze cirkel van perfectionisme. Onze generatie is de eerste sinds de Tweede Wereldoorlog die het materieel niet beter heeft dan hun ouders. De beste van de klas zijn, cum laude afstuderen, op hoog niveau een muziekinstrument bespelen of je kwalificeren voor de Olympische Spelen zal de rest van je leven niet makkelijker maken, of een garantie zijn voor een succesvolle en gelukkige toekomst. Dat weten we heus wel. En toch pushen we onze kinderen harder, en stimuleren we ze om steeds meer te bereiken, in een poging hun toekomstige veiligheid en welzijn zeker te stellen.

Scholen in Nederland zetten jonge Nederlandse kinderen of hun ouders niet onder druk om te presteren. Het is niet dat ze immuun zijn voor druk, er is gewoon minder druk. De kinderen zitten graag in de klas. En als ze niet op school zijn, spelen ze buiten. Is dat niet iets wat we allemaal zouden moeten willen – dat onze kinderen graag naar school gaan? Dat ze weten hoe je moet spelen? Maar waarom zijn Nederlandse ouders kennelijk niet zo bezorgd om de academische prestaties van hun kinderen?

Om wat eerste ideeën op te doen, vroeg ik het aan de moeders van mijn maandelijkse leesclub. Ik ben de enige niet-Nederlandse moeder; de zeven andere moeders vormen een ideale, zij het onwetenschappelijke, onderzoeksgroep. Hun kinderen variëren in leeftijd van zes tot twaalf jaar. Ik vertel dat ik bezig ben met een boek over het geluk van kinderen en wil weten wat er in hen opkomt als ik vraag waarom Nederlandse kinderen gelukkig zijn. 'Geluk is niet dat je het meeste hebt, maar dat je accepteert wat je hebt. Onze kinderen accepteren dat ze niet de beste voetballer van de wereld worden. Ze zijn flexibel,' zegt een van hen. 'Nederlandse kinderen hebben een stem en mengen zich in het gesprek,' zegt een ander. 'Ouders kunnen parttime werken, dus ze hebben meer tijd voor hun kinderen,' zegt een derde. En dan het meest voor de hand liggende: 'Kinderen mogen vrij spelen. Ze kunnen zelfstandig buiten spelen.'

Het leven van mijn vrienden in Londen lijkt wezenlijk anders dan ons relaxte leven in Amsterdam. Meteen vanaf het begin viel ik voor de Nederlandse manier van opvoeden. In tegenstelling tot Rina zat mijn culturele bagage me niet in de weg, maar probeerde ik mijn Britse waarden af te schudden en te integreren. Maar ondanks mijn overtuiging dat Nederland de ideale plek is om kinderen groot te brengen, zou het niet goed zijn om te zeggen dat dit het paradijs is. Het was niet makkelijk om te integreren en laten we eerlijk zijn: het weer is waardeloos.

*

Na een middag op de tuin fietsen we terug naar huis en stoppen onderweg voor een ijsje aan de rand van het park vlak bij ons huis. Ben ziet in de verte zijn zusje Ina. Ze is aan het voetballen met een groepje van acht of negen kinderen, allemaal onder de tien. Haar beste vriendje Tijn is bij haar, maar zijn ouders zijn er uiteraard geen van beiden. Ben besluit Ina te verrassen als hij zijn ijsje opheeft, maar we raken aan de praat, verliezen haar uit het oog en dan is ze weg. Terwijl we teruglopen, zien we haar als een razende met haar spacescooter over de stoep steppen met haar jas over haar arm. Ze is ook op weg naar huis. We hadden haar gevraagd om half vier thuis te zijn. We rennen haar tegemoet en zijn net op tijd om de deur voor haar open te doen. 'Poeh!' zucht ze, net of ze uitgeput is, maar met gezonde rode wangen. 'Ik heb net vierenhalf uur lang in het park gespeeld.'

Ik ben trots op haar. Ze heeft die ochtend helemaal zelf haar speelafspraak geregeld, de hele middag in het park gespeeld en ze is op de afgesproken tijd thuisgekomen. Ze is een wildebras; je hoeft haar maar een bal te geven en ze schopt er urenlang tevreden tegenaan. Maar als ik het zou toelaten, zou ze toch eindeloos aan de iPad of de Wii vastgeplakt zitten, zoals de meeste kinderen tegenwoordig. Van andere Nederlandse ouders heb ik afgekeken dat ik buiten spelen zonder toezicht moet stimuleren en haar steeds meer vrijheid moet gunnen, iets wat we later in het boek zullen bespreken. Als hun ouders er niet bij zijn, hebben kinderen niet constant aandacht nodig, ze gaan gewoon hun gang. Dat werkt prima voor beide partijen. Dit is de jeugd die ik, net als Rina, voor mijn kinderen wil.

2

Moeder bemoederen

Waarin Rina de Nederlandse bevallingsgebruiken verkent

Terwijl ik de geboorte van mijn tweede kind afwacht, ben ik bezorgd maar vastbesloten. Ik ga bevallen zoals ik dat zelf wil. Mijn geboorteplan is simpel. Het enige wat ik wil, is dat ze me tijdens de bevalling genoeg verdoving geven om de pijn te verzachten en dat ik dan met een gezond tweede kind in mijn armen een paar dagen in het ziekenhuis kan bijkomen.

Vanaf mijn plek aan de bovengrens van de millenniumgeneratie (mensen tussen de achttien en vijfendertig) ben ik gewend dat ik bijna alles in mijn leven naar mijn hand kan zetten: mijn kapsel en kleding, wat ik eet, mijn trainingsprogramma, sociale netwerken en lifestyle. Ik wil anders zijn, en goedgeïnformeerd – net als de ongeveer tachtig miljoen andere millennials die zijn grootgebracht als 'uniek sneeuwvlokje'. Ik heb mijn prenatale zorg, bevalling en postnatale herstel tot het kleinste detail geresearcht en een plan op maat gemaakt. Volgens mij geeft dat aan hoeveel ik van mijn baby hou en hoezeer ik het allerbeste voor hem wil.

Maar er is één groot obstakel. Ik ben zwanger en zal mijn baby op de wereld zetten in Nederland.

'In Nederland is het traditie om thuis te bevallen, bijgestaan door een verloskundige en zonder pijnbestrijding,' vertelt Mariska, mijn drieënzestigjarige Nederlandse buurvrouw. Ze is bij me op de koffie. Mariska was vroeger verpleegkundige en allebei haar ouders waren arts, dus ze weet waar ze het over heeft. 'Nederlanders zien de zwangerschap en de bevalling als een normaal iets, en niet als een medisch probleem,' zegt ze.

De no-nonsensehouding tegenover ouderschap hebben ze hier al vanaf het begin, zelfs al vóór het kind wordt geboren. In tegenstelling tot de rest van de wereld (met Groot-Brittannië en de VS als goed voorbeeld) waar de zwangerschap in al haar facetten steeds meer een medisch gebeuren wordt, beschouwen de Nederlanders de zwangerschap en de bevalling als iets wat er gewoon bij hoort in het leven, en thuis bevallen wordt zoveel mogelijk gestimuleerd. Een uitzondering vormen de vrouwen met een groot risico op complicaties. Het is een nuchtere aanpak, en de Nederlanders zijn trots op hun nuchterheid. Voor veel Nederlanders is gewoon thuis bevallen een logische manier om een nieuw gezinslid te verwelkomen.

Van het concept 'thuis' zoals we dat tegenwoordig kennen, is niet altijd sprake geweest. Volgens sommige historici kreeg het woord 'thuis' in Nederland zijn emotionele connotaties in de zeventiende eeuw – honderd jaar eerder dan elders in Europa. De rijke en verstedelijkte Nederlandse burgerij was de eerste die zich een bescheiden huis kon veroorloven, puur voor het gezin – vader, moeder en de kinderen. Voor het eerst ontwikkelde de woning zich tot een thuis dat alleen draaide om het gezinsleven, met de kinderen als spil. De fysieke ruimte waar deze Nederlandse gezinnen samen in leefden, kreeg langzamaan de associatie van comfort, huiselijkheid, intimiteit en een toevluchtsoord.

'Weet je dat ik mijn jongste zoon Tjerk heb gekregen in wat nu jullie slaapkamer is, en tijdens een sneeuwstorm?' zegt Mariska na een slokje koffie. 'Dat was vijfentwintig jaar geleden.' Ik zie dat ze onze woonkamer bekijkt en terugdenkt aan hoe het daar al die jaren geleden was. Haar man en zij waren de oorspronkelijke eigenaars van dit huisje. Toen alle drie haar zoons het nest hadden verlaten, verdeelde de familie het land en verkochten ze het huisje, en Mariska en haar man bouwden hun droomhuis op het overgebleven terrein.

Ik zag mezelf altijd als een behoorlijk vrije geest. Ik had mijn schooltijd en mijn studie immers doorgebracht in Berkeley, in Californië, de bakermat van de hippiebeweging. Ik vind het prima om met mijn kinderen 'Kumbaya' te zingen rond het kampvuur, om ze biologisch voedsel te geven en vaak met ze in de natuur te gaan wandelen. Maar thuis bevallen? Zonder pijnbestrijding en geen dokter die binnen een paar seconden aan je bed staat? Zou de Nederlandse aanpak werkelijk gelukkigere moeders en kinderen opleveren?

'Vond je het niet eng om thuis te bevallen, en tijdens een sneeuwstorm?' vraag ik.

'Natuurlijk niet. Als er iets misgegaan was, waren we op tijd in het ziekenhuis geweest. Dat is vlakbij,' antwoordt Mariska. In Nederland valt thuis bevallen onder een geïntegreerd zorgsysteem waarin verloskundigen en artsen hecht samenwerken. En omdat het land zo dichtbevolkt is, staat het dichtstbijzijnde ziekenhuis in geval van nood meestal maar een paar kilometer verderop. 'Wij Nederlandse vrouwen zijn sterk. Wij kunnen de pijn van een bevalling aan. Ik werd bijgestaan door een verloskundige, en ik had geen ruggenprik of andere pijnbestrijding nodig. Ik lag in mijn eigen bed, met mijn eigen dekbed, in mijn eigen slaapkamer, met mijn man aan mijn zijde. Geen vreemden, geen felle lichten, geen gekletter met ziekenhuisspullen.'

Mariska ziet de twijfels en tegenzin op mijn gezicht. Ze glimlacht en zegt, alsof ze me een geheim toevertrouwt: 'Eigenlijk bevallen wij thuis omdat het zo gezellig is.'

Ach, dus dát is het! Ik had kunnen weten dat dat woord, waar het Engels geen equivalent voor heeft, eraan te pas zou komen. Gezellig (dat voor anderstaligen, met die harde, gutturale 'g' klinkt alsof iemand zijn keel schraapt) roept een sfeer op van knusheid, warmte, ergens bij horen, liefde, geluk, geborgenheid, tevredenheid, zekerheid en kameraadschap. Het is net zoiets als het Deense *hygge*, nog zo'n onvertaalbaar woord voor knusheid en genieten van de aanwezigheid van zachte, troostrijke dingen.

Het is dat gevoel dat je krijgt als je omringd door dierbaren bij het haardvuur zit, warme chocolademelk drinkt en marshmallows eet. Het vindt zijn oorsprong in het Nederlandse woord 'gezel', wat 'makker' of 'vriend' betekent, en het draait om het koesteren van de band met je dierbaren. Hoe gezellig iets is – een bijeenkomst, een feest, een maaltijd, een speelafspraak; eigenlijk elke menselijke sociale activiteit – geeft goed aan hoe leuk het is en hoezeer de aanwezigen het waarderen. Maar het lijkt een vreemd bijvoeglijk naamwoord om een bevalling te beschrijven. 'Pijnlijk', 'levensveranderend', 'onvoorspelbaar', 'transformerend' – dat zijn woorden die in me opkomen als ik aan bevallen denk, dus niet een woord dat de warme gezinssaamhorigheid oproept.

Mariska is niet de enige die het heeft over een gezellige thuisbevalling – ik heb er ook anderen, zelfs expats, over gehoord. Mijn Zuid-Afrikaanse vriendin Elma is fan van het Nederlandse idee van thuis bevallen. 'De tweede dag na mijn thuisbevalling van Stella liep ik alweer rond om voor het hele gezin een ontbijtje te maken. Het was heel fijn. Heerlijk, zelfs,' zegt ze. 'Voor mij ging het meer om thuis zijn, omringd door familie, met een geweldige verloskundige erbij. Niet die stress die er in een ziekenhuis vaak bij komt; geen gehaast en een stuk minder paniek. De intimiteit en saamhorigheid van een thuisbevalling was – ik durf het haast niet te zeggen – gezellig.'

Voor mijn vrienden Rob en Gowri, een Nederlands-Singaporees stel, was de thuisbevalling van hun tweede kind voor Gowri een manier om de touwtjes weer in handen te nemen. Op het door Rob geschreven geboortekaartje stond: 'In de warme omgeving van ons huis heeft Gowri het leven geschonken aan Nikki's prachtige zusje Kira.' Ik kon het niet nalaten die woorden hardop voor te lezen: 'in de warme omgeving van ons huis'. Daar komt het kort gezegd op neer: thuis bevallen is gezellig.

Ironisch genoeg wordt bevallen in bijna alle andere sterk geïndustrialiseerde landen als een te groot risico gezien om zomaar thuis te doen. Maar volgens het zestiende jaarlijkse State of the World's Mothers-rapport van Save the Children behoort Nederland tot de veiligste landen ter wereld om te bevallen en geboren te worden; het staat op de zesde plaats. Groot-Brittannië en de VS haalden de top tien niet eens, die stonden respectievelijk vierentwintigste en tweeëndertigste.

Nederland heeft, met een lange traditie van verloskundige zorg, ook een dramatisch lager aantal keizersneden. Voor veel vrouwen in de rest van de geïndustrialiseerde wereld is de kans op een keizersnede inmiddels verbijsterend groot: in Groot-Brittannië één op de vier bevallingen en in de VS ongeveer één op de drie. In Nederland is het niet eens één op tien. In Groot-Brittannië begint de kijk op thuis bevallen te veranderen. Het National Institute for Health and Care Excellence (NICE) verklaarde onlangs dat thuis bevallen beter was voor gezonde moeders die niet in een risicogroep vallen, en veilig voor baby's. Na een uitgebreid onderzoek gebaseerd op recente gegevens, bepleit de NHS (National Health Service) thuisbevallingen, vooral bij het tweede kind, vanuit de overtuiging dat thuis bevallen net zo veilig is als in een ziekenhuis.

Toch schat het Britse Bureau voor de Statistiek dat in 2013 slechts 2,3 procent van de vrouwen die in Engeland en Wales bevielen dat thuis heeft gedaan. In de VS ligt dat aantal nog lager: recente informatie laat zien dat daar slechts 1,36 procent van alle bevallingen thuis plaatsvindt. In Nederland is dat 20 tot 25 procent. Dat is het hoogste aantal in vergelijking met alle andere rijke landen, hoewel het waarschijnlijk nog steeds lager is dan ze zouden willen.

Bevallingstips van Nederlandse moeders

- Overweeg een 'pijn-is-fijn-bevalling'. Voor sommigen kan de pijn van een bevalling een positieve ervaring zijn die je lichaam volpompt met endorfinen en je een natuurlijke roes geeft waardoor je een emotionele band krijgt met je baby. Maar als je niet kunt bevallen zonder pijnbestrijding, moet je vooral bedenken dat een gezond kindje het enige is wat telt.
- Het kan heel gezellig zijn om thuis te bevallen met een verloskundige aan je zijde. Als de situatie het toelaat, wees dan niet bang voor een thuisbevalling, vooral als het je tweede kindje is. Je zult je prettiger en meer ontspannen voelen in je vertrouwde omgeving. En als het nodig is, kun je altijd nog naar het ziekenhuis.
- Ga voor een 'bevalling die bevalt'. Bekijk de bevallingsopties en bepaal welke het beste bij je past. Laat anderen niet voor jou beslissen. Het is aan jou om te bepalen wie je bij je bevalling wilt hebben. Steek kaarsen aan en draai muziek.

Thuisbevallingen gezien vanuit de VS

Het idee van thuis bevallen valt bij een hoop mensen niet zo goed, en dat geldt vooral voor de op gezondheid en extreme hygiëne gerichte Amerikanen. Hoewel er een groeiende belangstelling is voor thuisbevallingen gaan de meeste Amerikaanse vrouwen nog steeds liever naar het ziekenhuis. Dat is vooral met het oog op de veiligheid, aangezien vele van hen ver van een groot ziekenhuis wonen. Verder is er een verschil in het niveau van de medische beroepsopleiding en diploma's tussen Amerikaanse verloskundigen en Nederlandse verloskundigen die thuisbevallingen doen. De meeste verloskundigen die in Amerika thuisbevallingen doen zijn 'lekenvroedvrouwen'. Het Amerikaanse equivalent van de hoogopgeleide Nederlandse vroedvrouwen – gediplomeerde verlosverpleegkundigen – begeleidt zelden bevallingen buiten het ziekenhuis. Bovendien is er in Amerika tot dusver geen integratie van verloskundigen en vroedvrouwen die thuisbevallingen begeleiden. Net zoals de Fransen verwachten Amerikanen uiterst vakkundige specialisten en onmiddellijke beschikbaarheid van medicijnen en antibiotica. Voorlopig is veilig thuis bevallen nog steeds een traditie die uniek is voor Nederland.

Een moderne Nederlandse bevalling

Nadat ik de hele zomer het ziekenhuis in en uit geweest ben met voortijdige weeën, word ik in mijn zesendertigste week wakker doordat er een golf water langs mijn benen loopt. Aangezien het een hoogrisicozwangerschap is dankzij de nodige complicaties, sta ik onder controle van een verloskundig arts. De weekendtas is al ingepakt en terwijl we de slaap uit onze ogen wrijven, dragen mijn man en ik Julius over aan de oppas en spoeden we ons naar het plaatselijke ziekenhuis.

De verpleegkundige bevestigt dat mijn vliezen gebroken zijn, en ik word overgebracht naar een onderzoekskamer. Daar komt dokter Jan, een knappe verloskundig arts met een klassiek Nederlands uiterlijk: hij is lang en blond, heeft blauwe ogen en is goed in vorm. Hij spreekt Engels met een Brits accent doordat hij een tijd in Oxford gestudeerd heeft. Zijn charme is onweerstaanbaar. Dokter Jan vertelt me dat het lichaam instinctief weet hoe het een baby op de wereld moet zetten en zegt dat ik een lange, hete douche moet nemen en moet gaan rondlopen om de boel op gang te brengen.

Zodra hij de kamer uit loopt worden mijn weeën natuurlijk meteen sterker en frequenter. Mijn man houdt mijn hand vast en we houden de klok in de gaten. De luidruchtige, onhebbelijke Amerikaan in mij laat zich zien. Ik schreeuw en scheld, waarop de verloskundige binnenkomt. Ze geeft me een snelle opfriscursus in Lamaze-ademhalingsoefeningen – hie, hoe, hie, hoe – en schetst de Nederlandse filosofie van pijn is fijn: pijn is een noodzakelijk onderdeel van het proces en helpt de moeder na de geboorte een band te krijgen met haar kindje.

Voor ik het weet, word ik de verloskamer in gereden. Het is te laat voor een ruggenprik. Dokter Jan verschijnt weer en neemt de boel over. Ik ben officieel verliefd. Blijkbaar heeft hij gevraagd mijn bevalling te mogen doen, hoewel zijn dienst er al op zat. Ondanks alles heb ik een enorme glimlach op mijn gezicht; het is net of ik verkikkerd op hem ben als een bakvis. Mijn man is ook gecharmeerd van zijn werkwijze.

'Je moet ademhalen,' zegt hij nog eens zachtjes. 'Doe maar met mij mee. Hie. Hoe. Hie. Hoe.'

Helemaal aan het einde besluit ik alle pijn los te laten. Terwijl mijn man mijn ene hand vasthoudt en Sylvie, de verpleegkundige, de andere, volg ik de charmante dokter met zijn cadans van 'hie, hoe, hie, hoe'. Uiteindelijk wordt Matteo maandag 27 juli om 17:39 uur geboren.

Sylvie blijft me complimenten geven. Ze zegt: 'Een bevalling zonder pijnbestrijding is net een marathon. Je mag heel trots op jezelf zijn.'

Als ik dokter Jan bedank, zegt hij met zijn charmantste glimlach: 'Welnee. Jij hebt al het werk gedaan. Gefeliciteerd dat je het op zijn Nederlands hebt gedaan.'

Dan begrijp ik eindelijk dat de Nederlandse aanpak van bevallen niet echt gaat om een natuurlijke bevalling zonder verdoving en het omarmen van de pijn. Het gaat erom dat je je als moeder standvastig, krachtig en sterk voelt. Op zijn Nederlands bevallen wil zeggen dat je jezelf omringt met de steun van meelevende zorgverleners die je in staat stellen het natuurlijk en helemaal zelf te doen. Het begint me te dagen dat de Nederlanders zich het motto 'gelukkige moeders krijgen gelukkige kinderen' eigen hebben gemaakt. Door vrouwen te laten bevallen in een hulpvaardige, liefdevolle omgeving, geven ze aanstaande moeders de emotionele kracht en steun die een bevalling tot een positieve ervaring maakt. En door zwangerschap en bevalling te beschouwen als een natuurlijk proces, vermijden ze de paniekerige, medische, noodtoestandstemming die je in Groot-Brittannië en de VS vaak ziet.

Micheles eerste Nederlandse bevalling

Een paar dagen na aankomst in Nederland gaf ik, zevenendertig weken zwanger, vol zelfvertrouwen mijn Britse geboorteplan aan mijn plaatselijke Nederlandse verloskundige. 'O nee,' zei ze hoofdschuddend. 'Je gaat *thuis* bevallen op de *gewone* manier.' Het was alsof ik geen enkele andere optie had. Ze keek even naar mijn aantekeningen: ik wilde lachgas tijdens de weeën; en als het nodig was pethidine; geen ruggenprik. 'Pijnbestrijding, daar beginnen we niet aan,' zei ze kortaf. 'Hier heb je een lijst van wat je moet aanschaffen.'

Op de lijst stonden onder meer houten klossen om het bed te verhogen, plastic beddengoed en navelklemmen. Natuurlijk had ik in Londen boeken gelezen zoals *Birth and Beyond* en *A Child is Born*, ik had zitten blokken op Mumsnet.com en gesproken met zwangere vriendinnen, maar op de een of andere manier had ik nooit bekeken hoe ze in Nederland omgingen met bevallen. Wat ze in principe deden, was thuis bevallen. Dat sprak vanzelf. Mijn man verzekerde me dat een thuisbevalling heel normaal was.

Het was in elk geval nooit bij me opgekomen dat we geen ingepakte weekendtas zouden klaarzetten, maar een speciale kraamset zouden bestellen en houten klossen onder het bed zouden zetten zodat de verloskundige niet door haar rug zou gaan. Toen het pakket geleverd werd, legden we alles – de hydrofiele doeken (wat dat ook mochten wezen), de navelklemmen en matrasbeschermers – op een keurige stapel in de hoek van de slaapkamer.

De uitgerekende datum ging voorbij. Ik sprong op en neer, schrobde de badkamer tot in het kleinste hoekje met een tandenborstel, maakte een borduurwerkje af waar ik als kind aan begonnen was en dat ik om de een of andere reden had meegenomen, hakte in de achtertuin een paar wilgjes om, reed over hobbelige landweggetjes, at curry's, had seks: allemaal tevergeefs.

Toen ik twee weken over tijd was, liet de verloskundige me naar haar praktijk komen waar ik met mijn knieën uit elkaar op een met plastic afgedekte bank moest gaan liggen zodat zij de bevalling kon opwekken door de vliezen los te woelen. De procedure was pijnlijk en deed me denken aan een dierenarts, maar het werkte niet. Ik moest naar het ziekenhuis om ingeleid te worden. Ik kan niet ontkennen dat ik opgelucht was.

Pas veel later realiseerde ik me dat mijn ervaring nogal extreem was, zelfs voor Nederlandse begrippen. Als je thuis bevalt is er geen pijnbestrijding mogelijk, dat kan alleen in het ziekenhuis. Mijn verloskundige was nogal van de oude stempel, en vrij berucht in onze wijk. Ze was erg direct op die typisch Nederlandse manier, wat ik als beleefde Brit onmiddellijk klakkeloos accepteerde. Achteraf begreep ik dat ik ook gewoon van verloskundigenpraktijk had kunnen veranderen.

De magie van de Nederlandse kraamverzorgster

De vreugde rondom het verwelkomen van een pasgeboren kindje gaat in Holland verder als iedereen veilig thuis is. Ik verheugde me erop dat ik naar huis zou mogen met Matteo, alleen al omdat ik wist dat we daar opgewacht zouden worden door onze eigen kraamverzorgster. Rhada is moeder van vier kinderen, ze is lekker zacht en heeft een gulle, aanstekelijke lach. Ze is toevallig ook lactatiekundige. Moeders weer op de been helpen lijkt hier in de Lage Landen een zaak van nationaal belang. Er is een kraamverzorgster beschikbaar voor alle pasbevallen moeders, ongeacht hun inkomen, voor postnatale zorg en steun gedurende acht tot tien dagen na de bevalling (of langer, als dat medisch noodzakelijk is).

Nederlanders erkennen dat je entree in het moederschap, vooral als het de eerste keer is, een moeizame weg kan zijn, vol onverwachte veranderingen in je leven en emoties die variëren van gelukzaligheid tot eenzaamheid en, in sommige gevallen, depressie. Amerikaanse moeders van mijn generatie worden aangemoedigd zich te richten op het scripten en ervaren van 'de perfecte bevalling', of dat nu een thuisbevalling met een verloskundige is of een volledig gemedicaliseerde ziekenhuisbevalling. Er ligt niet genoeg nadruk op de realiteit die je kunt tegenkomen als de baby er eenmaal is – problemen met de borstvoeding, uitputting, paniek, slaapgebrek en de achtbaan van emoties. In Nederland is de kraamverzorgster bij de hand om te helpen.

Michele en haar gezin zijn bij mij op bezoek om de kleine Matteo te verwelkomen en uiteraard wisselen we bevallingsverhalen uit en bespreken we onze ervaringen met de kraamverzorgsters die we aan ons bed hebben gehad.

'Toen ik mijn eerste kind had gekregen, kon ik amper voor mezelf zorgen, laat staan voor mezelf én de baby. Ik had nog nooit een luier verschoond en had geen idee hoe je de praktische dingen moest aanpakken: borstvoeden, in bad doen of zelfs hoe ik mijn baby moest aankleden,' bekent Michele terwijl ze toekijkt hoe haar dochter Ina Matteo knuffelt. 'Mijn eerste kraamverzorgster gaf me een spoedcursus babyverzorging en deed voor hoe je dat allemaal moest aanpakken. Ze deed ook de boodschappen, kookte, maakte schoon en maakte warme dranken en beschuit voor het bezoek. Eigenlijk had ik drie weken lang fulltime hulp.'

Micheles verhaal komt overeen met dat van de meeste jonge moeders in Nederland. De kraamverzorgster komt aan huis om de nieuwe moeder de nodige basistechnieken bij te brengen – hoe je moet borstvoeden, hoe je de baby kalmeert en in bad doet – en zorgt daarbij ook voor de moeder door te controleren of haar eventuele hechtingen goed genezen, en ze biedt praktische hulp. Ze is opgeleid om problemen te herkennen bij een pasgeboren kind (zoals geelzucht) of een prille moeder (zoals postnatale complicaties of symptomen van een depressie). Ze neemt ook de huishoudelijke taken over zoals stofzuigen, badkamer en toilet schoonmaken, maaltijden bereiden en zorgen voor de visite die de ouders komt feliciteren en komt kennismaken met de baby.

'Wie wil er beschuit met muisjes?' Rhada komt net uit de keuken met een blad vol. Iedereen tast gretig toe.

'Kom, Julius, laten we buiten met de bal gaan spelen,' zegt ze. 'Wie het eerste buiten is.'

'Ikke, ikke!' schreeuwt Julius. 'Ik heb gewonnen, ik heb gewonnen!' De twee rennen de tuin in, Rhada bewust twee stappen achter de peuter aan.

Rhada en haar goede zorgen voor mij, mijn baby en mijn gezin brachten bij Michele herinneringen naar boven. 'Toen ik Ina kreeg, was Ben nog maar tweeënhalf. Ik was sneller weer op de been, dus ik had maar één week kraamzorg. Maar aangezien ik met een peuter en een baby liep te hannesen, was ik erg blij met de hulp,' zegt ze.

Onze kraamverzorgsters waren niet uniek in hun goede zorgen. Dit schrijft de Nederlandse schrijver Abdelkader Benali op zijn Facebook-pagina:

> We hebben afscheid genomen van onze kraamhulp Audrey. Ze was briljant. 'Als je denkt dat er geen melk komt, komt er geen melk.' En ze gaf ons vertrouwen in de omgang met Amber. Ze leerde mijn vrouw de rugbygreep en de *tiger-on-the-wood*-greep. 'Praat niet in babytaal tegen Amber.' Betrokken, professioneel en leuk. Soms heb je geluk. We hadden geluk met Audrey.

Wat houden de rugbygreep en de tiger-on-the-wood-greep precies in? vroeg ik via Messenger omdat ik meer wilde weten.

'Dat is een manier om het kind comfortabel en veilig vast te houden. De rugbygreep is zoals een rugbyspeler de bal vasthoudt, niemand die hem kan afpakken, in de holte van zijn elleboog. De tiger-on-the-wood is dat je je kind op je arm hebt als een tijger die ligt te luieren op een tak. Het is belangrijk dat je verschillende manieren hebt om je kind vast te houden, om te zorgen dat je armen en nek niet stijf worden.'

Ik vroeg hoe een normale dag met Audrey verliep. 'Ze was geweldig. Ze kwam de eerste ochtend dat we thuis waren en begon Saida aan te moedigen om de borst te geven, waarbij ze haar voorhield te blijven geloven dat de melk wel zou komen. Ze liet Saida zien hoe ze haar borst moest houden en hoe ze zichzelf moest masseren. Ze vertelde hoe we het huilen of gapen van de baby moesten interpreteren. Ik vond dat ze een fijne manier van doen had – ze was heel nuchter, heel open en positief.'

'Heeft ze je ergens mee verrast?'

'We waren blij verrast dat ze zo inspirerend was, dat ze ons zelfvertrouwen gaf, ons vertelde dat we niet moesten wanhopen als de baby huilde, en dat borstvoeden en knuffelen de beste manieren zijn om een band met je baby te krijgen,' antwoordt Abdel.

Nu er weer een kraamverzorgster in huis is, zet dat me aan het denken over hoe anders het postnatale gebeuren hier is. Elders in de westerse wereld wordt verwacht dat de verse papa en mama met weinig tot geen steun met hun pasgeboren kind kunnen omgaan. Aangenomen dat er geen complicaties zijn en moeder en kind gezond zijn, worden ze in Groot-Brittannië soms al zes uur na de bevalling uit het ziekenhuis ontslagen. De gedachte is dat je thuis beter kunt herstellen, maar sommigen vergelijken het proces met een lopende band: Britse vrouwen liggen na de bevalling minder lang in het ziekenhuis dan in welk ander Europees land dan ook.

In Groot-Brittannië, aldus Michele, komt een verloskundige wel een aantal keer langs in de eerste tien dagen, maar als je geen problemen hebt, krijg je geen dagelijkse controle. Ik wilde meer weten, dus ik vroeg Micheles vriendin Leilah, een advocate uit Zuidoost-Londen, naar haar ervaringen. Leilah is moeder van drie kinderen, haar jongste is negen maanden.

'Er is niet veel postnatale steun hier in Groot-Brittannië. Je krijgt een paar keer bezoek van de wijkverpleegkundige, maar meer ook niet,' zegt ze. 'Ik heb bij mijn derde een nachtzuster ingehuurd, maar dat is erg kostbaar. Meer steun lijkt me geweldig!'

Amerikaanse moeders hebben het nog zwaarder. Zij worden binnen een dag of twee het ziekenhuis uit gezet. De enige standaard postnatale follow-up in de Verenigde Staten is een afspraak bij de verloskundig arts na zes weken, als de meeste pijntjes en gevolgen van de bevalling

> **Beschuit met muisjes**
>
> Beschuit met muisjes is een traditioneel hapje dat in Nederland wordt geserveerd om de thuiskomst van een pasgeboren kindje te vieren. Een rond beschuitje wordt beboterd en belegd met muisjes – anijszaadjes in een suikerlaagje. Naar verluidt stimuleert anijs de moedermelk. De muisjes zijn over het algemeen blauw voor een jongetje en roze voor een meisje. En hoewel Nederlanders niet bijzonder koningsgezind zijn, staan er oranje muisjes in de schappen als de koningin een baby krijgt.

allang verdwenen zijn. Moeders worden geacht meteen na de bevalling hun normale leven weer op te pakken, zonder de steun, zorg en rust die het Nederlandse systeem biedt. Voor hulp moeten zij terugvallen op hun eigen netwerk – hun moeder, tantes, zussen, vriendinnen, parochieleden of buren. Of, als ze diepere zakken hebben, kunnen ze hun eigen kraamverzorgster of postnatale doula inhuren. Maar de realiteit is dat een groeiend aantal werkende moeders in de steden, zowel in Amerika als Groot-Brittannië, zonder familienetwerk om zich heen en met weinig tot geen ervaring met baby's, het helemaal zelf moeten uitzoeken.

Hoewel beperkte follow-up zorg niet altijd moeilijkheden geeft, kunnen er in sommige gevallen ernstige problemen optreden zonder dat iemand het merkt. Een op de zeven vrouwen krijgt te maken met postnatale depressie en hoewel men zich daar nu beter van bewust is, wordt dat in veel gevallen niet onderkend en krijgt de moeder geen zorg. In Nederland screenen de kraamverzorgsters hierop. 'Depressies kunnen voorkomen tijdens de postnatale periode,' zegt Rhada. 'Wij zijn er voor het welzijn van de moeder en om haar stemming in de gaten te houden. Als we zien dat een moeder mogelijk last heeft van een postnatale depressie, raden wij haar aan medische hulp te zoeken.'

'Wat gebeurt er als ze dat niet doet?' vraag ik Rhada.

'Dat is nog nooit gebeurd, althans niet in mijn ervaring. De moeders met wie ik werk zijn vaak dankbaar en opgelucht dat er iemand is die erkent en benoemt wat zij doormaken. Er is een compleet hulpnetwerk bij de hand – hun partner, hun arts, de verloskundige en ik. Er is geen schaamte, men is eerder open over het feit dat er hulp wordt gezocht.'

De Nederlandse kraamhulp behandelt de moeder en haar kindje als een eenheid, en gebruikt de periode na de bevalling om de moeder met zachte hand te begeleiden en te steunen. Het voornaamste doel is haar te helpen een onafhankelijke, zelfverzekerde moeder te worden die haar tevreden baby een veilige, kalme omgeving kan bieden.

Het is belangrijk om eerlijk te zijn over wat er in de periode na de bevalling kan gebeuren. De realiteit van het prille moederschap is vaak niet het geïdealiseerde plaatje van een glimlachende, rustende mama die met haar voeten omhoog geniet van een warme kop thee, terwijl de baby lekker ligt te slapen in een draagmand. Als moeders het niet langer gênant vinden om te erkennen dat het moeilijk is om je aan te passen aan het bestaan als nieuwe moeder – slaapgebrek, moeilijkheden met borstvoeding of een moeizame band met je kind – kunnen we openlijk het gesprek aangaan over hoeveel hulp we precies nodig hebben, en daarom vragen, zoals prille moeders hier in Nederland doen. Op dit moment lijkt het erop dat bevallen op de Nederlandse manier de beste, meest ondersteunende omgeving voor jonge moeders oplevert.

Nederlandse geboorteannonces

Nederlanders kondigen de geboorte van het nieuwste gezinslid met een zekere flair aan. Dit zijn de drie gebruikelijkste manieren:

- Geboortekaartjes. Nederlanders sturen graag kaartjes via de gewone post om iedereen te laten weten dat hun baby geboren is, hoe het kind heet en de tijden waarop bezoek welkom is.
- Gevelversiering. De hele buurt weet dat je met een baby thuisgekomen bent als ze een enorme ooievaar met roze of blauwe vlaggetjes in het raam zien.
- Het hele gezin neemt beschuit met muisjes mee naar het werk of naar school. Trotse jonge vaders nemen beschuit met muisjes mee naar hun werk om de geboorte van hun kind te vieren met hun collega's. Oudere broertjes of zusjes nemen beschuit mee naar school om uit te delen in de klas.

3

Rust, reinheid en regelmaat

Waarin Rina mijmert over makkelijke baby's en ouders die goed genoeg zijn

Ik wieg mijn pasgeboren baby Matteo heen en weer in de schommelstoel van zijn overgrootvader. Hij ligt te slapen op mijn borst. Onwillekeurig denk ik bij mezelf: wat is het toch een makkelijk kind. Ik ben ervan overtuigd dat de Nederlandse aanpak die we vanaf het begin hebben toegepast aan zijn vrolijke karakter heeft bijgedragen.

Ik zou dolgraag net zo zijn als alle andere Nederlandse moeders om me heen, die er uitgerust uitzien en zich koesteren in de warme gevoelens die een pasgeboren kindje met zich meebrengt. Ik zie die vrolijke, ontspannen vrouwen overal om me heen – met hun kinderwagens over de straatkeien, rustig wandelend langs de grachten, met hun baby op hun borst in een draagdoek of rondfietsend met een oudere baby stevig vastgezet in een bakfiets. Ze zien eruit alsof het inpassen van een baby in hun leven totaal geen stress of paniek oplevert. Ze lijken al even tevreden en lachen net zo ontspannen als de blonde engeltjes die ze bij zich hebben en, wat de baby's betreft, is er geen spoor van tranen of driftbuien te zien. Nederlanders wekken de indruk dat kinderen grootbrengen makkelijk is.

Ik zag de eerste glimp van Nederlands ouderschap bij mijn vrienden Roos en Daan, een stereotiep Nederlands stel met blond haar en blauwe ogen, die allebei boven de gemiddelde Amerikaanse of Britse man zouden uittorenen. Zij waren de eersten in onze vriendenkring die een baby kregen. Toen ik zwanger was van mijn eerste zoon, Julius, riep Roos toen we samen aan het lunchen waren steeds: 'Finn is zo'n makkelijke baby! Hij is gewoon zó makkelijk!' Dan keek ik glimlachend naar haar drie maanden oude baby, die er tevreden bij lag te pruttelen in zijn buggy. Hij lag daar maar en keek zorgeloos omhoog terwijl zijn moeder en ik lekker buiten zaten te lunchen.

In eerste instantie vond ik de manier waarop Roos het woord 'makkelijk' in het rond strooide een beetje irritant. Voor zover ik had kunnen opmaken uit de mammie-blogsfeer waren baby's allesbehalve makkelijk. En ik voelde me ergens ook een beetje schuldig dat we zo lekker zaten te genieten in plaats van al onze aandacht op Finn te richten.

Daan pochte tegen Bram dat vader-zijn heel makkelijk was. Hij zette Finn gewoon in de box, een vierkant houten bouwsel dat in ieder Nederlands huisgezin met baby's te vinden is. Zo kon Daan vrijelijk zijn klusjes doen – zijn e-mail checken, de was doen, stofzuigen of een snelle lunch klaarmaken. Op een dag zat hij drie kwartier lang boven in zijn kantoortje voor een conferencecall met zijn werk, terwijl Finn beneden in de box rustig en tevreden in de verte lag te staren.

Roos en Daan geloofden niet in de onrealistische eisen van intensief ouderschap. Hun aanpak was gewoon proberen als ouder 'goed genoeg' te zijn. De onderliggende gedachte is heel simpel: rustig blijven. Je best doen is goed genoeg.

Het idee van de moeder die 'goed genoeg' is, werd in de jaren vijftig voor het eerst geponeerd door de Britse kinderarts en psychoanalyticus Donald Winnicott. Nadat hij duizenden moeders en hun baby's bestudeerd had, kwam hij tot de verlichte conclusie dat je een goede moeder was door het goed genoeg te doen. De perfecte moeder zijn is niet mogelijk en ook niet wenselijk. Zoals psychologe Jennifer Kunst schrijft:

> Winnicotts moeder die goed genoeg is, wordt oprecht in beslag genomen door het moederschap. Ze heeft aandacht voor haar kind. Ze biedt het een geborgen omgeving. Ze geeft het zowel lichamelijke als emotionele zorg. Ze biedt het veiligheid. Als ze faalt, probeert ze het opnieuw. Ze doorstaat pijnlijke gevoelens. Ze brengt offers. Winnicotts moeder die goed genoeg is, is niet zozeer een godin; ze is een tuinier. Ze verzorgt haar baby met liefde, geduld, moeite en zorg.

De Nederlanders nemen dit ter harte. Ze bekijken het ouderschap vanuit een realistisch perspectief en snappen dat zij (en hun kinderen) verre van volmaakt zijn. Ze leven als ouders in de echte wereld. Dat wil niet zeggen dat ze niet worstelen met de dagelijkse realiteit en het gedoe in het leven. Maar omdat ze makkelijker omgaan met hun eigen onvolmaaktheden en gebreken, kunnen ze genieten van het ouderschap.

En nee, het kan de Nederlanders niet schelen of Sophietje of Sem een pianowonderkind is, een schaakkampioentje of met twee jaar al een beroemd Instagram-model. Er worden geen *Baby Einstein*-dvd's gedraaid, geen zwart-witflashcards gebruikt en er zijn al helemaal geen babyverrijkingslessen of babysportscholen, in elk geval niet buiten de grote steden. Het maakt de Nederlanders niet uit of hun baby de intelligentste is. Zolang hij of zij maar de makkelijkste is.

Alsof het universum me wilde aanzetten mijn tweede kind op te voeden op de Nederlandse manier, kopte het magazine *New York* op mijn Facebook-feed: 'Nederlandse baby's: beter dan Amerikaanse baby's?' toen ik zwanger was van Matteo. Om de boodschap kracht bij te zetten, mailde een vriendin die in Londen woont me datzelfde artikel ook. Er stond in dat Nederlandse baby's van zes maanden oud veel meer glimlachen, giechelen en tegen hun ouders en dierbaren aan kruipen dan hun Amerikaanse leeftijdsgenootjes. Volgens de onderzoekers zijn de verschillen in temperament te verklaren door de verschillende opvoedstijlen.

Nergens is het verschil zo duidelijk als bij cognitieve stimulatie. Nederlanders doen precies het tegenovergestelde van wat veel moderne ouders doen. Omdat ze hun baby's niet willen overstimuleren, houden ze zich aan een schema met specifieke tijden om te eten en te slapen. Maar kan het grootbrengen van een rustige, tevreden baby echt zo simpel zijn – een routine van regelmaat, genoeg slaap, voldoende eten en het vermijden van overstimulatie?

In Nederland wordt zwaar de nadruk gelegd op het belang van slaap. In Groot-Brittannië en de VS wordt slaapgebrek beschouwd als een overgangsrite: kunnen functioneren zonder al te veel slaap is iets waar je prat op gaat. In Nederland niet. Hier geldt het als vanzelfsprekend dat baby's slapen en hun ouders ook laten slapen. En de Nederlanders zijn onvermurwbaar: slaap is heilig. Recent onderzoek toonde aan dat de Nederlanders gemiddeld meer slaap krijgen dan waar ook ter wereld – in totaal acht uur en twaalf minuten per nacht.

> **De Bugaboo – een Nederlands stylicoon**
>
> Als er één ding is waar spaarzame Nederlandse ouders veel geld aan uitgeven, is het een goede buggy. En het was een Nederlander die een model buggy bedacht dat gebruiksgemak en praktische aspecten combineert met goede designspecificaties (en een prijs waar de tranen je van in de ogen springen): de Bugaboo.
>
> De hoofdontwerper van de Bugaboo, Max Barenburg, ontwierp het eerste model in 1994 als afstudeerproject aan de Design Academy in Eindhoven. De modulaire buggy was zowel robuust als chic en je kon ermee wandelen in de stad en de natuur. In 2002 zagen we Miranda in *Sex and the City* haar kindje door de straten van New York rijden. Het werd de favoriete buggy van de sterren, en Elton John, Madonna, Gwyneth Paltrow en Catherine Zeta-Jones werden er stuk voor stuk mee gefotografeerd. Zelfs Kate Middleton sloot zich bij de brigade aan.

Met de nodige hulp van het consultatiebureau

In Nederland zijn familie, vrienden, buren en kennissen niet de enigen die het nieuwe familielid begroeten. Een dag of twee na de geboorte komt er een verpleegkundige van het plaatselijke gezondheidsbureau op huisbezoek, en zo begint het regime van de sociaal verplichte, regelmatige controles bij het consultatiebureau (CB) – het Nederlandse equivalent van de Amerikaanse *well-baby clinic* en Britse *well-child clinic* waar je de eerste vier jaar van het leven van je kind naartoe gaat. Zo'n beetje elke maand worden Matteo's lengte en gewicht bijgehouden, en ook zijn ontwikkeling op motorisch en spraakgebied. Het is ook de plek waar Matteo al zijn vaccinaties krijgt, helemaal gratis. Elke afwijking van de gemiddelde groei- en ontwikkelingscurven kan verder onderzoek door de kinderarts noodzakelijk maken. Vanwege de strikte controle van de babygroeicurven waar het CB berucht om is, wordt het bureau door sommigen ook wel Consternatiebureau genoemd.

Marlieke, de verpleegkundige van de kliniek, komt met een cadeautje – de GroeiGids, een blauw boekwerk met een plastic kaft waarin de medische geschiedenis van het kind wordt bijgehouden, en dat dienstdoet als leerzaam handboek voor ouders. Er schijnt in Nederland dus een universeel geaccepteerde manier te zijn om baby's en kinderen groot te brengen.

In het begin vond ik dit officiële Nederlandse opvoedhandboek maar een belachelijk idee. Ik vond het niet fijn dat iemand voor mij uitmaakte hoe ik met mijn baby moest omgaan, vooral aangezien ik uit een compleet andere cultuur kwam. Het leek me zo onpersoonlijk. Zou er werkelijk een past-altijd-regime bestaan dat echt werkte? Moest er zo nodig een handboek zijn? Hoe moeilijk kon opvoeden nu zijn? Bovendien had ik mijn opvoeddeskundigen al klaarstaan: Gina Ford met haar *De tevreden baby*, Elizabeth Pantley met *Lekker slapen zonder huilen*, Harvey Karp met *The Happiest Baby on the Block* (niet in het Nederlands verschenen) en Heidi Murkoff met *Baby's eerste jaar*.

Mijn grootste bezwaar tegen de Nederlandse methode was de voorkeur voor de 'laten-huilen-methode' waar dokter Richard Ferber in 1985 mee kwam, hoewel het in Holland al veel langer de normaalste zaak van de wereld was. Mijn Nederlandse schoonmoeder gelooft heilig in wat tegenwoordig *ferberizen* heet – je legt de baby in de wieg, doet de deur dicht en negeert het gehuil de hele nacht.

Mijn vriendin Roos volgde de iets gematigder aanpak die sindsdien is ontwikkeld. Je legt de baby in de wieg, wacht vijf minuten en als de baby dan huilt, ga je de kamer in om hem troostend toe te spreken, maar je laat hem wel in de wieg liggen. Dat blijf je doen tot het kind in slaap valt. Roos benadrukt dat de baby bij beide methoden natuurlijk wel goed gegeten heeft en een schone luier draagt. Met de nodige tegenzin moet ik toegeven dat er iets voor te zeggen is. Het eerste kind van Roos sliep met drie maanden de hele nacht door, terwijl ik bij mijn eerste kind anderhalf jaar moest wachten op mijn eerste, ononderbroken acht uur slaap.

Nederlandse baby's volgen een schema

Nederlanders zijn berucht om hun georganiseerdheid en hangen zo aan hun routine dat het niet erg verrassend is dat ook Nederlandse baby's een schema volgen. Net als veel van mijn Amerikaanse generatiegenoten voedde ik mijn eerstgeborene en liet ik hem slapen als hij daarom vroeg. Als liefhebbende moeder hield ik Julius in de gaten om te weten of hij honger of slaap had, en zo liet ik hem de orde van de dag bepalen. Ik voedde hem telkens als hij dat nodig leek te hebben, zelfs al was het ieder uur en de hele nacht door.

'Een schema voor je baby is gewoon verstandig,' zegt Yvonne, een Nederlandse moeder wier dochter Noa bij Julius in de peuterklas zit. Ze is op bezoek om Matteo te zien, en zodat Julius en Noa samen kunnen spelen. 'Ik heb allebei de meiden op een schema dat door het consultatiebureau wordt geadviseerd. In het begin was dat moeilijk, maar de meiden waren een stuk makkelijker als we ons aan de routine hielden. Ik wilde het zo goed mogelijk doen als moeder. Het was belangrijk om ze vanaf het begin regelmaat te geven. Vanaf dag één eigenlijk.'

'Maar stel dat baby's een eigen ritme hebben dat niet overeenkomt met het adviesschema? Stel dat ze honger hebben of moe zijn?'

Yvonne vervolgt haar verhaal terwijl ze Matteo knuffelt, die een brede glimlach op zijn gezicht heeft: 'Als Noa's kleine zusje druk wordt, breng ik haar gewoon naar bed. Dat valt meestal vanzelf samen met het adviesschema. Je moet het meer zien als een leidraad dan als een keiharde lijst met regels. Het is bedoeld om je te helpen een consistente routine voor je baby op te zetten.'

Ik volg het advies van Yvonne op. Bij Matteo's vierwekenbezoek wil ik meer weten over het fameuze schema. Ik heb een egoïstisch motief: ik wil zelf weer de hele nacht kunnen doorslapen, en graag zo snel mogelijk. De arts, een man van middelbare leeftijd met zwart, krullend haar en lieve ogen, is een dokter naar mijn hart. Hij neemt de tijd om alle kinderen en ouders die zijn kliniek bezoeken te leren kennen.

'Vertel eens, dokter,' vraag ik, 'wat kan ik doen om mijn baby van vier weken op een schema te krijgen?' Ik open misschien iets te enthousiast Evernote op mijn iPhone terwijl ik Matteo zachtjes wieg. De dokter kijkt me met een geamuseerde blik aan. Misschien is mijn goeie ouwe Amerikaanse streberigheid een tikje te heftig om acht uur 's ochtends.

Hij antwoordt langzaam en weloverwogen, kiest zijn woorden zorgvuldig en houdt bewust mijn blik vast. 'Op dit moment gaat het er vooral om dat je Matteo voedt. Je moet in je achterhoofd houden dat hij te vroeg geboren is, dus hij werkt keihard om die achterstand in te halen. Laat hem drinken zo vaak als hij wil, zodra hij het wil. Als hij een paar weken ouder is, spreken we wel verder.'

Ik knik en hij voelt blijkbaar mijn teleurstelling. Ik vraag me af hoelang ik nog door kan zonder een goede nacht slaap. Maar ik ben ook opgelucht. Dit is helemaal geen strak schema: dit is voeden op afroep, net zoals ik met Julius deed. Bij de volgende drie bezoeken is het hetzelfde verhaal. Matteo wordt gemeten en gewogen, en zijn groei wordt vergeleken met het Nederlands gemiddelde. Ik smeek om te mogen beginnen met het magische schema, maar de dokter zegt dat ik gewoon moet doorgaan zoals ik het nu doe.

Ik blijf de aanwijzingen van Matteo volgen. Tegen de tijd dat hij vier maanden is, is zijn dagelijkse routine redelijk voorspelbaar. Hij doet tweemaal per dag een dutje, 's ochtends een uur en 's middags twee uur. 's Avonds leg ik hem om zeven uur in bed, dan slaapt hij vijf uur, wordt rond twaalf uur wakker voor een voeding, dat wil hij om drie uur weer, en dan slaapt hij door tot zes uur. Als je vijf uur achter elkaar slapen formeel gezien beschouwt als een hele nacht, heeft Matteo dat helemaal zelf voor elkaar gekregen.

De eerstvolgende keer dat ik op het consultatiebureau kom, ben ik nog steeds benieuwd naar het aanbevolen schema van de dokter. Ik begin er beleefd over, ditmaal wat assertiever. Het is niet alleen voor mezelf, maar ook in het kader van dit boek. 'Dus nu is Matteo vier maanden en hij groeit duidelijk goed, dus mag ik hem *eindelijk* op uw speciale schema zetten?' vraag ik.

De dokter glimlacht. 'Je hebt geen schema nodig. Matteo heeft al besloten wat zijn schema wordt.'

De slaapdeskundigen

Bij mijn onderzoek naar de verschillen tussen de slaappatronen van baby's in de VS en in Nederland stuit ik op het werk van dr. Sara Harkness en haar man dr. Charles Super, twee onderzoekers die Menselijke ontwikkeling, pediatrie en volksgezondheid doceren aan de Universiteit van Connecticut. Harkness en Super onderzoeken al dertig jaar de culturele overtuigingen en opvoedpraktijken van ouders over de hele wereld.

Zodra ik ze aan de telefoon heb, beginnen we te kletsen alsof ik een van hun voormalige studenten ben en zij mijn favoriete docenten.

In 1996 publiceerden ze hun bevindingen in een boek getiteld *Parents' Cultural Belief Systems: Their Origins, Ex-*

pressions and Consequences. Ze introduceerden het idee dat mensen in elke samenleving instinctief aannemen dat zij weten hoe je een kind op de juiste manier grootbrengt. De culturele overtuigingen van de ouders zie je terug in het dagelijks leven met hun gezin. Dat zijn de dagelijkse keuzes die we als ouders onbewust maken omdat ze in ons ingebakken zitten. Die culturele opvoedingsgebruiken zullen op hun beurt waarschijnlijk weer het gedrag van onze kinderen beïnvloeden.

Geen wonder dat boeken als *Strijdlied van de tijgermoeder* van Amy Chua, *Franse kinderen gooien niet met eten* van Pamela Druckerman en *The Happiest Baby on the Block* van Harvey Karp enthousiast verslonden worden. Ouders van tegenwoordig zijn geïndoctrineerd met de gedachte dat onze opvoedmethode de toekomst van een kind bepaalt. Harkness en Super merkten dat Nederland het ideale land was om te analyseren als het om baby's en peuters ging. 'Vergeleken bij Amerikanen vonden Nederlanders het vooral belangrijk dat hun baby's en peuters kalm, relaxed en uitgerust waren en regelmaat kenden,' merkte Harkness op. 'Als een kind geen vast schema heeft, wordt het onrustig. Moeders vonden zelf dat hun kind regelmaat nodig had. Daar waren ze heel gevoelig voor.'

Hun bevindingen waren cruciaal voor de ontdekking van een belangrijk verschil tussen de opvoedpraktijken in de VS en in Nederland: Nederlandse baby's van een half jaar oud sliepen gemiddeld een volle twee uur langer dan een vergelijkingsgroep Amerikaanse baby's – in totaal respectievelijk vijftien uur en dertien uur per dag. Twéé extra uren. Twee kostbare extra uren slaap voor mij. Halleluja!

En het idee van de 'slaapstrijd' die ouders en kinderen in Amerika en Groot-Brittannië overal voeren, was geen punt voor de Nederlanders. Met andere woorden, Nederlandse ouders klaagden niet over slaapgebrek. Dat is verbijsterend. In de Engelstalige wereld bestaat er een miljardenindustrie aan zelfverklaarde opvoedingsdeskundigen en slaapgoeroes die klaarstaan om ouders te helpen als ze wanhopig snakken naar slaap. Wat doen de Nederlanders anders? Wat is hun geheim?

'Er is een veelgebruikte uitdrukking die de Nederlandse opvoedings-ethnotheorie samenvat: "Rust, Regelmaat en Reinheid", ook wel bekend als de drie R'en van Nederland,' aldus Harkness. De drie R'en waren 'sterk vertegenwoordigd in de verschillen in de hoeveelheid slaap van baby's, en in hoe ze werden verzorgd als ze wakker waren'.

De drie R'en van Nederland maken Nederlandse baby's niet alleen gelukkiger, knuffeliger en makkelijker te troosten, ze zorgen ook voor die heilige graal voor de ouders: meer slaap.

'Hier is iets wat je zal interesseren,' zegt Super aan de telefoon. 'Bedenk even dat Nederlandse baby's die twee extra uren slaap overdag pakken, tijdens de fase van "trage slaap". Bij baby's groeit dat later uit tot de fasen van non-remslaap zoals bij oudere kinderen en volwassenen. En dat is de fase waarin het menselijk groeihormoon wordt afgescheiden.' Super vervolgt: 'Er zijn natuurlijk meerdere factoren die de lichaamslengte beïnvloeden. Maar is het niet interessant dat Nederlanders toevallig ook de langste mensen ter wereld zijn?'

'Zouden jullie, met alles wat je gezien hebt, het qua opvoeding zelf op de Nederlandse manier aanpakken?' vraag ik met alle moed die ik bij elkaar kan schrapen.

'Nou, alles bij elkaar genomen zou ik qua werk en leven, dus niet alleen qua opvoeding, liever Amerikaans dan Nederlands zijn,' zegt Harkness.

Daar kijk ik nogal van op. 'Waarom?' vraag ik.

'Ik zal het uitleggen door middel van een verhaal dat ik al duizend keer verteld heb. Toen we voor ons onderzoek in Nederland waren, hadden we meer data nodig om onze steekproef compleet te maken. Dus vroegen we al onze onderzoeksassistenten om nog één extra gezin te interviewen. Toen we de tafel rondgingen, zeiden ze stuk voor stuk nee. Niemand had het gevoel dat ze daar tijd voor overhadden, hoewel het project misschien anders zou mislukken,' vertelt dr. Harkness, met in haar stem nog steeds iets van de teleurstelling van al die jaren geleden. 'Dat zou in de VS nooit gebeurd zijn. Ze zouden allemaal bang zijn geweest hun baan te verliezen! Maar een fundamenteler punt was voor mij dat die extra moeite doen, dat stapje verder gaan om je doel te bereiken, een Amerikaanse waarde is die ik tot dan toe vanzelfsprekend had geacht. Voor mij is dat iets wat het leven opwindend en bevredigend maakt.'

Ik moet mijn best doen om niet te lachen. Nederlanders nemen het evenwicht tussen hun werk en hun leven heel serieus: zij werken om te leven. De meeste Amerikaanse en Britse professionals die ik ken leven echter om te werken, door hun niet-aflatende hang naar succes zijn ze desnoods vierentwintig uur per dag beschikbaar. Hard werken, of in elk geval overkomen alsof je hard werkt, vinden ze belangrijk.

Als Amerikaanse en Britse werkende vrouwen moeder worden, passen ze diezelfde instelling en toewijding toe op het ouderschap. Harkness erkende dat Amerikaanse moeders worstelen met het moederschap. 'Ze zijn te zeer in de richting van intensief ouderschap, intensief moederschap geduwd. Qualitytime en tijd opzijzetten gaan voor alles, terwijl er niet genoeg tijd is voor alle andere dingen, zoals je eigen behoeften. Dat is niet vol te houden, vooral niet als je meer dan één kind hebt.' Het leek wel alsof Harkness het over mij had. Ik was met mijn eerste kind echt een modelmammie. Ik at nog net niet mijn eigen placenta op, maar ik was een discipel van het Natuurlijk Ouderschap. Soms douchte ik dagen niet. Volgens mij kwam ik amper de deur uit tot hij een half jaar oud was. Julius huilde nooit veel, omdat ik zo gericht was op alles wat hij wilde. Aangezien ik hem nooit liet 'uithuilen', kon hij op elk moment van de nacht drinken, en uiteraard kostte mij dat mijn slaap. Ik werd bijna gek, maar ik dacht dat dat erbij hoorde als je een goede moeder was.

'Voor ik ophang, heb ik nog één vraag. Hebben jullie ooit een geval van uithuilen meegemaakt tijdens jullie onderzoek in Nederland? Was dat de normale gang van zaken? Hoe kregen de Nederlanders hun baby's zover dat ze de hele nacht doorsliepen?'

'We kwamen amper tegen dat baby's uithuilden – hooguit in speciale gevallen. De Nederlanders hielden zich aan een heel strak schema en een strikte routine, en dan vielen hun baby's vanzelf in slaap,' weet Harkness nog. 'En dat lijkt te werken. Nederlandse baby's slapen het meest van alle culturen die we onderzocht hebben.'

Wat zou ik dan verkeerd doen? Ben ik niet relaxed genoeg? Ik dacht van wel bij Matteo, maar voelt hij misschien mijn ingebakken Amerikaanse paniek?

De Amerikaanse 'werk-jezelf-omhoog'-mentaliteit

Amerikanen zijn erg gesteld op de 'werk-jezelf-omhoog'-mentaliteit. Ze hebben respect voor mensen die hard werken en zelf uit moeilijke situaties opklimmen. Veel dingen die Nederlanders als vanzelfsprekend beschouwen – algemeen toegankelijke gezondheidszorg, inclusief ziektekostenverzekering voor kinderen, gegarandeerde vakanties en een werk/levenbalans – zijn bij lange na niet de realiteit voor veel Amerikanen. Succes (en financiële stabiliteit) wordt gezien als een garantie voor geluk omdat het leven daar onzeker kan zijn.

Rina ontdekt meer over de drie R'en van Nederland

De drie R'en, de Nederlandse opvoedfilosofie, blijkt gebaseerd te zijn op een boekje dat in 1905 werd geschreven door een wijkverpleegster, getiteld *Reinheid, rust en regelmaat*. De ondertitel van het boek vat de kalme, ontspannen opvoedaanpak van de Nederlanders perfect samen: 'een beknopte uitleg over hoe moeders hun kinderen kunnen verzorgen op de minst belastende manier'. Dat suggereert dat een kind hebben op zich geen last is, maar dat de ouders het tot een last kunnen maken.

Ik vraag advies aan kinderarts dokter Mark Hoetjer. Ik spreek met hem af in Doorn, in het ziekenhuis waar hij werkt. 'Reinheid betekent hygiëne. Maar laten we eerlijk zijn, dat is niet het belangrijkste. Het is echt niet nodig om obsessief te doen over hygiëne en bacillen zoals ik bij Amerikaanse en Duitse expat-ouders weleens zie. Rust en regelmaat wil zeggen dat het voeden van je kind op de eerste plaats moet komen; je moet het niet overal tussendoor proberen te doen. Ik denk dat je de eerste paar maanden alle andere dingen moet inpassen rondom het belangrijkste, namelijk het voeden van je kind,' legt dokter Hoetjer uit. 'Je kind gehaast voeden is niet goed, of het nu borstvoeding of een flesje is.

Hier is een goed voorbeeld van het idee van rust. Als je een baan hebt en weet dat je om acht uur 's ochtends op je werk moet zijn en de baby om vijf uur met verhoging wakker wordt, dan is iedereen gestrest, inclusief de baby. Maar als je besluit je ziek te melden en het op je af laat komen, zal de baby een stuk rustiger zijn. Je kunt je kind gewoon oppakken, mee naar bed nemen en samen ontspannen tot zijn of haar temperatuur daalt. Als de moeder gestrest is, zal het kind ook gestrest zijn en dat maakt alles alleen maar erger.'

'En dan slaap. Wanneer kom ík aan mijn slaap toe?' vraag ik tot slot.

'Iedereen wordt wakker gemaakt door zijn kind, ook Nederlandse ouders. Maar waar het om gaat is dat je dan weer gaat slapen.' Dokter Hoetjer haalt zijn schouders op. 'Soms kun je na drie maanden een hele nacht doorslapen, maar soms pas na een jaar, soms zelfs twee jaar.'

Ik vraag nog even door. 'Hoe leer ik mijn baby de hele nacht doorslapen, of gebeurt dat vanzelf?'

'Dat komt vanzelf. Zodra je probeert ze dingen te leren, gaat het mis, want dan voelt de baby jouw stress,' zegt dokter Hoetjer. 'Als je bijvoorbeeld bij je kind gaat staan smeken: "Ga slapen, ga slapen. Ga nou alsjeblíéft slapen", dan werkt dat niet. Soms kan het helpen om ze te negeren en een tijdje te laten huilen.'

Dokter Hoetjers advies klinkt me logisch in de oren. Bij mijn tweede baby voel ik me een stuk rustiger. Matteo wordt nog steeds elke nacht een of twee keer wakker, maar dat kun je met vier maanden ook verwachten. Als hij wakker wordt voor een voeding, valt hij meestal meteen daarna weer in slaap. Ik heb gewoon niet de tijd of de energie om hem hele nachten bezig te houden, zoals ik met zijn broer deed. En dat lijkt Matteo te begrijpen.

'Ik las in een onderzoek dat jonge ouders in Nederland geen last hebben van de slaapproblemen die ze in Amerika meestal hebben. Merkt u dat ook?' vraag ik.

'Soms nemen we kinderen op in het ziekenhuis. Als een kind maandenlang geen nacht doorslaapt, gaan we dat onderzoeken. Maar vaak zie je dan dat zo'n kind in het ziekenhuis meteen in slaap valt.'

'Serieus?' Ik weet dat ik sceptisch klink. Dit Nederlandse scenario klinkt iets te makkelijk en ideaal.

'Nou ja, oké, zes op de tien keer valt de baby meteen in slaap. Waarom? Omdat de moeder er niet bij mag blijven. Dan gaat het kind dus huilen. De verpleegkundige zal dan naar hem toe gaan en zeggen: "Luister eens, ik heb nog vier andere patiënten." Ze zegt het misschien niet hardop, maar het kind voelt het aan. "Er wordt niet over onderhandeld. Ik laat je nu alleen. Ik heb andere dingen te doen."'

Hij zwijgt even en glimlacht naar Matteo, die druk op zijn duim ligt te zuigen.

'Ik heb daar zelf een paar experimenten mee gedaan. Het heet de tienminutenmethode. Sommige kinderartsen en -psychologen adviseren die. Dus als een kind 's nachts begint te huilen, ga je naar hem toe, maar je laat het kind in bed. Je zegt: "Het is goed. Mama is hier. Maar je moet gaan slapen." En dan ga je weg. Als het kind weer begint te huilen, ga je er weer naartoe. Dat blijf je doen tot het kind slaapt. Op die manier leert het kind dat er niet valt te onderhandelen.' Dokter Hoetjer beschrijft zo ongeveer de methode waarmee Roos haar baby's zover kreeg de hele nacht door te slapen.

Micheles ervaring met de drie R'en

Toen Ben werd geboren, maakte ik via de kraamverzorgster kennis met de drie R'en. Voor die tijd had ik amper een baby vastgehouden, gelukkig liet ze me zien hoe ik hem in het bad moest doen. Ik was als de dood dat ik hem zou laten vallen en dat hij zou verdrinken, zo klein en kwetsbaar was hij. Ze liet me ook zien hoe ik hem moest verschonen. Wat betreft rust en regelmaat kreeg ik het advies om hem op een schema te zetten en een borstvoedingsdagboek bij te houden. Het was mijn eerste kindje, dus dat deed ik natuurlijk heel plichtsgetrouw. Ik heb het nog steeds; er staat in hoe de tijden van de voedingen en slaapjes verschoven naarmate hij groeide, alles geheel volgens plan.

Mijn voornaamste probleem was dat Ben heel traag dronk en rustig een uur aan één borst kon liggen. Mijn schoonmoeder zei dat ik zijn voetjes moest kietelen om te zorgen dat hij niet aan de borst in slaap viel. Het advies van het borstvoedingscentrum was ook heel nuttig. Het idee is dat je je baby er niet aan laat wennen dat hij iets krijgt zodra hij erom vraagt, of je tepel als fopspeen laat gebruiken, maar om langzaamaan meer tijd tussen twee voedingen te nemen zodat het maagje elke keer goed vol is. Zomaar een hapje tussendoor wordt ook voor oudere kinderen afgeraden. De standaardroutine voor schoolkinderen is ontbijt, een hapje in de eerste pauze, lunch en dan niks meer tot aan de vroege avondmaaltijd. Dat verklaart misschien waarom er minder Nederlandse kinderen obees zijn – dat en al dat fietsen.

We hadden gehoord dat Ben waarschijnlijk de hele nacht zou gaan doorslapen als hij vast voedsel ging eten, en dat bleek te kloppen. Het enige probleem was dat we hem 's avonds moeilijk in slaap kregen. Ik weet niet meer wie het voorstelde, maar na een tijdje besloten we hem uit te laten huilen. Ik bleef steeds iets langer voor zijn deur staan (een minuut, twee, daarna vijf), ging af en toe naar binnen om hem te sussen, maar zonder hem op te pakken. Na vier nachten viel hij in zijn eentje in slaap.

Mijn man wilde de kinderen heel graag op een schema zetten en houdt daar nog steeds behoorlijk strikt aan vast. Nederlanders geloven dat kinderen kalm en relaxed blijven als ze een routine hebben. Ze zouden zich niet te veel moeten aanpassen aan de behoeften van hun ouders.

Bij Ina, mijn tweede kind, was het heel andere koek. Zij dronk een borst binnen vijf minuten leeg en sliep de hele nacht door van zes weken tot een half jaar oud. Zoals dat gaat bij je tweede kindje hield ik geen dagboek voor haar bij. Maar toen ze overging op vast voedsel sliep ze ineens niet meer de hele nacht door, onder meer door reflux. Wij probeerden haar op een schema te houden, maar haar lijfje had daar andere ideeën over. Evengoed heeft ze erg graag een vaste routine, dus onze pogingen om haar op een regelmatig eet- en slaapschema te krijgen, bleven belangrijk naarmate ze ouder werd. Maar ik moet bekennen dat Ina, nu ze acht is, nog steeds niet geweldig slaapt.

Waarin Rina op haar eigen manier Nederlands opvoedt

Gewapend met alle adviezen die ik gekregen had, ging ik vol aan de slag om Matteo in te stellen op rust en regelmaat. Ik interpreteer 'regelmaat' als zoveel mogelijk regelmaat aanhouden in het patroon van ons dagelijks leven, en 'rust' als zorgen dat Matteo elke dag twee dutjes doet en elke avond om zeven uur in bed ligt. Dat werkt dus echt en het is echt zo simpel. Je hoeft geen dure slaapadviseur in te huren of je op tientallen slaaphulpboeken te storten. Hoewel Matteo soms midden in de nacht wakker wordt, vooral nu zijn tandjes doorkomen, krijgen we allemaal een stuk meer slaap.

Het andere geheim? Relaxed zijn, alle hobbels en probleempjes die je onderweg tegenkomt accepteren en overal voor openstaan. Net als je kinderjaren moet het prille moederschap niet gehaast of te zeer georganiseerd worden. Het is helemaal geen schande als je het af en toe niet helemaal meer trekt.

Het nieuwste opvoedadvies komt uit Denemarken: leg baby's overdag buiten te slapen. Sommige Nederlandse crèches hebben zelfs speciale geïsoleerde bedjes gemaakt waarin baby's 's winters heerlijk buiten kunnen slapen.

In eerste instantie had ik mijn bedenkingen. Zou hij het niet koud krijgen of ziek worden? Stel dat er iets met hem zou gebeuren. Maar ik wist dat Matteo in slaap viel zodra ik hem in de buggy legde om te gaan wandelen. Op een dag bedacht ik dat het misschien niet anders zou zijn als ik hem gewoon in de tuin in de buggy liet liggen als hij tijdens ons dagelijkse loopje in slaap gevallen was. En dat klopte. Matteo slaapt dolgraag in zijn buggy. Hij ligt veilig warm in zijn sneeuwpak en slaapzak. Hij slaapt buiten weleens twee of drie uur achter elkaar. Soms moet ik hem zelfs wakker maken. En dat wil zeggen dat ik een beetje kostbare, ononderbroken tijd voor mezelf heb, zonder dat ik bang hoef te zijn dat ik hem stoor.

> **Tips uit de GroeiGids van het consultatiebureau**
>
> **1. Een regelmatig ritme**
> Een kind huilt minder als hij weet wat er in zijn dagelijks leventje gaat gebeuren. Steeds dezelfde volgorde van activiteiten aanhouden geeft hem een vertrouwd gevoel: slapen, wakker worden, voeden (na de voeding lijkt een baby misschien een beetje slaperig, maar meestal is dat gewoon een kwestie van even bijkomen na de voeding), knuffelen of 'praten'.
>
> **2. Leg de baby in bed als hij moe is, maar nog wel wakker**
> Als een kind gewend is uit zichzelf in slaap te vallen, slaapt hij zoveel als nodig is en wordt hij uitgerust wakker. Een kind dat in slaap wordt geholpen, schrikt vaak wakker bij elk onverwacht geluid, of als hij onwillekeurige bewegingen maakt. Soms heeft een baby vijf tot twintig minuten nodig waarin hij een beetje huilt of jengelt voor hij ineens in slaap valt.
>
> **3. Voorspelbare activiteiten**
> Een baby moet slapen op een stil plekje, zoals in een wiegje, bed, kinderwagen of ledikant, in de armen van zijn vader of moeder of in een draagdoek. Maar het is goed om je baby aan te leren dat hij in zijn eigen bedje slaapt.
>
> **4. Vermijd te veel prikkels van buitenaf**
> Dat kun je doen door de radio of tv niet de hele dag aan te houden, een kind van minder dan drie maanden niet al te lang onder de babygym te leggen en hem niet voor de tv te zetten. En beperk het kraambezoek, zodat het zijn slaapritme niet verstoort.

5. Rust
Een gezonde afwisseling van slapen en wakker zijn, een rustige omgeving en niet meer dan één uitstapje per dag bevorderen de rust.

6. Een strak opgemaakt bedje
Een baby slaapt vaak beter als zijn armen en benen niet alle kanten op kunnen schieten. Maak het bedje zo op dat de deken tot zijn schouders komt en zijn voetjes de onderkant van het bed raken. Stop de deken stevig in, dan ligt je kind echt lekker.

4
Leren spelen

Waarin Rina accepteert dat je peuters niet hoeft te pushen om te leren lezen

Stel je een scène voor in een video waarin een donkerharig kind van drie wordt omringd door blonde kinderen. Hij ziet er wat verloren uit. Hij is in een kleurrijk lokaal met kasten en dozen die uitpuilen van de boeken, knutselspullen, blokken, klei, Duplo, speelgoed, poppenhuizen en een speelhoek compleet met een keuken, een winkel en een rek verkleedkleren.

Hij staat midden in het lokaal, samen met de andere kinderen. De rest lijkt ingespannen de peuterleidster te volgen, ze doen haar handgebaren na terwijl er muziek klinkt. Maar hij niet. Hij heeft andere plannen, of het boeit hem niet wat de juffrouw doet. Hij besluit over de grond te gaan rollen zonder verder op haar te letten. Er is nog een kind dat zich afzondert, zijn gezicht tegen de glazen deur gedrukt. Dat kind lijkt meer aandacht te hebben voor de lommerrijke speelplaats met het rode klimrek, de zandbak en de speelhuisjes. De juf gaat verder en laat de twee jongetjes gewoon met rust.

Het is een video van Julius in zijn peuterspeelzaal. Julius gaat viermaal in de week naar de speelzaal (twee ochtenden en twee middagen op verschillende dagen, in sessies van ongeveer drieënhalf uur). Bij elke sessie zijn er hooguit zestien kinderen, onder leiding van twee peuterleidsters. Julius is toevallig een kind van weinig woorden. Hij is nogal verlegen en zegt niet veel tegen vreemden of in grote groepen, dus krijgt hij extra hulp met het ontwikkelen van zijn Nederlandse taalvaardigheid – maar door spel in plaats van formele lessen. Het is een geweldige, handige instelling; een veilige plek waar Julius een paar uur zijn sociale vaardigheden kan verkennen en ontwikkelen terwijl ik baby Matteo fijn wat individuele aandacht kan geven.

Een typische sessie op de peuterspeelzaal volgt een standaardpatroon: bij het wegbrengen worden de ouders aangemoedigd nog even te blijven en wat te lezen of te puzzelen met hun kind voor ze weggaan. Daarna is het tijd voor de 'kring', waarin kinderen en juffen elkaar begroeten en het knutselwerkje voor die dag wordt uitgelegd; dan is het tijd om vrij te spelen en voor het knutselwerkje; gevolgd door een tweede 'kring' om naar muziek te luisteren of een andere activiteit te doen; en tot slot weer vrij spelen tot het tijd is om opgehaald te worden. Er worden geen pogingen gedaan de kinderen het alfabet of cijfers bij te brengen. Waar het in de speelzaal om gaat – de naam zegt het al – is spelen. De kinderen doen er vooral wat ze het leukst vinden – spelen en omgaan met andere kinderen.

Als ik de video bekijk, weet ik niet goed wat ik ervan moet vinden. Ik aarzel en wil lachen en huilen als ik zie hoe mijn zoon gewoon zichzelf mag zijn zonder te worden gepusht om mee te doen of op te letten. De coole, kalme Nederlandse moeder die ik probeer te verbeelden vindt die relaxte aanpak geweldig. Toch kan ik het zeurende stemmetje in mijn hoofd niet tot zwijgen brengen: 'Is het wel genoeg?'

'Ik vraag me af of we het goed doen,' beken ik later die avond aan Bram nadat ik samen met hem de video nog eens heb bekeken. We liggen in bed – mijn favoriete moment voor een goed gesprek en zijn favoriete moment om al zijn aandacht op een boek te richten. 'Ik weet niet of Julius wel goed zit op deze peuterspeelzaal. Hij leert niks – geen letters of cijfers. Denk je dat hij een achterstand krijgt?' Als ik één ding heb geleerd van mijn immigrantenouders is het wel dat onderwijs alles is. Uitblinken op school is de enige weg naar een beter leven, of dat zegt de mantra in elk geval. Het gaat om overleven. Zo vroeg mogelijk beginnen wil zeggen dat je meer leert; wie er het eerst bij is, is het best af. Mijn Facebook-feed staat vol met trotse vrienden van thuis in Amerika die de prestaties van hun kinderen laten zien: video's van kindjes van vier maanden in kinderzitjes, gefascineerd kijkend naar *Sesamstraat*, kindjes van acht maanden die een puzzel hebben gemaakt, kindjes van één die leerzame spelletjes doen op de iPad. Dat alles moet het kind een voorsprong geven op weg naar een succesvolle toekomst.

Zoals een echte tijgermoeder was ik voor zijn geboorte al bezig met de opleiding van mijn zoon. Ik las boeken als *Het kinderbrein* van John Medina, kocht meer dan honderd boeken om te zorgen dat we zouden gaan lezen zodra hij was geboren en stond erop dat we alleen houten speelgoed met gifvrije verf kochten. En toch zit ik hier, bijna vier jaar later, met een kind dat het praten nog onder de knie moet krijgen, laat staan dat hij begint met lezen, schrijven en rekenen.

'Maak je niet zo druk,' sust Bram me. 'Ik ben toch ook normaal opgedroogd? Ik ben niet heel erg verziekt door het Nederlandse systeem.' Natuurlijk heeft hij gelijk. Zonder al te veel hulp van zijn scholen of zijn ouders in zijn vroegste jeugd, heeft mijn man toch gewoon het onderwijs doorlopen en een master aan de universiteit weten te behalen.

Met de beste intenties en ingaand op de heersende ongeschreven culturele verwachtingspatronen pushen ouders in Groot-Brittannië en de VS hun kinderen steeds jonger om te gaan leren. Britse en Amerikaanse kleuter- en peuterscholen staan onder druk om meer te functioneren als basisscholen. Een onderzoek getiteld *Is Kindergarten the New First Grade?* (oftewel: *Is de kleuterschool de nieuwe groep drie?*) vergelijkt de klassen op Amerikaanse kleuterscholen in 1998 met die van 2010, en concludeert dat latere kleuterjuffen en -meesters meer schoolprestaties verwachten van hun leerlingen, en meer tijd inruimen voor formele lessen in lezen en rekenen. Helaas wil dat zeggen dat er minder tijd is voor tekenen, muziek en vrij spelen. In landen als Nederland en in Scandinavië is dat een ander verhaal.

Een Nederlandse vriendin van mij, Maria schrijft en illustreert kinderboeken en woont in de San Francisco Bay Area met haar man en zoon van zes. Zij mijmert: 'Als buitenstaander ben ik altijd verbaasd over hoeveel Amerikaanse moeders verschillen van Nederlandse. Ik sta elke dag paf. Ze zijn enorm bezig met lezen op een vroege leeftijd – hoe jonger het kind leert lezen, schrijven en cijfers herkennen, hoe meer succes het later in zijn academische leven zal hebben, denken ze.

Ik las ergens dat een van de voornaamste verschillen is dat ouders in Europa vooral willen dat hun kinderen gelukkig zijn en een plek vinden waar ze zich thuis voelen. Amerikaanse ouders willen vooral dat hun kinderen een succesvol leven krijgen,' zegt Maria. 'Als het je voornamelijk te doen is om het succes van je kind, wil je dat hij of zij naar een zo goed mogelijke school gaat.

Er is een hoop angst. Er is ook een hoop schuldgevoel. Ik kan me geen geweldige particuliere peuterschool veroorloven, maar daar maak ik me niet druk over. Als je je kind liefde geeft en zorgt dat hij of zij gelukkig is, komt het allemaal wel goed. Ik ben heel dankbaar dat ik ben opgegroeid in Holland en dat ik er dus als een buitenstaander tegenaan kan kijken. Zo kan ik een stuk nuchterder blijven over het ouderschap. Het voorkomt dat ik me laat meeslepen in dat hele competitieve gedoe.'

Een andere Nederlandse moeder in San Francisco is Ottilie. Zij zegt: 'Ik ben close met mijn nichtjes die thuis in Nederland kinderen van dezelfde leeftijd hebben, dus we hebben het hier veel over gehad. Ik heb gemerkt dat de kinderen in San Francisco in het begin voorlopen met lezen en zelfs rekenen, omdat ze daar op school al zo vroeg mee beginnen. Maar in groep vier zie ik die voorsprong stagneren, aangezien de meesters en juffen nog steeds bezig zijn om alle kinderen op hetzelfde niveau te krijgen. Volgens mij komt dat doordat niet alle kinderen er zo vroeg aan toe zijn om te leren lezen en schrijven. In Holland beginnen ze later en langzamer, maar in groep vier kunnen ze allemaal lezen en tellen en dan gaan ze met zijn allen verder. Hun hersenen hebben meer tijd gehad om zich op een natuurlijke manier te ontwikkelen omdat ze meer vrij hebben mogen spelen in hun vroegste jeugd, precies wanneer dat zo belangrijk is. Ik vond het zielig voor mijn zoon dat hij al zo jong zoveel uur moest stilzitten en zich concentreren.

Allebei mijn kinderen begonnen "laat" met lezen – toen ze bijna zeven waren. De school bood me op hun zesde hulp met lezen aan, maar dat heb ik geweigerd. Ik wilde afwachten, want het is heel normaal dat niet ieder kind met vijf of zes jaar aan lezen toe is,' zegt Ottilie. 'En toen ze zeven werden, gingen ze allebei lezen. Ze gingen supersnel vooruit en lezen sindsdien graag en veel, en op een hoger niveau dan in hun groep gebruikelijk is. Als ze specialistische hulp hadden gehad, had men gezegd dat dat dankzij het hulpprogramma was. Maar ik ben ervan overtuigd dat kinderen, zolang ze niet dyslectisch zijn of andere leerproblemen hebben, vanzelf wel leren lezen als ze eraan toe zijn.'

Onwillekeurig was ik onder de indruk. Ottilie had voet bij stuk gehouden: ze bleef pragmatisch en verstandig, zelfs onder het vergrootglas van San Francisco.

Waarin een Nederlandse moeder het Rina haarfijn uitlegt

Ik wilde graag meer weten over het Nederlandse ouderschap, en omdat ik graag een nieuwe vriendin onder de moeders wilde hebben, vroeg ik Jet, wier zoontje Jaime van twee bij Julius op de speelzaal zit, voor een mammiedate. Ze is met haar gezin sinds kort terug in Nederland na elf jaar als expat in het buitenland te hebben gewoond. We spreken af in het restaurant van de Hema, typisch Nederlands. Voor slechts twee euro nemen we een broodje omelet, een croissantje met jam, een glas sinaasappelsap en een kop koffie.

'Waarom zou een kind op de leeftijd van onze zoons het alfabet moeten leren? Waarom mag je ze niet gewoon laten spelen?' vraagt Jet. 'Want spelen met andere kinderen is net zo belangrijk, zo niet belangrijker. Als je dat in een vroeg stadium stimuleert, heeft je kind daar in de toekomst iets aan.

De basisschool is soms een harde wereld. Sommige kinderen geven bijvoorbeeld een verjaardagspartijtje waarbij ze niet de hele klas uitnodigen. En sommige moeders jammeren dan omdat hun kind nog niet populair is bij de andere kinderen. Peuterspeelzalen snappen dat het belangrijk is om al vroeg hun sociale vaardigheden te ontwikkelen – vriendjes maken, om de beurt gaan, aardig zijn en met elkaar spelen.'

'Maar hoe zit het dan met echt dingen leren?' vraag ik.

'Hoe bedoel je? Ben je ooit in de speelzaal gaan zitten

om te kijken wat ze daar eigenlijk doen? Weet je dat ze elke ochtend in een kring gaan zitten? Toen ik daar was, leerden ze van alles over het weer. Dan vraagt de juf: "Jaime, kun jij eens vertellen wat voor weer het vandaag is?" en dan wijst ze naar een kaart met drie verschillende plaatjes: een zon met een blauwe lucht, een regenwolk met druppels en een wervelende wolk om aan te geven dat het waait. Dan zegt ze dat Jamie uit het raam moet gaan kijken en een plaatje moet uitzoeken. Jaime gaat naar het raam, kijkt naar de blauwe lucht en wijst naar het goede plaatje. Voor mij is dat leren.'

Ik wil een normaal kind – Micheles verhaal

Ik heb nooit echt geloofd dat het goed was om zo snel mogelijk iedere druppel potentieel uit een kind te persen. Waarom die haast? Amerikaanse ouders kunnen behoorlijk fanatiek overkomen als ze de mijlpalen van hun baby's en peuters vergelijken. Hier in Nederland maakt het niet echt uit of een klein kind al op jonge leeftijd kan lezen of schrijven. Sterker nog, erover praten is een soort taboe. Een Nederlandse vriendin wees me op iets wat expats misschien over het hoofd zien: de neiging die mensen hier hebben om prestaties te *relativeren*. Er is een sociale druk om zo gemiddeld mogelijk te zijn en nooit indruk te willen maken. Dat verklaart het gebrek aan 'ma-ijver', en waarom niemand graag de aandacht vestigt op de talenten van zijn kinderen.

Toen Ina drie was, was ze een overaanhankelijk, verlegen kind, maar ze had zichzelf wel een paar woorden leren schrijven: 'mama', 'papa', 'Ina' en 'Ben'. Die schreef ze overal op. Toen ze naar het consultatiebureau moest voor haar driejaarcontrole, wandelde ze de spreekkamer in met in haar handjes een briefkaart waarop ze haar woordjes had geschreven om iets te doen te hebben in de wachtkamer. Maar de verpleegkundige negeerde dat volledig en ging meten hoe ze gegroeid was, om haar daarna te vragen drie blokken op te stapelen.

> Ik hielp Ina als ze daarom vroeg, maar heb haar nooit gepusht om te leren. Toen ze vlak voor haar vierde verjaardag voor het eerst naar school ging, merkte haar juf hoe graag ze wilde leren en gaf ze haar opgaven om het alfabet te oefenen en wat sommen te maken. Rond die leeftijd bleek dat ze rekenen leuk vond en lag ze in bed haar tafels op te zeggen. Toen ze sneller bleef leren dan de rest van de kinderen in haar klas, werd ze overgeplaatst naar groep drie, waar de nadruk meer op leren ligt.
>
> Het algemene beleid van de school is dat ze begaafde kinderen extra materiaal geven om hun kennis te verdiepen en te verbreden in plaats van ze als vanzelfsprekend hogerop te pushen. Toen Ina zich desondanks begon te vervelen, werd ze nog een klas hoger gezet. Maar net als andere Nederlandse ouders en haar juffen vinden wij sociale vaardigheden veel belangrijker dan academische prestaties. Ik wil dat ze zich prettig voelt tussen haar vrienden, en niet dat ze een of ander overgestimuleerd, vroegwijs kind wordt dat eindexamen wiskunde doet als ze elf is. In overleg met de leraren op school overwegen we op dit moment om haar een extra jaar in de hoogste klas van de basisschool te houden, zodat ze niet op haar tiende naar de middelbare school gaat.

De ideologie van de speelzaal

Ik wil graag voor eens en voor altijd af van mijn bezorgdheid om wat Julius leert, dus ik besluit op een ochtend zijn juffen aan te spreken voor de speelzaal begint. Anne, Dingena en Irma zijn allemaal in de zestig, het zijn benaderbare, hartelijke vrouwen, het soort oma dat duidelijk graag met peuters optrekt. Ze kunnen ook goed multitasken; ze beantwoorden mijn vragen terwijl ze het knutselwerkje van de dag voorbereiden.

Blijkbaar ben ik niet de enige ouder die zich zorgen

maakt over het gebrek aan formele lessen. De moderne trend van intensieve *hothousing* heeft zelfs onze buitengewesten bereikt. Andere ouders hebben hun zorg uitgesproken omdat hun kind nog niet is begonnen met lezen en hun vrees dat het straks met een achterstand naar de basisschool gaat. Maar de peuterjuffen doen altijd hun best om de ouders gerust te stellen dat spelen het beste is, en niet formele lessen.

Met hun gezamenlijke tachtig jaar onderwijservaring blijven de juffen vasthouden aan de actieve en ontdekkende vroegejeugdpedagogie en ze zijn gewend bezorgde ouders zoals ik gerust te stellen.

'Wat voor ons het belangrijkste is, is dat we het kind hier de mogelijkheden bieden om zich in zijn eigen tempo te ontwikkelen,' legt Anne uit. 'Dat wil zeggen dat we een grote verscheidenheid aan spelmateriaal aanbieden, zowel in de klas als op de speelplaats, waaruit ze hun keuze kunnen maken. En we praten ontzettend veel met ze, sporen ze aan dingen te ontdekken en we laten het gesprek leiden door de kinderen.'

Aan de gecontroleerde chaos van verleidelijk speelgoed, boeken en knutselspullen te zien, bieden ze de kinderen in elk geval een ruime keus om hun nieuwsgierigheid te ontwikkelen en zich te verliezen in hun fantasie. Ik kan zelf amper van de bakken vol speelgoed afblijven. Ik zie ook dat hier, met twee juffen en een klein klasje, ruimte genoeg is voor een-op-eengesprekken met de kinderen en om ieder kind echt goed te leren kennen in de twee jaar dat ze onder hun toezicht staan.

'We willen ze leren omgaan met hun leeftijdsgenootjes. We stimuleren ze samen te spelen zodat ze sociale vaardigheden opdoen – hoe je moet delen, geduldig zijn, zelfverzekerd zijn,' zegt Irma. 'En dan doen we ook groepsactiviteiten, zoals samen een verhaal lezen, liedjes zingen en iets maken met de hele klas.'

'Als ouders hier komen en bezorgd zeggen dat ze vinden dat hun kind niet voldoende wordt uitgedaagd,' zegt Dingena, 'dan zeggen we dat het geweldig is dat hun kind het alfabet kan opzeggen, tot honderd kan tellen en alle kleuren kent, maar dat ze daarmee alleen maar hebben aangetoond dat een kind als een gedresseerde aap kunstjes kan doen. Meer is het niet. Een kunstje. Dat is geen leren.'

Hoelang ik ook in Nederland woon, de directe manier waarop Nederlanders dingen zeggen geeft me soms het gevoel van een koude douche. 'Verfrissend' is zacht uitgedrukt. Ik moest even bedenken dat Dingena niet meteen mijn kind van drie een gedresseerd aapje noemde. Ze benadrukte alleen het idee dat een kind leren spelen veel belangrijker is dan dat het cijfers en letters leert.

'Gisteren zat er een kind te huilen in de klas – haar mama en papa hadden net een nieuw kindje gekregen. Dus toen hebben we de tijd genomen om haar te laten uitleggen wat ze allemaal voor nieuwe emoties voelde. Daar zijn we voor. Wij leren kinderen hoe ze hun gevoelens duidelijk kunnen uitdrukken, en helpen ze die gevoelens te benoemen,' voegt Anne toe. 'Het gaat niet alleen om leren. Het gaat erom dat je je ontwikkelt als persoon, dat je voor je mening leert uitkomen en met andere kinderen leert omgaan.'

Als er één ding is wat Nederlanders goed kunnen, is het met hun kinderen praten. Zodra ze kunnen brabbelen, worden ze gestimuleerd terug te praten. Dat verklaart enigszins waarom hun kinderen zo welbespraakt en zelfverzekerd zijn.

Terwijl ik terug naar huis fiets, vraag ik me af of we onze kinderen werkelijk continu moeten vermaken, trainen, onderwijzen en pushen, als Nederlandse kinderen zonder dat alles zo goed opgroeien.

Perfecte kinderen

Amerikaanse kinderen worden geacht alles perfect te doen – alleen maar A's halen (het equivalent van negens en tienen), muzikaal talent hebben en uitblinken in sport. Minder is niet goed genoeg. Die perfecte kinderen mogen nooit hun eigen speelafspraken maken: ze worden sociaal gemanipuleerd door hun ouders die klasgenootjes met de hoogste status uitzoeken. De Amerikaanse cultuur verwacht ook dat kinderen keurige miniatuurvolwassenen zijn, waarbij al hun successen en fiasco's direct afstralen op hun ouders.

5
Stressvrij onderwijs

Waarin Michele het onderwijs heroverweegt

Van alle beslissingen die we als ouders moeten nemen, lijkt het kiezen van een school een van de meest essentiële. Op dat moment denk je dat er niets belangrijkers in het leven is dan de opleiding van je kind. Mijn vrienden thuis in Londen zeggen dat het een obsessie is die het gesprek bij dinertjes domineert, aangezien niemand ooit zeker weet of ze de juiste keuze hebben gemaakt, of ze nu hebben gekozen voor een particuliere school of staatsonderwijs. Britten en Amerikanen zien onderwijs als de weg naar het succes. Hoe beter je presteert op school, hoe verder je in het leven zult komen. Als je je kind niet op een goede kleuterschool krijgt, krijg je hem of haar niet op een goede basisschool. En een goede basisschool – of, als je daar geld voor hebt, een goede *prep school* – wordt gezien als essentieel, wil je zoon of dochter op een fatsoenlijke middelbare school terechtkunnen. En natuurlijk is een fatsoenlijke middelbare school essentieel voor een goede cijferlijst en een plek aan de beste universiteit. Dat geldt net zo in de VS: hoge cijfers = topuniversiteiten, óf topsporter

= volledige beurs aan een topuniversiteit/lucratief contract als profsporter. Veel ouders hebben er alles voor over om hun kind op de juiste school te krijgen – ze nemen een extra hypotheek of verhuizen, misschien zelfs naar een andere stad om in het juiste district te wonen dat toegang geeft tot de juiste school.

In Nederland gaat het echter niet zozeer om hoge cijfers en toegelaten worden tot de juiste universiteit. Onderwijs dient hier een ander doel. Het wordt traditioneel beschouwd als het pad naar het welzijn van het kind, en diens ontwikkeling tot een individu. Je hebt voor de meeste studierichtingen geen specifieke cijfers nodig om aan een universiteit terecht te kunnen: je hoeft alleen een diploma van een bepaald schooltype te behalen. Studenten hoeven niet te concurreren voor een plaats. Dus om greep te krijgen op het Nederlandse onderwijssysteem, moest ik een hoop psychologische bagage en onbewuste normen uitpakken, en heroverwegen waar onderwijs eigenlijk om draaide. Ik moest veel dingen loslaten die me met de paplepel waren ingegoten.

Toen Ben tweeënhalf was en ik hoogzwanger was van Ina, verhuisden we van een klein flatje in Amsterdam-Zuid naar een huis in Noord. Noord wordt soms liefdevol en soms minder liefdevol 'Siberië' genoemd, waarschijnlijk vanwege de poolwind die er waait. Het was een plek waar mijn man, geboren en getogen in Amsterdam, zich maar één keer eerder had gewaagd en die hij behoorlijk eng vond. De wijk is afgescheiden van de rest van de stad door het koude kanaal van het IJ en komt zelden voor op toeristische plattegronden. Noord is waar ooit het galgenveld was en werd lange tijd algemeen geassocieerd met misdadigers, armoede en experimentele woonprojecten waar de overheid 'asociale elementen' dumpt. In 2007 riep het een beeld op van hoge torenflats, een grote hoeveelheid immigranten en een verbijsterend lelijk, met wit plastic bekleed winkelcentrum.

Maar goed, ik was naar Amsterdam verhuisd vanuit het sjofele Harlesden in Noord-Londen, vol Caribische kiptenten, afrokappers en Portugese eethuizen, dus ik verheugde me op de diversiteit van de wijk. Noord voelde als een tweede thuis. Ik vond er een riant oud huis dat niet duur was en aan een park lag. En daar gingen we, als echte kwartiermakers van de yuppificatie, samen met een hele menigte andere nieuwelingen, om van Amsterdam-Noord het Nederlandse equivalent te maken van Williamsburg in New York of Hoxton in Londen.

Mijn man had vervolgens de taak een basisschool voor Ben te zoeken. Hij moest voor zijn derde verjaardag ergens ingeschreven staan. Aangezien er alleen openbare scholen waren, hadden we al snel een lijst opties. Meteen vanaf het begin vond ik het geweldig dat ouders in Nederland niet hoeven te stressen of ze hun kind naar een particuliere school willen sturen. Ik heb zelf op een provinciaal gymnasium gezeten (een *grammar school*) en het verschil met de kinderen die op een kostschool hadden gezeten was duidelijk te merken toen ik in mijn eerste jaar aan de universiteit flink wat moest inhalen.

Toen ik in mijn latere leven werkte in het bevoorrechte bastion van de uitgeverswereld, ontweek ik geregeld vragen over mijn opleiding omdat ik me er pijnlijk van bewust was dat dat een cruciaal verschil maakte in je sociale status en hoe mensen je bekeken. Je was een van ons of een van hen.

In onze nieuwe buurt lag er een reeks opties voor ons open. Ten eerste waren er allerlei 'conceptscholen', stuk voor stuk gebaseerd op een bepaalde, vooruitstrevende onderwijsmethode. Die zijn allemaal uit het buitenland komen overwaaien, zoals het montessorisysteem uit Italië, het daltonplan uit Amerika of het Duitse jenaplan dat uitgaat van het kind zelf. Verder waren er ook traditionelere scholen: religieus – christelijk of islamitisch – en non-confessionele, seculiere staatsscholen. Bij geen van die opties kwam schoolgeld kijken.

We bezochten een aantal scholen en ik was meteen onder de indruk van de rustige, vrolijke sfeer van onze plaatselijke montessorischool. Het gebouw was niks bijzonders – een gelijkvloerse keten van jarentachtigklaslokalen, de muren wit en geel geschilderd. Overal hingen kleurige kindertekeningen. In de gangen waren speelplekken met zandbakken, poppenhuizen en tafels voor knutselprojecten en overal zag je blije kinderen. De lokalen waren rustig en vol kinderen die druk bezig waren, niet alleen met boeken, maar ook met kralen, houten blokken en kaarten. De jongsten zaten vaak op matten op de vloer leerzame spelletjes te doen. Alle kinderen zagen er vrolijk en ontspannen uit. In Angelsaksische landen vallen montessorischolen onder het particuliere schoolsysteem. Hier staan ze open voor iedereen. Ik was allang blij.

Amsterdam telt achtentwintig montessorischolen. De eerste werd opgericht in 1914, en in de jaren twintig werden ze populair. Anne Frank zat op een montessorischool voor ze moest onderduiken. Als je de filosofie erachter bekijkt, snap je meteen waarom de Nederlanders zich er zo door aangesproken voelen. Net als bij dalton- en jenaplanscholen, die hier ook populair zijn, ligt de nadruk op zelfstandigheid en anderen helpen. Het basisprincipe is 'help me het zelf te doen'.

Maria Montessori vond dat volwassenen – ouders en leraren – kinderen geen ideeën moesten opdringen, en dat natuurlijke zelfontwikkeling het beste is. Kinderen leren er niet allemaal tegelijk dezelfde dingen, maar kiezen wat ze willen leren, in hun eigen tempo en op individuele basis. Montessori was van mening dat je kinderen moet stimuleren hun eigen stroming oftewel belangstelling te volgen en dat je ze het leren niet moet opdringen. Sterker nog, deze aanpak is doorgedrongen in het bredere onderwijssysteem van Nederland. Op alle Nederlandse basisscholen beginnen de kinderen op hun vierde jaar, maar het structureel leren – lezen, schijven en rekenen – begint pas als ze zes zijn, in groep drie. Als ze eerder belangstelling tonen voor die vakken, krijgen ze de materialen aangereikt om zelf op ontdekking te gaan. Allebei mijn kinderen leerden zo in hun eerste schooljaar lezen en schrijven, maar er was geen enkele druk. Vriendjes die pas later leerden lezen, in groep drie, als ze zes of zeven waren, bleken er geen hinder van te hebben dat ze het pas later konden en haalden het al snel in.

Het American National Institute for Child Health and Human Development noemt 'lezen de belangrijkste vaardigheid die je nodig hebt voor een gelukkig, productief en succesvol leven. Een kind dat goed kan lezen is een zelfverzekerd kind met een uitstekend zelfbeeld.' Door kinderen niet te dwingen vroeg te leren lezen, wordt lezen een genoegen in plaats van een vervelend karwei.

Het belang van sociale vaardigheden

We hadden onze montessorischool uitgezocht omdat we er zo'n goede indruk van hadden, niet omdat we veel wisten van de methode. Achteraf gezien was ik blijkbaar al behoorlijk Nederlands. Ik wist dat veel Britse of Amerikaanse ouders alle beschikbare scholen zouden hebben bekeken, de prestatieranglijsten hebben vergeleken, de leraren hebben gesproken en ga zo maar door. Dat kwam simpelweg niet bij me op, misschien omdat ik het voorbeeld van mijn man volgde. Maar de eerste keer dat mijn zoon, vier jaar oud, met een rapport thuiskwam, moet ik bekennen dat ik geschokt was. Er stonden geen cijfers op van één tot tien, geen A's, B's of C's. Er stond niet op dat hij de beste van de klas was, iets wat zijn streberige moeder heimelijk wel had gehoopt, en ook niet dat hij de slechtste was. Sterker nog, er werd *nergens* aangegeven waar hij stond in vergelijking tot de rest van zijn klas. In plaats daarvan stond er op dit rapport per categorie een rijtje van vijf stippen om Bens ontwikkeling aan te geven. Dat waren de enige – nogal saaie en weinig betoverende – aanknopingspunten om mijn trieste behoefte aan plaatsvervangende bevestiging op te projecteren. Het leek in niets op mijn basisschoolrapporten van vroeger, compleet met cijfers van één tot twintig en mijn positie in de klas.

- ligt ver achter op algemene leerlijn
- ligt achter op algemene leerlijn
- volgt algemene leerlijn
- ligt voor op algemene leerlijn
- ligt ver voor op algemene leerlijn

Uit de tabel maakte ik op dat ze vonden dat Ben voorliep op het gemiddelde, maar er werd niet gesuggereerd dat dat beter was dan achterlopen. Bovendien was het rapport grotendeels gericht op zijn sociale vaardigheden en karakter, in plaats van op zijn academische prestaties. Ik werd geconfronteerd met mijn eigen onbetwiste maatstaven. Waarom zouden sociale vaardigheden niet belangrijker zijn dan intelligentie?

Die rapportformule is gedurende de hele basisschoolcarrière van mijn kinderen aangehouden: vijf stippen. Geen cijfers van één tot tien, geen A's, B's of C's. Elke stip geeft me een algemene indruk van hoe ze het doen op een bepaald vlak, of dat nu gaat om samenwerken, ordelijkheid of omgaan met tegenvallers. Dit systeem wordt ook op veel andere scholen gebruikt – niet alleen op montessorischolen – hoewel sommige traditionelere Nederlandse scholen wel rapporten met cijfers geven.

De diverse beoordelingscategorieën spreken boekdelen. Zo heb je *Algemeen gedrag*: het ideale kind is zelfstandig, rustig, netjes, zelfverzekerd, spontaan en verantwoordelijk. Dan is er *Zorg voor de omgeving*, waar wordt gekeken of ze netjes werken en of hun tafeltje schoon en opgeruimd is. *Contact met de leerkracht* is ook een categorie: de ideale leerling is hulpvaardig, nieuwsgierig, beleefd, oplettend en staat open voor correcties als hij of zij het mis heeft. Parallel daaraan heb je *Contact met medeleerlingen*: kinderen worden gestimuleerd goed mee te werken, attent en veerkrachtig te zijn en goed te luisteren. Tot slot beoordeelt de categorie *Werkhouding* de volgende eigenschappen: normen, doorzettingsvermogen, concentratie, zelfstandig werken, luisteren tijdens de les, motivatie en hoe snel je kind werkt.

Het is een veel gedetailleerdere karakterschets dan ik als kind ooit heb gehad. Het maakt ook duidelijk wat de voornaamste waarden zijn en wat de school hoopt te bereiken: niet per se academische uitblinkers met hoge cijfers, maar het vormen van een kind dat goed kan omgaan met anderen en zijn of haar tafeltje netjes houdt. Dat lijkt mijlenver verwijderd van wat vrienden in Groot-Brittannië meemaken, waar ogenschijnlijk niet-aflatende proefwerken meer te maken lijken te hebben met ranglijsten, het verbeteren van het aanzien van de school en daarmee de financieringsmogelijkheden, dan met de kinderen die het werk moeten doen.

Ik vraag Anja, een van de Nederlandse moeders in mijn boekenclub, wat zij belangrijk vindt in het onderwijs. 'Het voornaamste is veel spelen!' zegt ze. 'Ik wil dat mijn jongens creatief leren denken, maar ook dat ze sociaal vaardig zijn... Daarnaast vind ik muzikale ontwikkeling belangrijk.'

Als je kiest voor een montessori-, dalton- of jenaplanschool, is er geen sprake van huiswerk. Ga je voor een ander type basisschool, dan is er weinig huiswerk. De meeste schoolkinderen krijgen pas na de basisschool huiswerk, voor zover ik weet. Als ik me over het onderwerp inlees, stuit ik op een groeiend aantal onderzoeken dat suggereert dat huiswerk voor jonge kinderen tijdverspilling is en weinig tot niets bijdraagt aan het verbeteren van het leren of de prestaties. Dat is een groot verschil tussen Nederland en Groot-Brittannië en de VS. Spelen en lol maken vindt men hier belangrijker dan academische vooruitgang.

Mijn stiefzus, die in een klein plaatsje in Engeland woont, vertelde dat de basisschool van haar dochter de ouders een contract liet tekenen. Ze moest beloven dat ze elke avond met haar dochters zou lezen en zou helpen met spelling en huiswerk. 'Ze hebben zelfs lessen voor ouders om uit te leggen hoe ze tegenwoordig rekenles geven, zodat je ze kunt helpen,' voegde ze eraan toe. Zoals de meeste ouders werkt zij fulltime en moet ze ook nog haar meiden naar allerlei buitenschoolse activiteiten brengen. Tijd vinden om ze elke avond door hun huiswerk heen te leiden legt een hoop extra druk op een toch al volgepakt schema.

In Groot-Brittannië ligt de nadruk binnen het schoolcurriculum nog steeds op academische prestaties. Ik praat met Roman Krznaric, een filosoof in Oxford wiens boek *Werk vinden dat bij je past* een paar jaar geleden een belangrijke factor was in mijn eigen beslissing om freelance te gaan werken. Zijn voornaamste studieonderwerp is empathie. 'De laatste jaren heeft de Britse regering de fatale fout gemaakt te bezuinigen op sociale en emotionele leerprogramma's en die te vervangen door een traditionalistische focus op lezen, schrijven en rekenen,' vertelt hij.

Ik vraag Roman hoe Britse scholen het volgens hem beter kunnen doen. 'Een van de cruciale dingen die afvallen is het aanleren van empathische vaardigheden, die heel belangrijk zijn voor de emotionele ontwikkeling van kinderen en hun vermogen met anderen om te gaan,' legt hij uit. Hij gaat verder: 'Gegevens van onderwijsprogramma's zoals Roots of Empathy, dat in Canada is opgezet en inmiddels driekwart miljoen kinderen over de hele wereld heeft bereikt, tonen niet alleen aan dat empathie kan worden aangeleerd, maar ook dat het de samenwerking verbetert, pesten vermindert en zelfs de schoolprestaties verbetert.'

Ondanks de traditionalistische focus op lezen, schrijven en rekenen in Groot-Brittannië, staan volgens een nieuw rapport van de OESO Engelse tieners van zestien tot negentien jaar onder aan de ranglijst van vierendertig geïndustrialiseerde landen wat betreft lees- en schrijfvaardigheid, en een-na-laatste wat betreft rekenvaardigheid. In datzelfde OESO-onderzoek haalde Nederland de top drie, samen met Finland en Japan. *The Times* schreef: 'Jongeren in Engeland zijn het minst geletterd van alle geïndustrialiseerde landen, en hebben moeite met rekenen, aldus een wereldwijd rapport.' *Het Parool* schreef vol leedvermaak dat dit klonk als 'een absurdistische grap', en voegde daaraan toe dat 'Nederlanders die op school Engels leren meer van de taal weten'.

Duidelijke regels zijn essentieel

Om een beter idee te krijgen van de waarden van de school van mijn kinderen, spreek ik met de directrice. Ik ben ervan overtuigd dat haar uitstraling van vriendelijk overwicht bijdraagt aan de prettige sfeer op school. Het is een kleine, stevige vrouw die zich voortbeweegt met de tred van een zeeman die zojuist aan land gestapt is, en volgend jaar gaat ze met pensioen. Ik zie haar vrijwel elke ochtend als ze in de deuropening ieder kind dat binnenkomt de hand schudt. Ze staat erop dat dat met rechts gebeurt, en zonder handschoenen: zo hoort het. Netjes in de rij gaan staan, niet rennen maar lopen. Als zij er niet is, fungeert een van de andere leraren als welkomstcomité.

In haar kleine, spartaanse kantoortje leg ik uit waar dit

boek over zal gaan. Het eerste waar ze geheel uit eigen beweging mee komt, is dat het volgens haar 'echt crúciaal is dat kinderen gelukkig zijn op school'.

Daar kijk ik van op. Ik had niet verwacht dat ze dat zo beslist zou zeggen. Ik vraag hoe ze de sfeer op school zo rustig weet te houden. Ze is even stil. 'Met duidelijke regels. Regels zijn essentieel. Toen ik hier zeventien jaar geleden begon, was het een chaos. De kinderen stormden de school binnen als een stel wilde dieren.'

Ik knik. Dat kan ik me nu niet meer voorstellen.

'Alle kinderen bij naam begroeten aan de deur betekent dat de dag rustig begint en rustig blijft. Dat ene momentje contact is heel belangrijk.'

Het is waar: ze kent alle ongeveer vijfhonderd leerlingen bij naam. Als je de school binnenkomt, ligt de focus op het kind en zijn of haar groeiende zelfstandigheid. Ouders mogen hun kinderen niet helpen met hun jas en schoenen, zelfs niet in het eerste jaar, en kinderen moeten hun eigen tas dragen. (Dat leidt tot langdurige omkleedsessies voor en na de gymles, zelfs als er daartussenin geen tijd meer is om te gymmen!)

'In het Engeland van mijn jeugd ging het op school meer om de academische prestaties dan of je gelukkig was,' zeg ik. 'Is er geen druk om zoveel mogelijk hoge cijfers uit ze te halen?'

'O, dat ken ik, ik heb zelf Engelse scholen bezocht,' antwoordt ze. 'Hier gaat het om wat elk kind als individu kan bereiken. Elk kind moet vooruitgang boeken op basis van zijn beginniveau, niet op basis van het standaardniveau voor zijn leeftijd.' De directrice doet haar best om trage leerlingen op school te houden, omdat ze vindt dat ze hier beter af zijn dan in het speciaal onderwijs.

De school heeft onlangs een leerlingenraad opgezet, bestaand uit zes kinderen van negen tot twaalf jaar, op advies van de inspectie. 'Ik vond het interessant om te horen wat de kinderen te zeggen hadden over de sterke punten van de school. Ik vroeg waarom ze deze school zouden aanraden aan mensen in de buurt. Weet je wat ze zeiden? "De juffen en meesters behandelen je met respect"; "Er wordt heel weinig gepest"; "Je kunt hier heel veel leren" en "De juffen en meesters zijn lief, maar streng op een goede manier."

Daar gaat het om,' vervolgt de directrice, '*op een goede manier*. Het is belangrijk dat er wederzijds respect is. En er waren nog meer positieve opmerkingen.' Ze gaat een lijstje in haar hoofd af: '"De juffen en meesters laten je met rust"; "Je kunt zelfstandig werken"; "Je hoeft nergens om te vragen"; "En er zijn vaak feestjes!"'

Er zijn inderdaad vaak feestjes en speciale leuke dagen. De nieuwe leerlingenraad heeft gevraagd om een pyjamadag, wat de directrice op een verhaal brengt over een logeerpartijtje dat ze ooit op een andere school organiseerde. 'De kinderen namen slaapzakken en luchtbedden mee en sliepen in de gymzaal. Ik had mijn hond meegenomen, zodat we ons veilig zouden voelen. We keken naar een voetbalwedstrijd, en een van de vaders, die een snackbar had, kwam met frikandellen en patat.'

Vanaf een jaar of zes worden er uitstapjes met een nachtje logeren geïntroduceerd via de school. Het is vaak voor het eerst dat de kinderen een nachtje zonder hun ouders weg zijn. Ze mogen geen mobieltjes meenemen en er is geen contact met de ouders tijdens die tripjes, die steeds langer worden naarmate de kinderen ouder worden. Tijdens het uitstapje gaan ze naar een museum of bezienswaardigheid, maar ze krijgen ook veel tijd om buiten te spelen.

We ontmoeten de geluksprofessor

Nederland heeft een eigen 'geluksprofessor', Ruut Veenhoven van de Erasmus Universiteit in Rotterdam. Als voorloper op het gebied van geluksonderzoek heeft hij jarenlang gewerkt aan het opzetten en beheren van een Wereld Database van Geluk (de *World Database of Happiness*), die online vrij toegankelijk is. Hij wilde wel met Rina en mij over zijn bevindingen praten en we spraken af in een etnisch eettentje in Utrecht, vlak bij waar hij op zijn kleinkinderen paste op zijn, naar eigen zeggen, 'opadag'.

Professor Veenhoven, een gemoedelijk uitziende man, begon ons gesprek met het definiëren van geluk als 'levensvervulling': in hoeverre iemand geniet van zijn leven als geheel. Hij waarschuwde dat veel onderzoeken welvaart meten in plaats van welzijn. Vervolgens had hij het over de gelijkheidscultuur van Nederland. 'Wij zijn een zeevarend land en het was lastig om zeelieden onder de duim te houden, dus werden we uiteindelijk minder feodaal dan andere landen. Dat gelijkheidsbeginsel is ook terug te zien in ons huiselijk leven – er is meer gelijkheid tussen ouders en kind.'

Hij zei dat Nederlandse scholen 'kindvriendelijk onderwijs' geven. Kinderen gaan gráág naar school en dat is iets wat ook te zien was in het onderzoeksmateriaal dat UNICEF in 2013 verzamelde. Nederlandse kinderen horen tot de groep die zich het minst onder druk gezet voelt door schoolwerk, en ze scoren hoog op de vraag of ze hun klasgenootjes aardig en behulpzaam vinden.

'Scholen steken hier meer energie in motivatie dan in prestatie,' legde Veenhoven uit. 'Prestatie is waar Franse en Engelse scholen meestal de nadruk op leggen,' vervolgde hij. 'Ons onderzoek heeft juist aangetoond dat sociale vaardigheden een grote rol spelen voor geluk. Die vaardigheden zijn belangrijker dan iemands IQ.'

We vragen of hij ons meer kan vertellen over de relatie tussen geluk en opleiding, en hij buigt zich over de tafel naar ons toe. 'Als we landen met elkaar vergelijken, blijkt dat er een positieve relatie bestaat tussen gemiddeld opleidingsniveau en gemiddeld geluk. Dat komt doordat we gelukkiger leven in een moderne samenleving die een ontwikkelde bevolking vereist om te functioneren. Maar in moderne landen zien we weinig relatie tussen het individuele opleidingsniveau en geluk; hoger opgeleiden zijn nauwelijks gelukkiger. Aangezien een hogere opleiding duidelijk voordelen biedt, moeten er nadelen zijn die daartegen opwegen. We weten nog niet precies wat voor 'gelukslekken' er bestaan in relatie tot een hogere opleiding. Maar het is duidelijk dat je je kind op school niet keihard hoeft te pushen om te zorgen dat hij later gelukkig wordt.'

We praten nog even verder, dan kijkt hij op zijn horloge en neemt afscheid. 'Het wordt tijd dat ik terugga naar mijn kleinkinderen. Ze moeten zo lunchen.'

De middelbareschoolstroming

Een paar weken na mijn fijne volkstuinzondag met Ben en Floris ben ik bezig met een redactieklus in een kantoor aan de Keizersgracht. Mijn mobieltje gaat en Bens naam verschijnt in de display.

'Hallo, schat. Alles goed?'

'Ik heb m'n Cito-score, mama,' zegt hij haastig. 'Ik heb 545 gehaald!'

We hadden de uitslagen van zijn toelatingstest voor de middelbare school pas over een dag of vier verwacht, maar op de een of andere manier heeft de school ze eerder aan de leerlingen uitgereikt. Bens totaalscore ligt net binnen de bandbreedte voor de academische vwo-stroming (545-550), maar de beoordeling van een kind wordt tegenwoordig sowieso gebaseerd op de gecombineerde resultaten van de nonchalant gepresenteerde, halfjaarlijkse toets die de kinderen hun laatste drie schooljaren maken zonder ervoor te blokken, plus hoe de leraar hun vaardigheden en werkhouding inschat.

De toetsen zijn alleen bedoeld als bevestiging van het oordeel van de school over welk type voortgezet onderwijs het beste bij het kind zou passen, zowel qua schoolprestaties als persoonlijkheid. De pragmatische gedachte hierachter is dat een leraar een kind beter kan beoordelen dan een toets. Als een leerling hoger scoort bij de Cito-toets dan bij eerdere toetsen, zal de school de aanbeveling bespreken met de ouders van het kind. Dat wil niet meteen zeggen dat er een andere school wordt uitgekozen, maar het kan wel. In ons geval bevestigde de score de indruk die de school had van Ben, een kind dat het tempo op het atheneum zou kunnen bijhouden en daar gelukkig zou zijn. Hij was al ingeschreven, dus nu was het een kwestie van afwachten of hij geplaatst zou worden.

Kinderen met de hoogste gemiddelde scores en een goede werkhouding gaan naar de academische schoolstroming (die de oude Britse grammar school het dichtst benadert) – het vwo, waar ze worden voorbereid op de universiteit. Ze werken er toe naar een vwo-diploma, wat qua variëteit in vakken meer weg heeft van het Franse baccalaureaat dan de Britse A-levels. Het vwo duurt zes jaar. Een schoolniveau daaronder is de havo. Daar krijgen ze een algemene voortgezette opleiding die de kinderen voorbereidt op een vervolgopleiding. Meestal is dat iets economisch of een verpleegkundige of lerarenopleiding, maar het kan ook een basisjaar zijn voor een universitaire studie. Lagere Cito-scores resulteren in een aanbeveling voor een van de vier vmbo-beroepsonderwijsstromingen. Hier worden kinderen voorbereid op een beroeps- of technische opleiding in een van vier gebieden: economie, techniek, gezondheidszorg of landbouw, vanaf zestien jaar. Zestig procent van alle kinderen komt in deze stroming terecht, en volgens mij zit daar geen sociaal stigma aan vast. Binnen het systeem kunnen leerlingen ook naar andere stromingen overstappen.

Als ik vrienden in Groot-Brittannië vertel over het Nederlandse schoolsysteem, zijn ze in eerste instantie bezorgd dat kinderen te vroeg in een hokje gestopt worden en dat dat een kind kan beperken in zijn mogelijkheden. Maar als ik in de zomer de bouwvakkers spreek die bezig zijn met de schimmel in onze fundering, hoor ik iets anders. Een van hen heeft een dochter die aan het tweede jaar van haar beroepsopleiding gaat beginnen (plant- en dierkunde, en landbouw). Hij is meer dan tevreden met het niveau van haar opleiding, en zijn dochter is na één jaar al naar een hoger stromingsniveau overgestapt. Hij vindt dat er genoeg mogelijkheden zijn om hogerop te komen als het kind dat aankan. Zijn dochter wil paardentrainer worden, ze helpt bij de plaatselijke manege en volgt een opleiding die helemaal op haar toegesneden is. De dochter van de timmerman, een boekenwurm van twaalf, heeft een plekje op een plaatselijk gymnasium en hij is blij dat ze die kans krijgt.

Bens lange vriendje Floris heeft een havo-advies gekregen. Hij is een stille, intelligente jongen die zich moeilijk kan concentreren. Als het hem allemaal te veel wordt duikt hij in een boek en maakt dus niet altijd zijn schoolwerk af. Tot mijn verrassing mocht hij van de juf in de les gaan zitten lezen, omdat ze besefte dat die ontsnapping belangrijk is voor zijn mentale welzijn, en ze dwong hem niet harder te werken. Zowel de school als zijn ouders denken dat hij waarschijnlijk een laatbloeier is die zich uiteindelijk wel redt. Floris zegt zelf dat hij zich van de havo zal opwerken naar het vwo – waarmee hij naar de universiteit kan – wat mogelijk is op de scholen die verschillende onderwijstypes onder één dak verenigen. Een ambitieuze havo-leerling kan zich echter na een basisjaar ook aansluiten bij de stroming waar de gymnasiumleerlingen een jaar later in instromen. Dat is iets wat mijn neef van zeventien van plan is, die problemen heeft gekregen door een visuele handicap waardoor hij langzaam leest.

Net als bij Floris nemen de leraren van onze montessorischool het zekere voor het onzekere bij het aanbevelen van schoolstromingen. Als het systeem zou worden overgezet naar Groot-Brittannië, kan ik me voorstellen dat ouders de school onder druk zouden zetten het kind zo optimistisch mogelijk te beoordelen. Toen ik Bens juf Cinthya vroeg of zijn bovengemiddelde klas (de helft van de kinderen in zijn klas kreeg een vwo-advies) de school volgend jaar niet in de problemen zou brengen, was ze nogal verbaasd. 'Nu de verwachtingen hooggespannen zijn...?' verklaarde ik nog. Ze fronste. 'Natuurlijk niet. We willen gewoon dat de kinderen naar de school gaan die het beste bij ze past.' Die houding is zo anders dan de ambitieuze angst op Britse en Amerikaanse scholen, dat ik er elke keer weer enorm van opkijk.

'Een zes is genoeg'

De non-competitieve Nederlandse aanpak van het basisonderwijs is interessant: er is geen 'beste van de klas' om na te streven. Hetzelfde geldt voor middelbare scholen, waar je, eenmaal in een bepaalde stroom, gemiddeld een zes moet halen – een voldoende – om op dat niveau te blijven. Ik moet erbij zeggen dat het cijfersysteem in Nederland niet hetzelfde werkt als in Groot-Brittannië of Amerika, waar men uitgaat van percentages. Je krijgt puntenaftrek voor fouten, en perfectie (een tien) is vrijwel onhaalbaar. Het grootste deel van de leerlingen haalt zessen en zevens, wat voldoende is om het einddiploma te halen. Het gemiddelde cijfer bij het eindexamen is een 6,4. Slechts een paar procent van de leerlingen haalt gemiddeld een 8,0, wat gezien wordt als bijzonder hoog.

In de academische stroming (vwo) worden leerlingen die hun diploma halen met voldoendes intelligent genoeg geacht om een plaats aan de universiteit te verdienen. Er is absoluut geen sprake van cijferinflatie (zo is in Engeland bijvoorbeeld de A* (A met een sterretje) geïntroduceerd, omdat het langzaamaan zo makkelijk werd om een A te krijgen dat men het nodig vond nog een niveau hoger in te voeren), iets wat een groot probleem is in Groot-Brittannië en de VS. Het gevolg is dat er geen escalerende concurrentie is onder leerlingen die streven naar de hoogste cijfers om zich te verzekeren van een plaats aan de universiteit. Het is op het oog een uiterst eerlijk systeem en het voorkomt elitarisme.

In zijn recente onderzoek naar de Nederlandse identiteit, *Moet kunnen*, legde cultuurhistoricus Herman Pleij het Nederlandse onderwijsbeleid uit. Het richt zich, zo schrijft hij, op een zo breed mogelijk middenveld aan talent in plaats van op degenen die het best presteren:

> Het [concept van] die gulden middelmaat galmt nog na in alle geledingen van ons onderwijs, in de vorm van de centrale doelstelling om een maximaal aantal leerlingen en studenten met een diploma af te leveren. Daarvoor is een voldoende eindresultaat genoeg – wie meer wil, moet dat zelf maar weten.

Aristoteles' concept van de 'gulden middenweg' – het gezonde gemiddelde, zonder de gebreken van de twee extremen – staat centraal in de Nederlandse denkwijze. De veelgebruikte uitdrukking waar we het al eerder over hadden – *doe maar gewoon, dan doe je al gek genoeg* – is hier ook op van toepassing.

Hoewel er op school geen sterk competitief klimaat

bestaat, lijken de Nederlanders evengoed buitengewoon succesvol te zijn op idee-gedreven, creatief en zakelijk gebied: kijk maar naar de beroemde Nederlandse kunstenaars, ontwerpers en architecten, om nog maar te zwijgen van de eenentwintig Nobelprijswinnaars die het land heeft voortgebracht. Al even indrukwekkend is de lijst Nederlandse uitvindingen op Wikipedia (waaronder de dvd, de cd, bluetooth en wifi). Toch heeft de Nederlandse onderwijsaanpak op dit moment te maken met enige interne kritiek: in Nederland is een nieuwe neiging om de mensen die het beste presteren te pushen. Pleij spreekt zich hiertegen uit. Hij vindt middelmatigheid en gewoon zijn noodzakelijke kenmerken van het Nederlandse systeem, aangezien er niemand door wordt uitgesloten en het grootste aantal leerlingen kan meedraaien. Als je dat afkapt en je richt op de talenten van een klein groepje, zal dat volgens hem het algemene niveau van innovatie verlagen en de nationale welvaart en welzijn verminderen.

Het voordeel van het huidige Nederlandse schoolsysteem is dat er actief geprobeerd wordt kinderen zo lang mogelijk mee te laten draaien, in plaats van ze onderweg af te stoten in de competitieve strijd om de top.

*

Ik besluit over scholen te gaan praten met Arwen, een van mijn oudste Nederlandse vriendinnen, en haar moeder. Arwen is ongeveer even oud als ik. Ik heb haar leren kennen toen haar oudste zoon en mijn zoon op de crèche beste vriendjes werden. Het is een statige blondine die getrouwd is met een voormalig topsporter die ook al groot en blond is. Ze hebben twee prachtige sportieve jongens. Op een zomerse middag komt ze met haar moeder bij mij thuis voor een kopje thee met petitfours.

Paulien, Arwens moeder, is een elegante vrouw van zeventig die vroeger in het onderwijs werkte als orthopedagoog. Ze vertelt dat ze het helemaal niet belangrijk vond welk type school haar drie kinderen bezochten. Voor haar ging het er meer om welke opleiding ze daarna zouden gaan doen. 'Wat voor iemand je bent, daar gaat het om. Waar liggen je interesses? Wat had je als tiener voor zaterdagbaantje? Als je naar de universiteit wilt, heb je een vwo-diploma nodig, maar of je dat nou met zessen of met tienen hebt gehaald, doet er niet toe.'

In elk geval zijn haar drie kinderen allemaal iets totaal anders gaan doen dan waarvoor ze zijn opgeleid. Een dochter studeerde rechten en maakt nu films voor kinderen; de tweede deed Latijns-Amerikastudies en werkt nu in een warenhuis. Arwen werd opgeleid tot verpleegkundige en is nu freelance schrijfster. Voor hun moeder is dat het bewijs dat je schoolcarrière er uiteindelijk niet zoveel toe doet.

Ik vraag Arwen of ze ambities heeft voor haar twee zoons. 'Nou, als mijn kinderen gaan sporten, wil ik dat ze in een goed team terechtkomen. En wat school betreft, kun je zeggen dat het niet uitmaakt, als ze maar gelukkig zijn, en dat is gedeeltelijk ook wel zo, maar ik heb toch wel een béétje ambities voor ze.'

Maar ik denk niet dat ze echt hoort bij dat kleine kliekje pushy ouders dat zich in het algemeen ophoudt in het rijke Amsterdam-Zuid en het Gooi (de regio in Nederland die de Hollywood Hills het dichtst benadert), en dat bevestigt ze: 'Als een van mijn zoons niet in de academische stroming terecht zou komen, zou ik daar 's nachts echt niet van wakker liggen!'

Bijlessen

Als er één ding is dat ons doet vermoeden dat competitie en prestatiedruk hier in Nederland steeds sterker worden, is het

> de groeiende populariteit van bijlessen. In het basisonderwijs zijn ouders vooral bezig hun kinderen voor te bereiden op de Cito-toets, op de middelbare school draait het om huiswerkbegeleiding en coaching. Het wezenlijke probleem hiervan is dat bij dergelijke coaching vooral wordt geleerd wat je voor een proefwerk nodig hebt, zonder dat het gaat om het opdoen van kennis.
>
> In een steeds individualistischere en competitieve maatschappij willen bezorgde, rijke ouders graag dat hun eigen kroost het goed doet, maar daarbij kijken ze niet naar het grotere plaatje. De markt creëert zijn eigen vraag, en zo wordt het onderwijs een strijdtoneel waarop iedereen wil winnen. Onze Nederlandse redacteur merkte op dat er een groei was van het aantal 'hooggehakte carrièrevrouwen die eisen dat hun kinderen hoge cijfers halen'.
>
> Met deze verborgen privatisering van het onderwijs volgen de Nederlanders in de voetsporen van de Amerikanen en Britten, en we weten waar dat toe leidt: enorme examendruk, cijferinflatie en op de lange termijn ongelukkige kinderen. Het resulteert ook in een onoverbrugbare kloof tussen rijk en arm, volgens de Onderwijsinspectie. Examenvoorbereiding zou een overheidstaak moeten zijn, om elk kind gelijke kansen te geven.
>
> Het Nederlandse model dat probeert de innerlijke motivering van kinderen te stimuleren lijkt ons op de lange duur veel beter.

Het probleem met concurrentie

In mijn eigen leven vond ik de overgang van de competitieve sfeer op school en aan de universiteit (waar ik altijd de beste wilde zijn) naar mijn werkende leven zonder examens en vergelijkende maatstaven knap moeilijk. Een jeugd vol concurrentie kan leiden tot een gevoel van diepe teleurstelling in je latere leven. Als je geen cijfers meer krijgt, verdwijnt ook de bron van je eigenwaarde. In sommige gevallen kan dat ertoe leiden dat je je waarde in financiële termen gaat afmeten, of verkoopcijfers, of dat je veel tijd steekt in het zoeken naar het 'allerbeste' van alles voor je kind. Ik wil niet dat een dergelijk soort concurrentiegedreven stress in mijn kinderen ingebakken wordt. Ik zie veel liever dat ze hun eigen prestaties leren waarderen dan dat ze constant complimenten of bevestiging nodig hebben dat ze 'beter' zijn dan anderen.

In een artikel in *Psychology Today* schrijft professor Peter Gray, onderzoeksdocent aan Boston College, over wat volgens hem het probleem is met het onderwijs in Amerika, maar ik denk dat het ook geldt voor Groot-Brittannië:

> Op school leren kinderen al snel dat wat ze zelf willen doen en waar ze zichzelf goed in vinden er niet toe doet; het gaat om de keuzes en beoordelingen van de leraren. Leraren zijn niet helemaal voorspelbaar. Je kunt keihard studeren en toch een slecht cijfer halen, omdat je niet doorhad wat de leraar je precies wilde laten bestuderen, of niet goed hebt gegokt welke vragen hij of zij zou stellen. De grote meerderheid van de leerlingen denkt dat het in de klas niet om competentie gaat, maar om goede cijfers.

Door voornamelijk te focussen op cijfers en examenuitslagen bestaat het gevaar dat de leerling misloopt wat het onderwijs verder nog te bieden heeft: een brede kennis van het onderwerp dat hij of zij bestudeert, intellectuele stimulering en het verruimen van de blik. De carrièrekansen en materiële zaken die goede cijfers onze kinderen wellicht opleveren zijn niet het enige wat telt in het leven.

Maar ik wil hier geen verkeerde indruk geven. Zelfs op de basisschool maken Nederlandse kinderen tweemaal per jaar een officiële toets. Daarbij gaat het vooral om lezen, schrijven en rekenen. De toetsen worden gezien als een noodzakelijk kwaad en er wordt zo nonchalant mogelijk over gedaan. De kinderen krijgen de uitslag van zo'n toets niet te zien en de ouders krijgen geen rapport. Ouders vangen er slechts tweemaal per jaar een glimp van op tijdens de ouderavond. De uitslagen helpen bepalen naar welk type middelbaar onderwijs het kind doorstroomt als het elf of twaalf is. Evengoed zijn er geen totaalscores. De resultaten van de kinderen worden nooit verzameld of vergeleken. Zoals ik al zei, het is in Holland letterlijk onmogelijk om de beste van de klas te zijn.

Die non-competitieve houding is ook te zien in andere aspecten van het schoolleven. Toen mijn zoon thuiskwam na zijn eerste sportdag, vroeg ik hem zonder erbij na te denken of hij wedstrijden gewonnen had. Hij keek me verbijsterd aan. Hadden ze dan geen wedstrijdjes gedaan? Nou ja, ze hadden wel een beetje hardgelopen, maar hij had op zijn vriend gewacht zodat ze hand in hand over de finish konden gaan. De nadruk lag dus duidelijk niet op winnen. Sterker nog, er waren helemaal geen winnaars of verliezers, en er waren ook geen medailles, bekers of teams. De kinderen gingen in groepjes langs diverse sportvelden voor activiteiten en uitdagingen, zoals opblaasbare glijbanen, springkastelen en kegelbanen, maar ook hardlopen, springen en andere sportieve activiteiten. Dat klonk heel anders dan de sportdagen uit mijn jeugd, waar ik voor het leven getekend raakte toen ik letterlijk struikelde over de eerste horde. Zelfs mijn vriendinnen lachten me uit.

Volgens het OESO-onderzoek *How's Life* uit 2015, waarin het welzijn in de verschillende OESO-landen werd gemeten, hadden Nederlandse kinderen het minst last van 'druk door schoolwerk'. Het was geen verrassing dat kinderen in de Engelssprekende landen – Ierland, de VS, Canada en Groot-Brittannië – het meest onder druk stonden. De

Nederlanders scoorden hoog waar het ging om het aantal kinderen dat 'graag naar school ging'. Als je alle factoren in het onderzoek bij elkaar nam, ging Nederland duidelijk voorop als het gaat om hoe gelukkig kinderen op school zijn.

Misschien omdat beroepsopleidingen binnen het Nederlandse schoolsysteem vallen, blijft de grote meerderheid van de kinderen op school tot hun negentiende: slechts een klein percentage gaat eerder van school af. Het was ook interessant om te zien dat Nederlandse kinderen bij de Programme for International Student Assessment (PISA), een ander wereldwijd onderzoek van de OESO, eveneens hoog scoren op het gebied van lezen, rekenen en natuurwetenschappen, hoewel ze Spanje en Turkije moesten laten voorgaan. Groot-Brittannië en de VS stonden respectievelijk op de zesentwintigste en zesendertigste plaats. Inmiddels is de situatie veranderd, maar het Nederlandse systeem bewijst dat academische prestaties mogelijk zijn zonder hothousing en zonder concurrentie.

Een ander recent OESO-rapport concludeerde ook dat het Nederlandse systeem hoge maatstaven bevordert. Het rapport stelt dat 'de kwaliteit van de prestaties van een school, gecombineerd met leermethoden die uitgaan van de praktijk en praktische betrokkenheid met de fantasie van de kinderen aan de basis van het succes van het Nederlands onderwijs liggen'. Eenmaal van school handhaven Nederlanders hun opleidingsniveau: volgens de PISA-statistieken voor volwassenen van zestien tot vijfenzestig jaar staat Nederland qua gemiddelde rekenvaardigheid en geletterdheid op een derde plaats, na Korea en Finland.

Rina kijkt terug op haar schooltijd in de VS

Toen ik naar Nederland verhuisde, had ik niet alleen te maken met het verkassen naar een ander land voor de liefde. Ik moest ook op een andere manier leren leven, een manier die zachter voor de ziel was. Want waar ik vandaan kom, is het leven een stuk rauwer, een tikje heftiger en een stuk minder vergevingsgezind wat betreft fiasco's en imperfecties. Toen ik vertrok, liet ik dat ook achter.

In het algemeen is het verhaal als volgt: het kind moet een streber zijn om op een prestigieuze universiteit te komen, afstuderen in geneeskunde of rechten, een fenomenale, goedbetaalde carrière krijgen, trouwen, twee of drie kinderen krijgen, in een dure auto rijden, luxe vakanties houden en een adres met de juiste postcode hebben. Wat iemand bereikt weerspiegelt zijn of haar eigenwaarde, maar ook hoe hij of zij wordt gezien door vrienden, familie en hun omgeving.

Hoewel het hartverscheurend was om in de *Atlantic* het artikel 'The Silicon Valley Suicides' te lezen, over zelfmoord onder intelligente jongeren in Palo Alto, verbaasde het me niet echt. Ook ik kom uit de San Francisco Bay Area en ik kan me nog levendig herinneren hoe intens de druk was toen ik daar, meer dan tien jaar geleden, op school zat. Volgens het artikel is het zelfmoordcijfer in een periode van tien jaar op de high schools in kwestie ongeveer vier à vijf keer zo hoog als het nationale gemiddelde. Die scholen staan maar drie kwartier van mijn eigen oude high school vandaan.

Hoewel ik dankbaar ben voor de geweldige opleiding die ik daar gekregen heb, had ik die immense druk liever willen missen. Ik had niks met de *mean girls* en het constante spieken en frauderen door de leerlingen, zelfs die met de beste cijfers. Ik zal nooit vergeten hoe een extreem valse, maar populaire meid de pik had op een passiever meisje dat ze haar kant-en-klare wiskundehuiswerk liet afgeven zodat ze het kon overschrijven. Ik wilde dat ik destijds zelfverzekerd genoeg was geweest om die oplichters te verklikken, maar ik hield mijn mond omdat ik maar al te goed wist dat niemand iets van klikspanen moest hebben – leerlingen noch docenten.

De boodschap die jongeren krijgen, is luid en duidelijk: toegelaten worden tot een elite-universiteit is noodzakelijk voor een succesvol, gelukkig leven, en het doet er niet toe hoe je het voor elkaar krijgt. Madeline Levine, een kinderpsychologe met een praktijk in de Bay Area die geciteerd wordt in het *Atlantic*-artikel, beschrijft gesprekken met adolescenten die 'bitter klaagden dat ze te veel onder druk stonden, verkeerd begrepen werden en zich angstig, boos, triest en leeg voelden'.

Men zegt vaak dat de manier waarop je als ouder je kinderen aanspreekt uiteindelijk hun innerlijke stem wordt. In veel Amerikaanse huishoudens is die innerlijke stem geobsedeerd door succes. Door de continu herhaalde boodschap dat je de hoogste cijfers moet halen en indrukwekkend moet presteren in buitenschoolse activiteiten, wordt van high-schoolleerlingen verwacht dat ze op de een of andere manier superhelden zijn. Ik weet nog hoe mijn klasgenoten elkaar vijftien jaar geleden taxeerden, waarbij ze schaamteloos wilden weten door welke scholen je aangenomen en afgewezen was. Ik werd afgewezen door twee universiteiten. Ik kan alleen maar denken dat ik gewoon niet door de selectie heen gekomen was – mijn lijst van enkel de hoogste haalbare A's was gewoon niet goed genoeg. Of misschien waren er gewoon te veel kandidaten zoals ik. Zelfs nu is het nog moeilijk om erover te schrijven: dat zware gevoel van complete waardeloosheid drukt nog steeds op me. Ondanks uitnodigingen van drie andere goede universiteiten vond ik dat ik gefaald had. Ik sloot me drie dagen lang op in mijn kamer, omdat ik de teleurgestelde blikken van mijn ouders niet wilde zien.

Het is niet voor niets dat Amy Chua's boek *Strijdlied van de tijgermoeder* uit 2011 een opvoedbestseller was en nog steeds is. Ze heeft toegegeven dat het voor een groot deel haar poging tot humor was, maar voor veel anderen gold haar boek als hun nieuwe opvoedbijbel. Ze wilden dat hun kinderen het beter deden dan de rest, omdat ze het beschouwden als een afspiegeling van wie zij waren als ouders. Chua's ongegeneerde eerlijkheid resoneert bij veel Amerikaanse en, waarschijnlijk, Britse ouders. Zij heeft bereikt wat veel ouders voor hun kinderen ambiëren. Niet alleen is ze het levende bewijs van het Amerikaanse ideaal van grote academische prestaties – als advocaat met een Ivy-Leaguediploma en hoogleraar rechten – maar haar twee dochters zijn ook supertalenten en al een flink stuk op weg naar de top van de meritocratische ladder.

In Nederland geldt echter dat je, zolang je met een cijferlijst vol voldoendes van een Nederlands vwo komt, in principe gegarandeerd op de universiteit of hbo-opleiding terechtkunt. Het scheelt ook dat het eigenlijk niet uitmaakt welke universiteit je bezoekt. Het is meer een kwestie van waar je naartoe wilt – een geweldige wereldstad als Amsterdam, of een rustiger, landelijker toevluchtsoord als Groningen. Hier in de Lage Landen mag je jezelf zijn. En Nederlandse ouders beseffen allang dat het emotionele welzijn van hun kinderen even belangrijk is als welke externe bevestiging van succes dan ook, zo niet belangrijker.

6
Over discipline

Waarin Michele geen Franse kinderen heeft

We zitten in Zuid-Frankrijk voor de voorjaarsvakantie, vlak bij waar Ina's klasgenootje Elias en zijn familie vakantie vieren. Het fijne van schoolgaande kinderen is dat ze vrienden en vriendinnen krijgen met wier ouders je graag zou omgaan. We rijden naar de kust en brengen een idyllische middag met ze door op het kleine eilandje Île des Embiez, een kort tochtje met de veerboot vanuit Six-Fours-les-Plages.

Terwijl de ouders de picknick uitpakken en op handdoeken neerstrijken, poedelen de kinderen rond in het water. Ina, Elias en zijn kleine zusje rennen voor- en achteruit, schoppen zand in het eten en praten keihard. Thomas, de vader van Elias, klaagt schertsend dat Nederlandse kinderen ongemanierde herrieschoppers zijn. We verbieden ze dichter dan een meter bij de handdoeken te komen en zeggen dat ze wat stiller moeten zijn. Ze gaan een stuk verder het strand op, waar ze met stokken in een dode kwal gaan staan porren. Daarna klimmen ze op een rots en doen buiten ons gezichtsveld iets wat blijkbaar hilarisch is, afgaand op hun gegiechel. Geen van ons maakt aanstalten om even bij ze te gaan kijken.

Een Frans gezin zit niet ver van ons af in de kleine baai. Ze hebben twee kinderen bij zich. De volwassenen rusten uit op ligstoelen, de kinderen zitten op een handdoek, twee of drie meter voor hun ouders. De hele tijd dat we er zijn rennen, springen of schreeuwen de kinderen niet. Ze blijven gewoon rustig zitten. Terwijl ik bedenk hoeveel meer lol onze kinderen hebben, kijkt Thomas naar ze en zegt op zijn kenmerkende droge toontje: 'Ik wou dat ik Franse kinderen had.' Er volgt een discussie over hoe andere Europeanen de Franse ouders benijden om hun intens welopgevoede kinderen. (Dat is natuurlijk een van de grootste verkoopargumenten van het boek *Franse kinderen gooien niet met eten* van Pamela Druckerman.) Nederlandse kinderen zijn daarentegen in het buitenland berucht omdat ze door restaurants rennen, keihard schreeuwen en andere gasten storen. Buitenlanders vinden ze vaak bot en een tikkeltje onbeleefd. Franse ouders zijn strenger en verwachten dat kinderen zich gedragen als volwassenen. In Nederland heeft men een realistischere verwachting van wat kinderen aankunnen, en men is toleranter. Nederlandse ouders stralen eerder overwicht uit dan autoriteit.

Ik weet vrij zeker dat een van de dingen die bijdragen aan het rondrennende geschreeuw in restaurants is dat Nederlandse kinderen in Holland óveral welkom zijn. Het is een veel kindvriendelijker, om kinderen draaiende cultuur. Cafés en restaurants spelen bewust in op gezinnen. Vaak zijn er speelhoekjes met boeken, puzzels en spelletjes. Niet dat iedereen daar blij mee is. Sterker nog, het feit dat kinderen als dollen rondrennen in restaurants heeft zelfs geleid tot een belangengroep die lobbyt voor kindervrije restaurants waar gasten in alle rust kunnen dineren! Een recent artikel in *Het Parool* omschrijft de kwestie als 'een zeer Nederlands fenomeen: mensen die hun kinderen meenemen en ze dan aan hun lot overlaten'.

Als ik later die zomer met Ina in Londen ben, valt het me op hoeveel gelegenheden er zijn waar ik níét met haar naartoe kan, vooral op het gebied van bars en restaurants. Je kunt niet zomaar de dichtstbijzijnde kroeg in gaan. Je moet echt je best doen om iets te vinden voor het hele gezin. Ina's spontane uitbarstingen van energie waarbij ze door de mensenmassa op Mare Street in Hackney heen huppelt, lijken misplaatst in een land waar men nog steeds een beetje vindt dat je kinderen alleen moet zien, en vooral niet horen. Hetzelfde geldt tijdens de vakantie in Frankrijk, waar Ina afkeurende blikken van de verkoopster krijgt als ze in een ouderwetse hoedenwinkel heen en weer rent en haar verbazing over de hoeden luidruchtig laat blijken.

In Nederland worden kinderen gestimuleerd spontaan te zijn. Spelen is belangrijker dan stil en gehoorzaam zijn. Nederlanders vinden dat je kinderen moet inspireren de wereld om hen heen te verkennen en daarvan te leren. Spelen kan luidruchtig zijn en andere mensen storen, iets wat de Fransen niet zouden tolereren en de Britten en Amerikanen mogelijk zouden afkeuren. De Franse kinderen op het strand waren zo te zien niet aan het spelen, dus ik vroeg me af wat ze dan leerden. Ze waren niet aan het onderzoeken hoe een kwal voelt of hoe glibberig losse kiezelstenen zijn. Ze waren de volwassenen niet tot last, maar tegen welke prijs?

Natuurlijk bestraften ouders hun kinderen in het verleden meer – lijfstraffen waren tot halverwege de twintigste eeuw heel normaal in Holland, net als in andere landen. Wat te denken van de Moorse knecht van Sint-Nicolaas, Zwarte Piet? Hij werd tot twee generaties geleden ingezet als dreigement voor stoute kinderen: hij had een bos takken om ze mee te slaan en een jutezak om het 'stoute' kind in mee te nemen naar Spanje. Ik moet ook aan mijn schoonmoeder denken, die als kind net zo'n moeilijke eter was als mijn eigen dochter Ina. Volgens haar oudere zus kreeg ze elke avond billenkoek omdat ze haar bord niet leegat. Waren de Nederlanders dan vroeger voorstanders van strenge tucht? Wat is er veranderd?

In 1530 schreef de Nederlandse filosoof Erasmus het boek *De civilitate morum puerillium libellus*, met daarin instructies over kinderonderwijs. Na een tijd aan een zeer strenge Franse universiteit met keiharde lesmethoden, ontwikkelde hij een sterke aversie tegen meedogenloze, eigengerechtige typen onderwijs. De aangeboren, natuurlijke aversie tegen geweld en oorlog van kinderen moet gecultiveerd worden, adviseerde hij, en discipline moet gebaseerd zijn op aanmoedigen, prijzen en beschamen, in plaats van kastijding. Toch waren Nederlandse scholen in het verleden streng. Mijn eigen kinderen vertellen over een vermakelijke, historische straf die in de les behandeld was: de 'pechvogel', een speelgoedvogel die de leraar naar een stoute leerling gooide. De leerling in kwestie moest de vogel dan terugbrengen naar de leraar, en kreeg dan met de 'plak' – een houten schijf op een stok. (Tegenwoordig wordt het woord 'pechvogel' gebruikt voor iemand die weinig geluk heeft.) Evengoed was Nederland een van de eerste landen waar lijfstraffen bij wet verboden werden, namelijk al in 1820.

De Amerikaanse opvoedingsdeskundige Benjamin Spock had veel invloed op de Nederlandse kinderopvoeding in de naoorlogse periode. De Nederlanders, die al lange tijd waarde hechtten aan de kindertijd, waren meteen in voor zijn meer ontspannen aanpak en zijn aansporingen kinderen te laten genieten van hun onschuld en spontaan en vrij te laten handelen.

Toen Rina en ik historica Els Kloek spraken, beaamde ze dat ouders vroeger strenger waren; in vervlogen tijden moesten kinderen tijdens de maaltijd aan tafel staan en mochten ze niet spreken: 'Vaders wil was wet.' Ze zei dat de jongerenrevolutie van de jaren zestig alles op zijn kop had gezet. Plotseling draaide het allemaal om vrijheid en anti-autoritaire praktijken. De flowerpowerbeweging sloeg in Nederland nog meer aan dan in Engeland, misschien omdat er niet zo'n strak klassensysteem ontmanteld hoefde te worden. Els werd in de jaren vijftig geboren en zegt dat haar generatie hun autoritaire ouders bekritiseerde en ging experimenteren met een enorme vrijheid voor hun kinderen; niets was verboden en ze moesten zelf maar uitzoeken waar de grenzen lagen en wat gevaarlijk was. Die vrijheid ging waarschijnlijk te ver, zegt ze, en ze beschrijft het absurde geval van een stel dat met hun kind, dat niet wilde luisteren, naar de dokter ging voor een hoortest, omdat ze niet wilden accepteren dat hun kind gewoon ongehoorzaam was.

De huidige generatie heeft weer regels, grenzen en structuur voor hun kinderen ingevoerd, maar binnen de nodige redelijkheid. Discipline is niet gebaseerd op straf. Voor de Nederlanders gaat het om het aanleren van sociaal geaccepteerd gedrag. In een samenleving zonder sterke sociale hiërarchie is het eerbiedigen van ouderen of superieuren wezensvreemd, dus je krijgt niet die beleefde eerbied van kinderen zoals in Frankrijk – of Azië, trouwens. Nederlandse kinderen worden geacht vriendelijk en behulpzaam te zijn voor ouderen, maar niet automatisch eerbiedig. Iedereen heeft een gelijke positie. Kinderen zijn meestal niet bewust ongehoorzaam, maar ze zullen wel eerder voor zichzelf opkomen. Leren om met goede argumenten te komen wordt beschouwd als een bruikbare levensvaardigheid en dat wordt dus aangemoedigd.

Nederlandse opvoedingsdeskundigen adviseren vooral dat ouders een goed voorbeeld moeten geven dat hun kind navolgt. 'Opvoeden is doen wat je zelf uitdraagt' en 'zo de ouden zongen, piepen de jongen' zijn veelgebruikte uitdrukkingen. Experts adviseren ouders ook een kind niet iets te vrágen, maar duidelijk te zeggen: 'Ik wil dat je...' Het idee is dat je het kind geen opties geeft, maar een duidelijke richting. Discipline is niet dat je kinderen dwingt van alles te doen, of machtsspelletjes met ze speelt, ze bespioneert of controleert, bedreigt, gilt of schreeuwt. In plaats daarvan moet je wenselijk gedrag belonen door ze te prijzen; onaanvaardbaar gedrag moet beslist en direct worden afgekapt. Straf moet te maken hebben met het wangedrag in kwestie; zo kun je kinderen bijvoorbeeld vragen iets te repareren wat ze hebben stukgemaakt, of hun eigen rommel op te ruimen. Andere algemeen geadviseerde straffen zijn vroeg naar bed moeten of een favoriet tv-programma niet mogen kijken.

Triple 'P' Positive Parenting

Triple 'P' Positive Parenting is een in Australië ontwikkeld *evidence based* opvoedprogramma met goedkeuring van de Wereldgezondheidsraad om psychosociale problemen bij kinderen te voorkomen. Het wordt breed gepropageerd door de Nederlandse overheid.

Triple 'P' heeft vijf basisprincipes:

1. Creëer een veilige en plezierige omgeving
2. Creëer een positieve leeromgeving
3. Gebruik assertieve discipline
4. Koester realistische verwachtingen
5. Zorg goed voor jezelf als ouder

Hier is de omschrijving van assertieve discipline zoals die op hun website staat:

In tegenstelling tot wat sommigen wellicht denken, is 'discipline' geen lelijk woord. Sterker nog, in een veilige, vertrouwde,

> voorspelbare en liefdevolle omgeving kan discipline je kind helpen bij het leren van: het accepteren van regels, ontwikkelen van zelfbeheersing, rekening houden met anderen bij het uiten van hun gevoelens en bewust maken van het idee dat hun handelen gevolgen heeft. Assertieve discipline betekent dat je als ouder:
>
> - voorbereid bent
> - grondregels stelt
> - duidelijke en rustige instructies geeft
> - goed gedrag prijst

Een paar weken na onze vakantie in Frankrijk ga ik naar Thomas en Heleen om over discipline te praten. Maar nog voor we zijn begonnen, botsen onze culturen. Zij lijken niet te begrijpen wat ik wil vragen; ik moet uitleggen wat ik bedoel met 'discipline'. Zij associëren het woord niet automatisch met kinderen, al hebben ze in het Nederlands hetzelfde woord, zij het net iets anders uitgesproken. De definitie in het Nederlandse woordenboek is 'gehoorzamen aan regels en bevelen', maar Heleens eerste associatie is met zelfdiscipline, in de zin van zorgen dat haar werk afkomt, en verder met sport. Het idee dat je kinderen bevelen leert opvolgen en ze straft als ze overtredingen begaan, is een gruwel voor Nederlandse ouders. Een Nederlandse ouder zou meestal het woord 'opvoeding' gebruiken waar een Angelsaksische ouder eerder 'discipline' zegt. Opvoeding is grootbrengen, kweken, ouderlijk gezag. Hierin ligt besloten dat je een kind goed en kwaad leert onderscheiden door het goede voorbeeld te geven in plaats van het te zeggen, en door uitleg in plaats van straf.

Heleen werkt als screenwriter en komt over als een zelfverzekerde, competente vrouw. Ze vertelt dat discipline op zich niet hoog op haar ouderlijke agenda staat; ze vindt dat haar voornaamste taak als ouder is om te zorgen dat haar kinderen fijne mensen worden. Ze moeten boven alles vriendelijk en verantwoordelijk zijn, al wil ze wel dat ze het verschil weten tussen goed en kwaad. Thomas, een meubelmaker, laat zijn ergernis meestal sneller zien. Hij maakt grappen over het idee van ouderwetse discipline en gedweeë, gehoorzame kinderen. Voor hem is het ouderschap echter een reis die hij met de kinderen maakt om hun de mooie dingen in het leven te laten zien. 'Het gaat erom dat je ze kansen en keuzes biedt. Maar zelfs als tussenpersoon raak ik vaak gefrustreerd. Ze vinden niet alles leuk wat ik wil dat ze leuk vinden!' Toch probeert hij ze geen dingen op te dringen. Dat komt allemaal wel. Samen zoeken Heleen en Thomas naar evenwicht: als hun kind op vrijdag binnen blijft, sporen ze hem aan om op zaterdag buiten te spelen. Ze geven toe dat hun grootste probleem het inperken van het gebruik van de tablet of smartphone is. Hun voornaamste vorm van straf bestaat logischerwijs uit het afnemen van bepaalde privileges: tablettijd voor Elias en extra aandacht bij het instoppen voor zijn zusje Ruby.

Ik beschouw Nederlanders in het algemeen niet als mensen met bijzonder goede manieren. De formaliteiten die je in Groot-Brittannië hebt, vind je hier in elk geval niet. Toch begint Heleen over beleefdheid: 'Manieren zijn belangrijk, maar vanwege praktische redenen,' zegt ze. 'Om de sociale interactie te vergemakkelijken. "Alstublieft" en "dank u wel" zijn onontbeerlijk.' Thomas zegt dat hij wil dat zijn kinderen rechtop aan tafel zitten en netjes met mes en vork eten. 'Goede manieren gelden ook op de fiets – het is asociaal om op de stoep te fietsen.'

Ik vraag ze om de typische Nederlandse stijl van opvoeden samen te vatten.

Heleen zegt: 'Dingen in perspectief zetten. En positief opvoeden. Ik ben het er niet per se mee eens, maar het woord "nee" wordt zoveel mogelijk ontweken. Ouders zeggen eerder: "Wil je dat weleens laten?" De trend is om te appelleren aan het gezonde verstand van je kind en niet om ze dingen op te leggen.' Thomas gaat verder: 'Ruzie tussen ouders en kinderen wordt gezien als iets wat je moet proberen te vermijden. Het wordt altijd verzacht door dingen te bespreken, door ouders die alles met hun kinderen doorspreken… Maar dat wil wel zeggen dat ze als volwassenen moeilijk kunnen omgaan met kritiek. Ze kunnen het echter wel prima uitdelen. Als kind maakt het niet uit wat ze doen; ze horen altijd dat het goed is.' Heleen zegt: 'Het is typisch Nederlands om te zeggen: "Ik heb mijn best gedaan." Zelfs als dat niet zo is. Nederlanders zijn niet erg kritisch op zichzelf. Kijk maar naar ons voetbalteam!' En dan voegt Thomas eraan toe: 'Daarom verliezen ze altijd van de Duitsers!'

De meeste Nederlandse ouders spreken een aantal basisregels met hun kinderen af. Het algemene advies is om duidelijke regels te stellen, maar te zorgen dat ze overeenkomen met wat het kind aankan. Regels zijn er om structuur en grenzen te bieden en, als ze overtreden worden, zal dat eerder leiden tot discussie en overreding dan tot straf. De Amerikaanse opvoedingsdeskundige Elizabeth Hartley-Brewer, betreurde in haar boek *Positive Parenting* (1991) de eerdere decennia van toegeeflijke, om het kind draaiende opvoeding. Door '(terecht) strikte discipline te verwerpen,' schrijft ze, 'ontdeden ouders zich ook van hun autoriteit en verantwoordelijkheid.' Net zoals zij herontdekten de Nederlanders de noodzaak van duidelijke regels en grenzen. Tegenwoordig geldt dat ouders hun kinderen geen regels opleggen, maar kinderen uitnodigen verantwoordelijk mee te denken over die regels. Dat is een smalle grens. Voor Nederlandse ouders zijn verantwoordelijkheid en een goede relatie wenselijk; autoritaire opvoedingsmethoden zijn dat niet.

De reactie

In het begin van de zomer veroorzaakt een controversieel boek *Waarom? Daarom!* een levendige discussie in Holland. Schrijver Roué Verveer, die grootgebracht is door strenge Surinaamse ouders, neemt de Nederlandse opvoedingsmethode onder handen omdat die niet ferm genoeg zou zijn. 'Vraag kinderen niet of ze spinazie willen of broccoli, maar leer ze dat ze moeten eten wat ze voorgezet krijgen!' schrijft hij. Zijn algemene kritiek is dat Nederlandse ouders te veel met hun kinderen onderhandelen en elke klap verzachten, waardoor ze niet voorbereid worden op de echte wereld. Een recensent schaarde zich achter Verveer en zei: 'Je kind is je vriendje niet.' Ook zij riep op tot een hardere hand – met andere woorden: ouderwetse discipline.

Maar andere Nederlandse opvoedingsdeskundigen brachten daartegen in dat kinderen sociaal en moreel gedrag leren door het goede voorbeeld te krijgen, niet door te dreigen met straf. Volgens onderzoek van Rianne Kok, pedagoge aan de Universiteit Leiden, leren kinderen hun emoties en gedrag beter te beheersen door uitleg en afleiding dan door een autoritaire of bestraffende manier van opvoeden. Straf zal ertoe leiden dat een kind zijn gedrag aanpast om die straf te ontlopen, maar het leert zo niet wat het verkeerd gedaan heeft.

Recent onderzoek van het Child Study Centre van de universiteit van Manchester heeft aangetoond dat inspelen op het sterke gevoel van eerlijkheid en rechtvaardigheid van een jong kind een betere gedragsstrategie is dan boos worden of straf geven. Erasmus had dus gelijk. En resultaten gaven aan dat als kinderen getuige waren van 'derde-partij-overtredingen' – vergrijpen tegen andere mensen – ze eerder geneigd waren het slachtoffer te helpen dan te overwegen de daders te straffen. Appelleren aan de aangeboren empathie van een kind kan een sterke motivatie zijn voor goed gedrag. Dat is de zachte, begripvolle aanpak waar Nederlandse ouders voor kiezen.

> **Rina over de kunst van het redetwisten met een peuter**
>
> 'Julius, het is bedtijd,' zegt mijn man Bram.
> 'Nog tien minuten, papa. Tien minuten,' antwoordt Julius terwijl hij opkijkt van zijn iPad. Hij is verdiept in *The Monster at the End of this Book*, een interactief meeleesboek met de lieve, harige *Sesamstraat*-muppet Grover. Het algemene idee van het boek is dat je precies het tegenovergestelde doet van waar Grover de lezer van af wil houden, namelijk de bladzij omslaan. Julius heeft er zichtbaar plezier in. Maar het is al zes uur en door de korte winterdagen is het helemaal donker buiten. Baby Matteo begint rusteloos te worden en we hebben allemaal een lange, vermoeiende dag achter de rug.
> 'Oké, nog tien minuten, Julius. Ik ga het bijhouden,' zegt mijn man. Hij geeft zichzelf heel strategisch een buffer van een uur om Julius in bed te krijgen. We ruimen de keuken samen op terwijl we roepen: 'Nog acht minuten!', 'Nog vijf minuten!', 'Nog drie minuten!' Bram gaat voor Julius staan om aan te geven dat het bijna tijd is. Julius weet net op tijd zijn boek uit te krijgen en tevreden met zichzelf kijkt hij op. 'Helemaal klaar, papa! Klaar!'
> Ze lopen hand in hand de trap op. Dit is nog maar het begin. Het marchanderen gaat verder: over tandenpoetsen, hoeveel boekjes er worden voorgelezen, welke pyjama hij aan moet, wanneer het licht uitgaat en wanneer hij eindelijk zijn ogen moet dichtdoen.
> Die hele onderhandelingsaanpak kan doodvermoeiend zijn; soms is het om razend van te worden. En ik bewonder het geduld van mijn man: zijn stem blijft rustig en onverstoorbaar en hij houdt voet bij stuk terwijl onze driejarige zijn best doet met

redetwisten onder zijn bedtijd uit te komen. Ik kan dat niet zo makkelijk. We halen het beroemde poldermodel ons huis binnen (afgeleid van de oude onderhoudsmethode van de polders: laagliggend land dat aan de zee wordt onttrokken en dat snel kan overstromen. Omdat iedereen in de gemeenschap moest samenwerken om de zee buiten te houden, vond men een manier om geschillen opzij te zetten en een oplossing te bedenken voor het nut van het algemeen – met andere woorden: besluitvorming in consensus): iedereen in het gezin, tot de jongste aan toe, heeft inspraak. Consensus en compromis zorgen voor een gelukkig huisgezin. En Nederlandse kinderen groeien op tot Nederlandse volwassenen, en op de Nederlandse werkvloer heeft iedereen, maar dan ook iedereen, recht op zijn eigen mening.

Met zijn drie jaar is de taalbeheersing van Julius al voldoende om uit te drukken wat hij belangrijk vindt. Nu moeten we hem leren hoe hij zijn eigen oplossingen moet formuleren, maar dat die zowel voor hem als voor jou aanvaardbaar moeten zijn; een kwestie van leren en oefenen hoe je moet rationaliseren. Dat is niet makkelijk. Door ons kind van drie te laten onderhandelen, leren we hem zijn eigen grenzen aan te geven. Als Julius ons gezag in twijfel trekt, probeert hij gewoon zijn leven in eigen hand te houden, en te zeggen wat hij wel en niet prettig vindt. Dat is een vaardigheid waar hij later veel aan zal hebben, of het nu is om niet toe te geven aan groepsdwang, om te gaan met een of andere moeilijke situatie, of voor zichzelf op te komen op het werk.

We hebben wel een aantal algemene regels wat onderhandelen betreft. Als ouders is het belangrijk dat we onze positie duidelijk maken en hem laten weten waarom hij bijvoorbeeld vroeg naar bed moet ('Dan kun je goed uitrusten zodat je groot en sterk wordt, zoals al die lange Nederlanders.'). En dan verwachten we dat onze zoon op zijn beurt met zijn eigen argumenten komt. Hij weet dat we allemaal beleefd moeten blijven – niet schelden, vloeken of door elkaar heen praten. En hij weet ook dat hij van ons kan verwachten dat we rustig, beheerst en geduldig blijven. Als er eenmaal een compromis bereikt is, gaan we door met de voorwaarden.

Opvoeden op basis van onderhandeling is niet voor watjes. Het kan vermoeiend zijn, en je geduld zal op de proef gesteld worden. Hoewel het soms ergerlijk is om te proberen een redelijk gesprek te hebben met een peuter, zouden we niet anders willen. Het is echter belangrijk om op te merken dat er, net als bij de echte autoritaire opvoedingsstijl, helder aangegeven grenzen zijn. Binnen die grenzen zijn er veel vrijheden en valt er veel te onderhandelen. Zo moet Julius tegenwoordig om zeven uur naar bed, en dat begrijpt hij. De tijd tussen het moment dat hij om zes uur zich gaat klaarmaken om naar bed te gaan tot het moment dat hij in slaap valt, is flexibel in te vullen. Je mening klaar hebben en direct zijn is synoniem met het Nederlanderschap; het is ook de reden dat ze tot de gelukkigste volkeren ter wereld behoren. En ze moeten ergens beginnen. Laat dat dan maar in de veilige, stimulerende omgeving van het huisgezin zijn.

7

Fietsen in de regen

Waarin Michele de teugels wat laat vieren

Ik fiets over het fietspad van het park tegenover ons naar het witte misbaksel dat het winkelcentrum Boven 't IJ is. De basisschool van de kinderen ligt daar vlak achter, ongeveer een kilometer van ons huis. Ik praat met Heleen, met een blik op Ina, die een eindje voor ons naast Heleens zoon Elias rijdt. Het is op deze zonnige zomerochtend druk op het brede fietspad. Hoewel de diverse basisscholen allemaal op een andere tijd beginnen zodat de leerlingen van de verschillende scholen niet allemaal tegelijk de straat op hoeven, zijn er genoeg kinderen van onze school op deze weg om er een hindernisbaan van te maken: er zijn moeders die een hele baan in beslag nemen met hun gigantische bakfiets, kinderen van vier en vijf die als een razende trappen en over de weg slingeren, en oudere jongens die zonder handen langsscheuren. Nederland heeft vlakke wegen met fietspaden, er rijden geen schoolbussen en de parkeerruimte is beperkt, dus het is het handigste om met de fiets naar school te gaan, en daarmee wordt het idee van de fiets als voornaamste vervoermiddel al vroeg een deel van het leven van de Nederlanders. Er zijn prima fietspaden langs de weg naar school, en zones met een lage maximumsnelheid rondom de scholen, en enorme fietsenstallingen als je er eenmaal bent.

Ina, die acht is, vroeg laatst wanneer ze zelf naar school mag fietsen, zoals haar grote broer Ben de laatste twee jaar al doet. Haar klasgenootje Elias fietst de laatste paar maanden al alleen naar school. In werkelijkheid rijdt Elias voor zijn moeder en kleine zusje uit en houdt zij hem van een afstandje in de gaten. Ina en hij hebben afgesproken samen te fietsen, wat me een goed plan lijkt. Naarmate ze meer zelfvertrouwen krijgen, zullen we ze verder vooruit laten fietsen en langzaam de ouderlijke teugels wat laten vieren, net zo lang tot ze oud genoeg zijn om onder toezicht naar school te fietsen.

Leren fietsen

Ik weet nog hoe mijn zoon Ben toen hij vier was per se op zijn eerste schooldag naar school wilde fietsen. Hij had een rood regenjasje aan, een geel rugzakje om en hij had een fiets waar nog zijwieltjes aan zaten. Het duurde niet lang voor die wieltjes eraf gingen. Niets motiveert een kind zo als andere kinderen die zonder enige hulp langs komen razen. Je ziet vaak een ouder met een hand op de bovenrug of schouder van het kind, om hem voort te duwen en zachtjes te leiden. Terwijl fietsers in andere landen elkaar zelden aanraken – ook al omdat dat bij wet verboden is – is dat een van de meest romantische dingen die je Nederlanders ziet doen (en zoveel romantische dingen doen ze niet): hand in hand fietsen, of dat de vrouw de pols van de man vasthoudt.

Het lijkt wel of Nederlandse kinderen hun hele leven op de fiets zitten. Er wordt heel makkelijk gedaan over ouders die fietsen met baby's, wat op buitenstaanders extreem dapper of onzinnig overkomt. Van kleins af aan worden baby's in draagdoeken meegenomen door ouders die de fiets pakken om hun dagelijkse dingen te doen. Het duurde een tijd voor ik mijn zenuwen overwon en af en toe een kort ritje naar de babyzwemles aandurfde met mijn zoon bungelend voor me, met een glimlach van oor tot oor en de wind door zijn haren.

Als ze ouder worden, worden kinderen door het verkeer vervoerd in een kinderzitje (voorop voor oudere baby's, achterop voor peuters), of in het koninklijke comfort van een bakfiets. Wij kochten een nogal prijzige bakfiets met twee wielen toen Ina een baby was en Ben drie jaar, na een hoop geaarzel tussen een stabieler, maar zwaarder model met drie wielen en de wendbaardere versie met twee wielen. Mijn man heeft soms een vrij on-Nederlands luxe smaak (ik wijt dat aan zijn buitenlandse genen: hij is half Hongaars en kwart Duits) en ging voor een duur, überhip hemelsblauw model.

Onze nieuwe bakfiets was zwaar en breed en ermee rijden vergde nogal wat moed. Maar na een paar weken stak ik die stoere Nederlandse moeders naar de kroon en draaide mijn hand niet meer om voor een bak vol kinderen en boodschappen voor een week tegelijk. Het vereist oefening en dijen van staal, vooral op steile bruggen, maar uiteindelijk kom je er wel. Hoewel ze lomp zijn in het verkeer, zijn bakfietsen ontzettend praktisch op plekken met een goed fietspadennet.

Gasten uit het buitenland moeten vaak lachen om de grote verzameling fietsen die achter onze heg in de voortuin geparkeerd staat. Toen mijn kinderen te zwaar werden om rondgereden te worden in de bakfiets – als ik een bocht om ging, helde ik letterlijk over naar één kant en dan kwam ik klem te zitten omdat ik niet zwaar genoeg was om als tegenwicht te dienen – verkocht ik hem en kocht een ouder-kindtandem. Waar een bakfiets nogal breed is, zijn tandems alleen lang. Dat maakt de tandem een veel betere optie om tussen de auto's, trams en toeristen door de smalle, drukke straten van hartje Amsterdam te manoeuvreren.

De Fietsersbond promoot fietsen 'omdat je er blij en gezonder van wordt'. Fietsen zal vast bijdragen aan het feit dat Nederland minder kinderobesitas kent dan welk ander eerstewereldland dan ook. En het is algemeen bekend dat beweging zorgt dat er endorfinen vrijkomen, waar je blij van wordt. Onderzoekers van de Universiteit Utrecht hebben aangetoond dat fietsers langer leven dan mensen die niet fietsen. Ze zeggen dat het de levensverwachting met gemiddeld zes maanden verlengt. Op een gemiddelde Nederlandse weekdag maken vijf miljoen fietsers, jong en oud, veertien miljoen ritjes op hun fiets. Er zijn een miljoen meer fietsen dan mensen. De veel gefotografeerde megafietsenstallingen bij treinstations zijn werkelijk kolossaal, en zelfs daar is het vaak moeilijk om een plekje voor je fiets te vinden. Er staan geregeld fietsfiles tijdens de spits.

Pete Jordans boek *De Fietsrepubliek* is een schat aan informatie over de geschiedenis van het fietsen in Nederland, en het is ook een prachtige sociale geschiedenis van Amsterdam. Toen hij hier pas was, maakte Pete de typische fout van elke buitenlander door op het fietspad te gaan staan en aangereden te worden door een fietser. Hij verhuisde naar Amsterdam vanwege de fietscultuur, was gefascineerd door alle verschillende fietsers die hij voorbij zag komen op krakkemikkige fietsen, en begon zijn eigen onderzoek te doen. Hij besefte algauw hoe normaal Nederlanders het vonden om van alles op hun fiets te vervoeren: van zware koffers tot meubilair, enorme potplanten en, verrassend vaak, strijkplanken.

De Nederlanders zijn door de jaren heen zo handig geworden in het fietsen met zware spullen dat er in 1917 een Nederlandse militaire fietsfanfare werd opgezet, waarin de soldaten al fietsend blaasinstrumenten bespeelden. Het

Nederlandse leger heeft tot op de dag van vandaag een fietsende fanfare.

Iemand achter op je fiets een lift geven is kinderspel voor de gemiddelde kaaskop. Op de bagagedrager meerijden is heel gewoon in Nederland, terwijl dat in veel andere Europese landen verboden is. In Groot-Brittannië mag je alleen een passagier meenemen op een fiets die daar speciaal voor aangepast is, dus met een kinderzitje, of op een tandem. Achterop zitten laat kinderen van jongs af aan dat essentiële zelfvertrouwen in het verkeer opbouwen. Tegen de tijd dat ze zelf een fiets krijgen, zijn de kinderen gewend aan het gevoel van evenwicht, snelheid en het verkeer om hen heen. Zoals bij alles in een Nederlandse jeugd lijkt geleidelijke invoering onder toezicht de sleutel tot het hele proces. Er wordt minder nadruk gelegd op mijlpalen, de dingen die kinderen op een bepaalde leeftijd moeten kunnen. In plaats daarvan letten ouders op aanwijzingen dat een kind klaar is voor een nieuwe stap en graag iets nieuws wil uitproberen. Dat geldt net zo voor zindelijkheidstraining en zwemmen als voor fietsen: het gaat het snelst als het kind aangeeft wat het aankan in plaats van gepusht te worden door de ouder.

Rina over fietsen

In de VS wordt fietsen beschouwd als iets wat vooral voor kinderen is, en als volwassenen al de fiets pakken, is dat voornamelijk als sport of in het kader van een marginale subcultuur. Fietsen is een lifestylestatement. 'Het ziet er gewoon zo kinderachtig uit,' zei mijn vriendin Michelle uit San Francisco toen ze bij ons was. 'Kijk die man nou met zijn stijlvolle grijze pak en zijn bruine, gepoetste schoenen. Hij ziet eruit als een echte heer. Maar op de fiets doet hij me denken aan een peuter op wieltjes.' In de Lage Landen is er echter niets alternatiefs aan fietsen – het is gewoon een vervoermiddel dat iedereen gebruikt. Dankzij het

> vlakke terrein en het netwerk van fietspaden is het de beste, meest praktische en efficiënte manier van vervoer.
>
> Voorlopig heb ik nog geen Nederlands rijbewijs. Alles is zo makkelijk bereikbaar met de fiets dat ik het nooit nodig heb gevonden om de auto te nemen. Het is ook een prima manier om wat extra beweging te pakken. Ik ben absoluut een trotse bakfietsmoeder, het Nederlandse equivalent van een Amerikaanse moeder met een MPV.
>
> De eerste verjaardag van mijn zoon vierden we op zijn Nederlands door hem een loopfiets te geven, die begint als driewieler en dan omgebouwd kan worden tot een tweewieler. Voor Nederlanders is de fiets een soort verlengstuk van hun lijf. Het leek vanzelfsprekend om Julius te laten wennen aan een fiets toen hij nog amper kon lopen. Rondkarren op zijn eigen fietsje geeft hem een enorm gevoel van zelfstandigheid en zelfvertrouwen.

Fietsen, daar word je hard van

Zelfs de Nederlanders noemen hun land een 'koud kikkerlandje'. Het regent er bijna altijd, met veel stortbuien van september tot januari. Februari en juni zijn ook vaak nat. In de winter varieert de temperatuur van twee tot zes graden Celsius, en waait het vaak hard. Hoewel het door de wind en de regen vaak niet prettig is om te fietsen, hijsen de Nederlanders zichzelf en hun kinderen dan gewoon in warme kleren, waterdichte jacks, broeken en kaplaarzen en trotseren ze het weer het hele jaar door. Mijn man stond er altijd op dat wij door hagel en sneeuwstormen heen fietsten. Hij zei dat ik er wel aan zou wennen en dat is uiteindelijk ook gebeurd. Je moet rekening houden met een zekere mate van uitglijden en, als je versnellingen hebt, kiezen voor een lage versnelling, net als bij mountainbiken. Maar evengoed hebben de meeste Nederlandse fietsen helemaal geen versnellingen en zijn ze uitgerust met de ouderwetse terugtraprem, wat ze niet echt geschikt maakt om mee over sneeuw en ijs te rijden. Bakfietsen hebben wel versnellingen en zijn dus beter voor dat soort omstandigheden, aangezien ze door hun gewicht meer grip op de weg hebben.

Fietsen door weer en wind is echt een karaktervormende ervaring. De eerste paar jaar dat ik hier woonde, was tegen de wind in fietsen zo'n obsessie voor me dat het niet alleen een lichamelijke, maar ook een mentale strijd werd. Kinderen die door weer en wind leren fietsen, worden daar hárd van. Ze leren dat het leven niet altijd vol zonneschijn en regenbogen is. Ze leren met de regen om te gaan. Ze leren dat ze het niet moeten opgeven. Volgens mij is dat wat tijgermoeder Amy Chua haar kinderen wilde bijbrengen toen ze erop stond dat ze elke dag een paar uur oefenen op hun muziekinstrument. Naar school fietsen in welk weer dan ook geeft kinderen veerkracht, en er is een duidelijk verband tussen veerkracht en geluk. Onderzoekers van de Universiteit van Barcelona hebben aangetoond dat mensen met meer veerkracht ook vaker melden dat ze tevreden zijn met hun leven en meer controle hebben over hun emoties.

Ik heb vaak mijn kinderen doorweekt het huis in geloodst om ze daarna van hun kleren te ontdoen en in een warm bad te zetten. Als er geen keus is en het nu eenmaal moet, doen ze het ook gewoon. Ik las eens in een Nederlands opvoedboek dat je geen medelijden moet hebben met je kinderen als ze in hun eentje naar school moeten ploeteren als het regent en waait en ze een zware rugzak om hebben. Bedenk liever hoe verantwoordelijk en zelfstandig ze daarvan worden. Als je kind zijn of haar brood vergeet, moet je het volgens dezelfde schrijver niet gaan brengen. En je moet ze al helemaal niet met de auto naar school brengen.

Zorgen om de veiligheid

Britse en Amerikaanse ouders brengen hun kinderen meestal met de auto naar de basisschool omdat ze denken dat dat veiliger is dan ze op de fiets of te voet te laten gaan. Vanuit het enthousiast fietsende Nederland gezien, komt dat over als een zorgelijke veiligheidsobsessie die het gebruik van de fiets aan banden legt. Mijn Nederlandse vriendin Anne, die een paar jaar geleden naar Londen is verhuisd, vertelt over haar ervaringen:

> Mijn kinderen hebben hier minder vrijheid dan in Amsterdam. Zonder toezicht over straat fietsen is helaas te gevaarlijk. Het gevaar schuilt hier niet in het drukke verkeer, maar in het feit dat automobilisten niet gewend zijn aan fietsers om hen heen, en aan het gebrek aan fietspaden. Bovendien is in Holland bijna elke automobilist zelf ook een fietser en kan hij of zij dus denken als een fietser.
>
> Ik fiets wel met de kinderen over straat, maar ik word er zenuwachtig van. Ik laat ze een fietshelm dragen. Als ze vragen waarom ze in Nederland zonder helm mogen fietsen, zeg ik dat ik hier opgepakt zou worden door de mamapolitie als ze dat hier deden. Ik draag zelf geen helm en sommige mensen maken zich daar heel boos over.

In Australië en Nieuw-Zeeland zijn fietshelmen verplicht, net als in sommige Amerikaanse staten. In Groot-Brittannië worden ze aanbevolen en dragen de meeste fietsers ze ook. Dus toen ik naar Holland verhuisde, nam ik mijn helm, mijn lichtgevend gele fietsjack, mijn reflecterende clips en mijn gezichtsmasker tegen de vervuiling mee. De eerste paar fietstochtjes droeg ik het ook allemaal, maar ik begon me algauw te generen. Op de veilige fietspaden werd ik uitgelachen. Later liet ik mijn eigen kinderen een helm dragen, maar uiteindelijk werd ik daar makkelijker in toen andere Nederlandse ouders me verzekerden dat kinderen voorzichtiger zijn als ze zich niet zo beschermd voelen.

Een van de redenen dat een fietshelm in Nederland niet verplicht is, is dat gebleken is dat fietsers zonder helm beter uitkijken in het verkeer. Ook is er een vermoeden dat het verplichten van de helm het fietsen zou ontmoedigen (zoals in Denemarken is gebeurd). Bovendien beweert de Fietsersbond dat onderzoek in het buitenland heeft aangetoond dat er geen vermindering van hoofdletsel optreedt als fietsers een helm dragen. De meeste verwondingen ontstaan door aanrijdingen met auto's, wat een ander soort letsel oplevert, of als de fietser harder dan 20 km per uur rijdt (de maximumsnelheid waarop een helm de fietser effectief bescherming biedt tegen hoofdletsel).

Statistisch gezien hebben Nederlanders meer kans te overlijden door verdrinking dan door een fietsongeluk, wat waarschijnlijk de reden is dat ze voorzichtiger zijn aan het water dan in het verkeer. Toen mijn Engelse expat-vriendin Imogen hoorde dat we met dit boek bezig waren, vroeg ze meteen of ik zou schrijven hoe weinig Nederlanders bezig zijn met veiligheid. In tegenstelling tot in Groot-Brittannië en de VS is hier geen toezicht op de algemene veiligheid en gezondheid. Dat is wel duidelijk: kijk maar hoe mensen door druk verkeer heen fietsen met allerlei spullen op hun fiets geladen. Relatief gezien is fietsen in Nederland natuurlijk veiliger dankzij het geweldige fietspadennet. Maar soms zie je inderdaad ouders met meer dan één klein kind op een fiets zonder kinderzitjes – dat is net een circusnummer. Ze doen gewoon minder moeilijk over de risico's. (Er zijn meer dingen die je opvallen als je uit een land komt waar ze meer met veiligheid bezig zijn. Nederlanders steken op oudejaarsavond vuurwerk af op straat – iets wat ik nog steeds doodeng vind – overal groeit de berenklauw tot enorme proporties en iedereen zwemt in buitenwater zonder zich druk te maken over de ziekte van Weil, een bacteriële infectie die wordt verspreid door ratten in het water, dingen die de gemiddelde Brit enorm bezighouden.)

Gelukkig meldt de Stichting Wetenschappelijk Onderzoek Verkeersveiligheid dat het aantal jonge kinderen dat omkomt bij het fietsen extreem laag is. Het sterftecijfer is sinds de jaren vijftig aanzienlijk gedaald dankzij de aanleg van veiligere fietspaden en -routes. *Stop de Kindermoord* lobbyde in 1978 om het fietsen voor kinderen veilig te maken en organiseerde een demonstratie in Amsterdam waar vijftienduizend fietsers aan meededen. In diezelfde periode drongen ook andere groepen zoals de ludieke Provo's en de Nationale Fietsersbond aan op betere fietsvoorzieningen. Er werden aparte fietspaden aangelegd, fietsbruggen over grachten en kanalen gebouwd en er verschenen fietsenrekken op straat. Het land begon het gemotoriseerd vervoer in steden te beperken. De infrastructuur was halverwege de jaren negentig zo verbeterd dat er in Amsterdam 29 procent meer fietsers de straat op gingen, en het gemotoriseerd vervoer afnam met 24 procent.

De geschiedenis van het fietsen in Nederland heeft zijn ups en downs gekend, maar de fietsers hebben steeds gewonnen. Fietsen mogen dan ergens anders uitgevonden zijn – het enige onderdeel dat de Nederlanders hebben bedacht, is het spatbord – maar de Nederlanders vormen de wereldtop wat betreft het creëren van een goede infrastructuur voor fietsers. Het eerste fietspad werd al in 1885 aangelegd op de Maliebaan in Utrecht. Hoewel het ooit begon als vrijetijdsbesteding, werd fietsen in de crisistijd van de jaren dertig de standaardvervoermethode in Nederland, omdat het goedkoop en praktisch was.

Daarmee vergeleken fietst maar zo'n 8 procent van de bevolking van Groot-Brittannië, en gaat maar 2 procent van de kinderen tussen de vijf en tien jaar, en 3 procent van de kinderen tussen de elf en vijftien jaar met de fiets naar school. De laatste jaren probeert Londen zich aantrekkelijker te maken voor fietsers, en zijn er initiatieven zoals de Cycle Superhighways. Sommige van mijn oude vrienden zijn vol enthousiasme gaan fietsen, en anderen doen hun best om de kinderen op de fiets naar school te brengen. Maar fietspaden in Groot-Brittannië zijn vaak niet goed van het verkeer gescheiden, en lopen op allerlei punten gewoon over in normale rijbanen, en dodelijke ongelukken halen nog steeds de krant. Laten we hopen dat naarmate er meer mensen de fiets pakken, er minder met de auto gaan, net zo lang totdat de fietsbeweging groot genoeg wordt en de straten veiliger worden voor fietsende kinderen. Maar dat lijkt nog iets voor de verre toekomst; Groot-Brittannië heeft op dit gebied nog een hoop te leren van Nederland.

Het leven van een taximoeder

Misschien wel een van de grootste verschillen tussen Nederlandse en Amerikaanse moeders is de tijd die ze in de auto doorbrengen. Omdat er in het overgrote deel van de VS geen veilig fietspadennetwerk is, moeten Amerikaanse ouders, vooral moeders, hun kinderen vaak met de auto overal naartoe brengen. Het komt bijna niet voor dat kinderen op de fiets of lopend naar school en naar naschoolse activiteiten zoals sporttrainingen en muzieklessen gaan. Na de was en het huishouden is 'chauffeurtje spelen' een aspect van het moderne ouderschap waar veel Amerikaanse moeders zich over kunnen beklagen.

Het Britse equivalent is de *school-run* – ouders zijn bang dat kinderen niet veilig op de fiets of te voet door druk verkeer of over plattelandswegen kunnen, dus ze brengen ze weg met de auto. Dat leidt tot nog drukker verkeer en extra stress in de spits. Als ouders werken, moeten ze zorgen dat iemand anders hun kinderen naar school kan rijden. In Londen springt taxibedrijf Uber in dat gat. 'Uber is mijn nieuwe nanny,' zei een vriendin laatst.

Op weg naar zelfstandigheid

Terwijl we achter Ina en Elias aan fietsen, wisselen Heleen en ik verhalen uit. Heleen vertelt dat ze Elias vorige week vanuit school alleen naar de speelgoedwinkel heeft laten gaan. Ze vond het een beetje eng en na een uur besloot ze hem te gaan zoeken. Precies op dat moment kwam hij thuis. Hij had de tijd genomen, maar zijn eerste solo-uitstapje was goed verlopen. Heleen vertrouwt me toe dat ze het proces van het loslaten enigszins stressvol vindt. Dat ben ik helemaal met haar eens. Maar je kinderen zelfstandigheid bijbrengen is essentieel om te zorgen dat ze als jonge mensen op eigen benen kunnen staan. Het maakt je leven ook makkelijker: als je niet met je kinderen heen en weer naar school en al hun clubs en activiteiten hoeft, word je minder snel een gestreste, dolgedraaide ouder die tijd tekortkomt. Je zult gelukkiger zijn, meer ontspannen en beter in staat je kind de volle aandacht te geven wanneer dat nodig is.

Op dit moment kunnen we niets doen om te voorkomen dat onze kinderen op de fiets een ongeluk krijgen, want we liggen te ver achter om te kunnen ingrijpen. Maar we zijn dichtbij genoeg om snel ter plekke te kunnen zijn. Daardoor leren de kinderen zelf te reageren op riskante situaties in plaats van blind een volwassene te volgen. Ook dit weerspiegelt het advies in Nederlandse opvoedboeken dat je je angsten moet loslaten en je kinderen hun eigen fouten moet laten maken. Als kinderen geen ervaring kunnen opdoen in het echte leven, zullen ze het ingewikkelde verkeer nooit zelf aankunnen. Hetzelfde valt te zeggen over algemene 'straatwijsheid'; het advies is om je kinderen te leren omgaan met potentieel gevaarlijke situaties, want dan leren ze risico's inschatten en problemen te ontwijken als ze onderweg zijn.

Tegen de tijd dat Nederlandse kinderen klaar zijn voor

de middelbare school, die meestal een stuk verder van huis is dan hun basisschool, zijn ze al gewend om op de fiets door redelijk druk verkeer of over drukke fietspaden te rijden. De meeste basisscholen bieden in het laatste of voorlaatste jaar fietstrainingen, zodat kinderen al getraind zijn in het verkeer als ze eenmaal langere afstanden gaan fietsen. Ze hebben dan ook een theorie-examen gedaan en kennen alle verkeersregels en -borden. Daarnaast zijn er gesponsorde fietsdagen waarop alle kinderen hun fiets mee naar school nemen en de ANWB de remmen, lichten, reflectoren enzovoort controleert, en diploma's uitdeelt. Er worden ouders bij gehaald om als vrijwilliger de fietsen te helpen repareren als dat nodig is.

Nog verder fietsen – middelbare scholen

Een paar maanden na mijn fietstocht met Heleen gaat Ben voor het eerst naar de middelbare school. Hij is terechtgekomen op de school die zijn eerste voorkeur had – het moderne gymnasium waar veel ruimte is voor film- en dramavakken. Het is een half uur fietsen van ons huis en hij moet met de pont over het IJ. Grappig genoeg valt zijn grote dag samen met de eerste schooldag van de oudste dochter van koning Willem-Alexander, prinses Amalia. Als Ben vertrekt op zijn Batavusfiets, in een spijkerbroek en een hoodie, met een zware rugzak vol boeken, laat het journaal een filmpje zien van Amalia die ook in haar eentje vertrekt op haar Batavus, ook in een spijkerbroek en een hoodie. Ze ziet eruit als ieder ander Nederlands kind dat eindelijk naar de middelbare school gaat. Ik ben bezorgd om Ben, maar vast niet erger dan de koning en de koningin om hun oudste dochter.

Leden van het koninklijk huis zijn geregeld op de fiets te zien. Koningin Wilhelmina fietste in de jaren dertig door Den Haag, en in Londen toen de Oranjes daar tijdens de

Tweede Wereldoorlog in ballingschap waren. Toen ze na de oorlog terugkwam in Nederland, trok ze het hele land door op haar fiets om te kijken wat het volk tijdens de naoorlogse periode van wederopbouw nodig had. Haar dochter Juliana volgde haar voorbeeld, en als je 'Willem-Alexander + fiets' op Google intikt, krijg je talloze publiciteitsfoto's van hem met vrouw en kinderen op de fiets. Op sommige foto's prijkt een bakfiets met hun lachende, blonde kinderen erin. Het is duidelijk dat een fiets voor de Nederlanders niet de armoedige versie van een auto is, maar het beste vervoermiddel voor iedereen.

*

Tijdens Bens tweede schoolweek verschijnt de mysterieuze les ACT op zijn online-rooster. Tot mijn blijde verrassing is het de eerste van een reeks speciale lessen over verkeersveiligheid rondom de school. De kinderen worden verdeeld in groepjes, al naargelang waar ze vandaan komen fietsen. Dan geven ze op een kaart aan waar de gevaarlijke kruispunten of obstakels op hun route naar school zich bevinden, die fotograferen ze en dan bespreken ze hoe het daar veiliger zou kunnen. Hun suggesties worden verzameld en naar de deelraad gestuurd. Het is geweldig: ze zijn extra gewezen op de gevaarlijke punten op hun route en hebben geleerd daar proactief mee om te gaan.

Nu Ben elke dag de andere kant op fietst, begint Ina uiteraard te roepen dat ze ook zelf wil fietsen. Ik stel voor dat ze vaker met Elias meefietst, of met andere klasgenootjes die dezelfde route rijden. Dat weekend wil ze naar een vriendje fietsen, maar ze weet niet helemaal zeker hoe ze moet rijden. 'Als je mij nou vooruit laat rijden, mama,' stelt ze voor, 'dan kun je het zeggen als ik verkeerd ga.' Ik fiets achter haar aan en herinner haar halverwege aan 'de levensredder', die laatste blik over je schouder voor je links afslaat (rechts af in Groot-Brittannië, mensen!). Als we in de wijk van haar vriendin komen, blijkt dat de hoofdstraat is afgesloten wegens werkzaamheden. Ze rijdt er instinctief omheen, slaat een keer extra links en dan rechts af om aan de andere kant van zijn straat uit te komen. Op haar leeftijd zou ik veel meer moeite hebben gehad om een alternatieve route te bedenken, maar ze doet het echt geweldig.

Hoe neem je een paraplu mee op de fiets?

1. Oefen op het fietsen met één hand, en werk daarbij vooral aan bochten, kruispunten en hoge bruggen.
2. Koop een ijzersterke, windbestendige paraplu.
3. Ga met harde wind de straat op met je paraplu. Kronkel met je pols heen en weer om te zorgen dat de paraplu nooit wind vangt als een soort zeil.
4. Herhaal het bovenstaande, maar dan op de fiets.
5. Herhaal het bovenstaande, maar dan op de fiets tijdens een storm.
6. Herhaal het bovenstaande, maar dan terwijl je ook nog een klein kind, een strijkplank en een kamerplant bij je hebt.

8
Een jeugd vol vrijheid

Waarin Michele niet wordt gearresteerd omdat ze haar kinderen buiten laat spelen

MOEDER RISKEERT CELSTRAF OMDAT 4-JARIG ZOONTJE ALLEEN BUITEN SPEELDE
De moeder werd gearresteerd nadat buren meldden dat haar zoon alleen aan het spelen was, 35 meter van haar flat in hun veilige, omheinde buurt.
– *The Independent*, 3 december 2015

North Truro – Twee inwoners van Niagara Falls in de staat New York, zullen in november worden voorgeleid. Ze zijn aangeklaagd omdat ze in augustus twee kinderen, 7 en 9 jaar oud, een uur lang alleen lieten op een openbaar strand, aldus het rapport van het Orleans District Court.
– *Cape Cod Times*, 29 oktober 2015

Misschien ken je het schilderij *Kinderspelen* van Pieter Bruegel de Oude (1560). Het toont een straathoek waar een heleboel kinderen aan het spelen zijn, in totaal ruim tweehonderd. De huizen zien er stevig uit, maar de straat is samengepakte modder; er zijn geen straatkeien. Je ziet het speelgoed van de kinderen – stelten, een hobbelpaard, een pop, bikkels en een hoepel met een stok – en de spelletjes die ze doen: haasje-over, blindemannetje en verstoppertje. Kinderen klimmen in bomen en doen een handstand, ze klimmen op een berg zand achter de huizen; kleine meisjes draaien in het rond en laten hun rokken wijd uitwaaieren. Er zijn tachtig verschillende spelletjes op te zien. Maar ik zie geen ouders op het doek. Zitten daar tieners of volwassenen op dat vat op de voorgrond? Zijn er wel volwassenen om op die levenslustige kinderen te letten? Zo te zien niet. Ergens gooit een vrouw een blauwe mantel over een paar opeengepakte kinderen – maar ze lijkt mee te spelen.

Bruegel liet zien dat spelen, voor kinderen, net zo belangrijk en boeiend is als werk voor volwassenen. In de zestiende eeuw begon de discussie over het belang van spelen net op te laaien. De humanisten, onder leiding van Erasmus, propageerden het buiten spelen door het jaar heen – zonder toezicht. Er waren een paar beperkingen – kinderen mochten niet in kerken of op kerkhoven spelen en geen lawaai maken op straat – maar verder kregen ze de vrije hand in hun vrije tijd.

Buitenlanders die de Lage Landen in de zeventiende en achttiende eeuw aandeden, waren verbaasd hoezeer men rekening hield met kinderen en hoezeer ze door hun ouders werden gewaardeerd. De Zwitserse natuurwetenschapper en fysioloog Albrecht von Haller, die in 1723 Leiden bezocht, schreef: *Die Jugend is ungeschliffen* ('De jeugd is ongepolijst'). Hij vond de kinderen onbeschoft en ongemanierd; ze hadden te veel vrijheid en waren brutaal tegen volwassenen. Wie Nederland nu bezoekt, zal gauw geneigd zijn hetzelfde te zeggen. Een gemiddeld park of speelplein vertoont nog steeds de chaos die te zien is op het schilderij van Bruegel.

Waar ik woon, ligt voor onze rij twee-onder-een-kap-woningen en rijtjeshuizen een brede stoep vol provisorisch tuinmeubilair, zandbakken, kinderbadjes en geparkeerde fietsen. Het is een hindernisbaan. Aangezien de meeste huizen worden bewoond door jonge gezinnen, is het bijna onmogelijk om over ons trottoir te lopen: 's zomers zetten onze buren vaak hun complete zitkamerameublement op straat. Ze aarzelen niet om hun bank, eettafel en leunstoelen naar buiten te slepen om het beste te maken van de zeldzame zon. Ik heb zelfs koffietafels gezien met daarop een tv waarvan het snoer door het raam naar binnen gaat. De jongste kinderen spelen er met een heel spectrum aan speelgoed: krijtjes, waterspeelgoed, driewielers, poppen en autootjes. Hun moeders zitten dan buiten te babbelen, koffie te drinken of borstvoeding te geven; of ze zitten uit het zicht binnen om te doen waar ze toevallig mee bezig zijn.

Onze straat loopt langs een groot, fraai aangelegd park. Het Noorderpark vormt een lange, verticale strook door de buurt en omvat de west- en oostoever van een kanaal. Onze huizenrij is tegen een dijk aan gebouwd. Vanaf de straat lijken het huizen met één verdieping, maar eenmaal binnen zie je een trap die naar de kelder gaat, van waaruit je de achtertuin in stapt. Dat is typisch Nederlands – bescheiden aan de buitenkant, maar eenmaal binnen opent het huis zich als een soort Tardis. De achtertuinen zijn piepklein omdat er weinig land is. Sommige gezinnen gebruiken de tuin vooral als opslagplaats; andere als een plek waar de ouders naartoe kunnen als ze even rust nodig hebben. Ik heb altijd het idee dat het kleine formaat misschien heeft geleid tot het stichten van gemeenschappelijke recreatieterreintjes aan de voorkant van de huizen en de aanleg van speeltuinen in de stad.

Op bijna elke straathoek in Amsterdam is een speeltuintje. De stad heeft er in totaal zo'n 1300, waarvan de eerste is aangelegd in 1880. Na de Tweede Wereldoorlog kwamen er veel meer bij; later konden kinderen nergens veilig meer buiten spelen door het groeiende aantal auto's. Architect Aldo van Eyck ontwierp 860 van die speeltuinen, geïnspireerd door het stedelijk modernisme. Standaardspeeltoestellen waren een koepelvormig metalen klimrek, een brug, een glijbaan en een wipkip. Bij ons om de hoek is zo'n speeltuintje. Tegenwoordig is de trend om natuurlijker, avontuurlijke speeltuinen te bouwen, met boomstronken, houten klimtoestellen, zand en water. Het idee is dat kinderen vies mogen worden. In ons park is een perfect voorbeeld, compleet met modder; het wordt dikwijls een waterspeeltuin, aangezien het vaak onder water loopt en je er dan tot je knieën in staat.

Afijn, terug naar mijn straat. Terwijl de baby's over de stoep rondkruipen en peuters voor de huizen rommelen, gaan de oudere kinderen, vanaf een jaar of vier, vijf, langzamerhand naar de overkant om in het park te gaan spelen. Daar klimmen ze in een scheve boom, waar mijn zoon al een paar keer uit gevallen is. Hij kan onmogelijk de enige zijn; de boom is bij alle kinderen in de buurt al jaren favoriet. Niemand die erover piekert om er een hek omheen te zetten, of er een veilig rubberen vloertje onder te leggen. Er is ook een kinderbadje (met toezicht), een groot grasveld en een zandbak. Je ziet zelden een ouder in het park, maar meestal zijn er veel kinderen. Hoe werkt dat?

Buiten spelen is nog steeds een volkomen normaal onderdeel van een Nederlandse jeugd, net als in de tijd van Bruegel. Het hoort bij het Nederlandse karakter om in alle weertypen naar buiten te gaan. Mijn kinderen hebben het nooit erg gevonden om met hun vrienden buiten in de regen te spelen. Sportactiviteiten worden zelden afgelast vanwege slecht weer. Ina heeft tweemaal per week voetbaltraining en die gaat alleen niet door als er een kans bestaat dat de bliksem inslaat op het veld. Als het nat is, dragen de

Nederlanders regenjacks. Als ze nette kleren dragen, leren ze fietsen met een paraplu in de hand. 'Slecht weer bestaat niet, je hebt alleen slechte kleding,' zeggen Nederlandse ouders, onverstoorbaar, gehard en overal op voorbereid. Van kinderen wordt hetzelfde verwacht. Ze krijgen een gelijkwaardige rol in het gezin en leren op die manier al op jonge leeftijd hoe je jezelf redt en verantwoordelijkheid neemt. Zonder toezicht buiten spelen is een overgangsrite waar ze onafhankelijk en flink van worden.

De Nederlandse cultuur staat bol van het geïdealiseerde beeld van een kind met warrig haar van het buiten spelen, met roze wangen van de pret. Zelf buiten spelen wordt gezien als de remedie tegen een generatie van passieve, mediaverslaafde luiwammesen. Nederlanders vinden dat kinderen elke dag even naar buiten moeten om rond te rennen, net als honden. Hoewel sommige van onze buurkinderen jonger begonnen, spelen die twee van mij al sinds hun zesde zonder toezicht in het park. Toen ik onderzoek ging doen naar de adviezen die Nederlandse ouders in boeken krijgen, kwam één boek, *En als we nou weer eens gewoon gingen opvoeden*, steeds opnieuw ter sprake. Het boek schetst een gematigde opvoedingsaanpak met wat structuur en discipline, maar ook ruimte voor spelen zonder toezicht:

> Zodra een kind de vier nadert, bereikt het de leeftijd dat het 'buiten' kan gaan spelen. Buiten, dat wil zeggen, niet meer alleen in de tuin maar ook op het pleintje, in de zandbak bij de speelrekken, in de gangetjes van de huizen, op het trottoir enzovoort ... helemaal alleen buiten het zicht van de moeder.

De schrijvers, Feddema en Wagenaar, betogen dat zonder toezicht ravotten met andere kinderen goed is voor de sociale ontwikkeling van het kind. Zo leren ze discussiëren en zelf problemen oplossen. Ouderlijke bezorgdheid, of ouders die constant aanwezig zijn of komen kijken, kan een negatief effect hebben op kinderen, omdat ze er nerveus en te voorzichtig van worden. Je kunt beter heldere regels stellen voor ze naar buiten gaan en erop staan dat ze de tijd goed in de gaten houden, adviseren de schrijvers. Dat had ik onbewust al gedaan door mijn kinderen de kookwekker, afgesteld op drie kwartier, mee te geven als ze alleen naar het park gingen, omdat ik niet het idee had dat ze goed op hun horloge zouden kijken. Het standaardadvies is dat ouders in het begin de kinderen discreet in het oog houden, maar zonder in te grijpen. Ik keek toe vanuit de erker.

Onderzoek heeft aangetoond dat kinderen er sociaal beter van worden als je ze samen laat buiten spelen. Lia Karsten, stadsgeograaf aan de Universiteit van Amsterdam, heeft aangetoond dat in steden 'strikte begeleiding door ouders van A naar B met de auto of op de fiets leidt tot "sociale verarming", omdat het betekent dat de kinderen dan, in tegenstelling tot vroeger, nooit omgaan met kinderen uit andere sociale klassen op straat. In dorpen kan dat wel nog steeds: de kinderen van de boer spelen gewoon op het dorpsplein met de kinderen van de dokter.' Het is waar dat de meest progressieve Nederlandse ouders die ik ken hun kroost graag willen laten omgaan met kinderen met verschillende sociale en etnische achtergronden.

Nederlandse ouders vinden dat je kinderen de vrijheid moet geven om rond te zwerven, zelfs als dat betekent dat ze misschien weleens vallen en zich pijn doen. Professor Ruut Veenhoven noemde dat 'zelfstandigheidstraining' toen hij aan Rina en mij uitlegde wat volgens hem Nederlandse kinderen zo gelukkig maakt. Hij vertelde dat het verkeerd was om kinderen te kort te houden of te veel te beschermen: ze moeten leren vallen en opstaan. 'Als ze nooit vallen, leren ze nooit hoe je dat moet voorkomen,' voegde hij eraan toe. Het is ook belangrijk dat ze zich mogen vervelen: hoe kan een kind anders leren om in zijn eentje te spelen? Als ouder heb je niet de taak om ze constant te vermaken; kinderen moeten zelf manieren vinden om zich bezig te houden en hun eigen vermaak uitvinden: dat stimuleert hun creativiteit en vindingrijkheid. Als ze dat niet leren, worden ze net zoals dat vriendje van Selma's zoon in Londen: verveeld na een half uur in een huis vol speelgoed en vriendjes.

Rina's kijk op de scharrelopvoeding

De dag dat we afgelopen zomer in ons huis trokken, was de dag dat we een scharrelachtigere opvoedaanpak omarmden. De tuin rondom het hele huis is afgezet met een hek en er staat een trampoline, een zandbak, bomen en struiken om verstoppertje in te spelen en veel gras om op in het rond te rollen. We hoefden er niet over in te zitten of Julius wel vermaak had. Hij was verbijsterd bij het zien van alle kinderen die langs ons huis kwamen, sommige nog maar vijf jaar oud, en die zonder toezicht van volwassenen op straat fietsten en speelden. Nadat we hadden gekeken of het veilig was, lieten we Julius alleen in de afgeschermde tuin om de verhuizers te helpen uitpakken en de boel in te richten. Bram en ik gingen om de beurt bij hem kijken, zo'n beetje om de tien minuten. Julius liep ook in en uit, buiten zinnen van deze nieuwe vrijheid. In de VS of Groot-Brittannië hadden we best ernstig gedoe kunnen krijgen als een van onze buren de politie had gebeld. Tegenwoordig speelt Julius vaak zonder toezicht in de tuin.

Ironisch genoeg hebben veel van de ouders in het huidige Amerika zelf een heel andere jeugd gehad, waarin ze totaal vrij waren overal heen te fietsen en te spelen in parken, straten en bossen zonder dat er een ouder in de buurt was. Onlangs ondertekende president Obama een federale wet die stelt dat kinderen te voet, met de bus of op de fiets alleen naar school moeten kunnen als hun ouders daar toestemming voor hebben gegeven,

> en dat ouders geen civiele of strafrechtelijke aanklachten aan hun broek moeten krijgen als ze hun kind op een verstandige en veilige manier van en naar school laten gaan met een vervoermiddel waar de ouders het kind oud genoeg voor achten. Toch kan niets in deze landelijke wet iets doen tegen staatswetten of lokale verordeningen, zodat elk van de vijftig staten ouders nog steeds strafbaar kan stellen voor dergelijk gedrag. Dus als je bemoeizuchtige buren vinden dat je kind te jong is om zonder toezicht van en naar school te lopen, bestaat nog steeds de kans dat ze de politie en de kinderbescherming bellen, waarna je kind bij je weggehaald kan worden met een mogelijke arrestatie als gevolg. Dat zou in Nederland nooit gebeuren.

Spelen in Groot-Brittannië

In de zomervakantie ga ik met Ina naar Londen en we brengen een dag door met Vicky, een oude studievriendin van me, en haar twee kinderen. Haar zoon Riley en Ina zijn meteen dikke vrienden. Terwijl we kijken hoe ze balletje trappen op het speelveld op Hampstead Heath, bespreken we de verschillen tussen Groot-Brittannië en Nederland. Ik merk dat veel ouders hier bij het veldje hun kinderen scherp in de gaten houden of zelf met ze spelen. (Ik zie hetzelfde als ik later die week in Victoria Park ben met mijn vriend Paul en zijn dochtertje, en Paul zegt: 'Je kunt ze geen moment uit het oog verliezen.') Net als ik vindt Vicky dat kinderen in Groot-Brittannië te weinig vrijheid hebben. 'Riley wíl dolgraag zelfstandig zijn,' zegt ze. 'Hij heeft het er echt moeilijk mee. Hij is zeer welbespraakt voor een zevenjarige en voelt zich ingeperkt. "Waarom mag ik niet alleen naar buiten?" vraagt hij. "Je weet waar ik ben, ik weet waar jij bent…" Maar dat kan ik niet toestaan, dat doe je hier gewoon niet, ook al zou ik hem wel vertrouwen.'

Ze vertelt ook dat ze onlangs met de auto weg was en een sanitaire stop moest maken. 'Ik liet de kinderen achter in de afgesloten auto en vroeg een man die daar stond of hij even kon opletten, maar ik had wel het gevoel dat dit vast verboden was.'

Nederlandse vrienden die naar Londen zijn verhuisd zeggen dat ze hun kinderen de vrijheid geven om te leren zich verstandig te gedragen, maar dat dat niet goed valt bij de omgeving. 'Als onze dochter van acht in haar eentje naar huis wandelt, wordt ze vaak aangesproken op straat. "Waar zijn je ouders? Is er iets gebeurd?" Wat voor signaal geef je zo'n kind dan?' vraagt deze vader van drie kinderen, een journalist, zich af. Zijn vrouw, mijn vriendin Anne, is ook niet blij met de situatie.

'Wij laten onze dochter van elf al ruim een jaar alleen van en naar school lopen,' zegt ze. 'En hoewel vrienden ons feliciteren met ons zelfstandige kind, zie je hoe ontzet ze kijken. Sommigen zeggen dat ze snappen waarom we haar alleen laten lopen, omdat ze zo "verstandig" is. Maar het is natuurlijk zo dat we haar zelfstandig kunnen laten zijn, doordat we haar eerst de ruimte hebben gegeven om het uit te proberen: toen ze begon met korte wandelingetjes in haar eentje, was ze niet bang om alleen te gaan, maar bang dat volwassenen zich ermee zouden bemoeien en zouden vragen waarom ze alleen was. Er is hier veel meer angst voor "slechte mensen", voor *stranger danger*.'

Onbegrensde vrijheden

Als ik thuiskom, zie ik toevallig *Zomergasten* op televisie, met Damiaan Denys, een Belgische filosoof en psychiater die in Amsterdam werkt. Hij heeft het over de dingen die hem oorspronkelijk aantrokken in Nederland: 'Ik was onder de indruk van al die onbegrensde wateroppervlakten, door de totale vrijheid… Nederlanders leren hun kinderen zwemmen in plaats van het gevaar af te schermen met een hek.' Dat is een prachtige metafoor. Ondanks de eindeloze vrijheid waarschuwt hij dat de samenleving in het algemeen steeds beschermender wordt: 'We verwachten tegenwoordig dat regels en voorschriften alle risico's uitbannen. We kunnen niet meer omgaan met onze angsten.'

De diepe bezorgdheid van ouders om hun kinderen is iets wat ook ter sprake komt als ik met mijn vriendin en oud-collega Madea koffie ga drinken. Ze is met haar partner verhuisd naar een nieuwbouwwijk in Amsterdam-Noord toen hun tweeling nog klein was. Ze waren bezorgd om alles wat de kinderen kon overkomen: er waren diepe, open greppels tussen de huizen en een bouwplaats erachter. 'Het was echt een benauwend idee dat ik ze de hele tijd in de gaten zou moeten houden,' zegt Madea. 'Ik ben nogal een overheersende moeder en ik vond het bijvoorbeeld niet makkelijk om ze zelfs maar één dag per week in de crèche achter te laten. Maar we kozen er bewust voor om de kinderen zonder toezicht buiten te laten spelen, nadat we ze op de gevaren hadden gewezen. Ik denk dat het heel goed is voor kinderen om dingen te mogen doen zonder dat hun ouders altijd alles weten.'

Ik vroeg Paulien, de moeder van mijn vriendin Arwen, hoe het ging toen zij klein was, in de jaren vijftig. 'In mijn jeugd was er veel vrijheid. Ik ben opgegroeid in Amsterdam-Zuid, bij de Amstel,' vertelt ze. 'Op zondagen mocht ik op pad met een groep kinderen.'

Ik vroeg of haar ouders altijd wisten waar ze uithing.

'Nee. We konden zomaar in een andere wijk zitten, of in de Amstel aan het zwemmen zijn, of op bootjes weg zijn. We konden komen en gaan zoals we wilden.'

'Op welke leeftijd?' vroeg ik.

'Vanaf een jaar of vier. Ik liep naar school met mijn grote zus. Dat was ongeveer een kwartier lopen. We gingen op de fiets toen we naar de middelbare school gingen. Onze fietsen stonden in de kelder. Voor die tijd konden we ze daar niet zelf uit krijgen.'

Arwen vertelde toen over haar eigen ervaringen. Als kind moest ze Paulien vertellen waar ze uithing en met wie. Maar haar ouders waren redelijk makkelijk: meer hoefden ze niet te weten. Ze ging spelen op het dorpsplein en in de speeltuin. Het was een rustig dorp. De kinderen hingen rond in het bos. Er was een drukke weg en ze moesten uitkijken met oversteken. Paulien onderbreekt haar: 'Ik heb ze leren oversteken. Pas toen ik het ze goed had zien doen mochten ze het alleen doen.'

De kwestie kinderlokkers komt ter sprake en Paulien zegt: 'Het is eigenlijk heel makkelijk voor iemand om een kind mee te nemen. We hebben ze altijd gewaarschuwd dat ze moesten uitkijken met vreemden. Maar hoe groot is die kans nou? Het is ontzettend onwaarschijnlijk. We waarschuwden ze geen snoepjes van vreemden aan te nemen, en dat mensen soms liegen: nooit meegaan met iemand die je niet kent.'

Nu ze in Amsterdam woont, brengt Arwen haar twee zoons groot in een stadsgebied dat een stuk drukker is dan het rustige dorpje uit haar jeugd. Ze was bang voor het gevaar van auto's toen de jongens kleiner waren en ging vaak kijken waar ze aan het spelen waren. Maar nu zegt ze: 'Ik vind het belangrijk dat ze dezelfde vrijheid hebben die wij als kind hadden. Uit het zicht van je ouders kunnen spelen is belangrijk.' Vanaf zijn achtste ging haar zoon Lasse alleen op de fiets naar tennis en hockey. Hij had een oud mobieltje om zijn moeder te bellen als hij op huis aan ging. Nu hij tien is, komt hij soms alleen van school en wacht hij tot zijn ouders thuiskomen. Oma Paulien zegt: 'Je moet ze dat verantwoordelijkheidsgevoel geven. Anders zijn ze later zo hulpeloos.'

Als ik daarover nadenk, besef ik dat het een praktische noodzaak is dat Nederlandse kinderen onafhankelijk en zelfstandig zijn tegen de tijd dat ze naar de middelbare school gaan. Er is geen naschoolse opvang voor die leeftijdsgroep en er wordt verwacht dat ze zelf van en naar school kunnen en alleen thuis kunnen blijven tot hun ouders terugkomen van hun werk. Arwens zoons zijn sinds de oudste negen en de jongste zes was overdag een uurtje alleen thuis. 's Avonds laat ze ze nog niet alleen, maar dat wil ze volgend jaar gaan doen. Ze zegt: 'Maar ik zou me natuurlijk ontzettend schuldig voelen als er ooit iets zou gebeuren.'

In Groot-Brittannië is er weliswaar geen officiële leeftijd waaronder kinderen niet alleen gelaten mogen worden, maar ouders kunnen vervolgd worden, en dat gebeurt soms ook, als ze hun kinderen alleen thuislaten en iemand denkt dat ze daarmee in gevaar gebracht worden. Wat onder 'gevaar' verstaan wordt, is niet precies duidelijk. Een Britse vriend van mij met jonge kinderen vertelde me laatst dat zijn buurvrouw had gedreigd de politie te bellen als hij zijn zesjarige kind nog een keer zonder toezicht op de veranda liet spelen. Zoiets zou men in Holland belachelijk vinden.

Paulien vertelt dat ze haar dochters leerde hoe ze het huis uit moesten komen als er brand was. Aangezien ze op zolder sliepen, was er een touwladder die ze in geval van nood uit het raam moesten hangen. Op een keer was ze met haar man een weekendje weg naar de Ardennen en mochten de meiden, toen tieners, alleen thuisblijven. Arwen werd ziek. Je had toen nog geen mobieltjes, dus ze kon haar ouders niet zo makkelijk bereiken. Maar Arwens zus was zo slim om de huisarts te bellen, en ze wisten de situatie zelf af te handelen. Paulien had de twee blijkbaar goed geleerd onafhankelijk en zelfstandig te zijn.

Vermeende risico's

Het is waar dat tegenwoordig in de drukke Nederlandse binnensteden minder kinderen op de fiets de weg op mogen en er is een algemene neiging om kinderen wat meer te beschermen. Maar dat is heel wat anders dan de overdreven bezorgdheid die je in Groot-Brittannië of de VS ziet. De ouders van Nederlandse kinderen hebben in hun jeugd zonder toezicht buiten gespeeld, en ze proberen hun kinderen nu bewust hetzelfde te gunnen. Dus hoewel de Nederlandse ouders die ik heb gesproken best bezorgd zijn als hun kinderen aan het water of in het bos spelen, of over drukke fietspaden rijden, proberen ze hun eigen angst in perspectief te zien om te zorgen dat ze de kinderen daardoor niet onredelijk beperken of kort houden. Wat van buitenaf nonchalant, relaxed opvoeden lijkt, is vaak een hele uitdaging voor de ouders in kwestie. Ze moeten bewust besluiten hun eigen angst opzij te zetten in het belang van het kind. Het is niet dat Nederlandse ouders zich niet bewust zijn van de risico's, heb ik gemerkt. Ze zien het gevaar even goed als Engelse ouders, ze gaan er gewoon op een zinnigere manier mee om.

In mijn wekelijkse yogaklasje komt het onderwerp 'loslaten' ter sprake. Vandaag zitten er maar drie moeders in de les, ieder met een kind dat voor een nieuwe uitdaging staat: een ervaren moeder wier zoon van achttien sinds kort is gaan reizen, een jonge moeder wier zoon binnenkort op de basisschool begint en ik met mijn zoon die straks naar de middelbare school gaat. We bespreken de aanstaande veranderingen. 'Bij elke stap die ze zetten, moeten wij leren loslaten,' zegt de oudste moeder, en gelijk heeft ze.

Relaxte ouders

Neem maar van ons aan dat jullie in onze ogen ongelooflijk relaxed overkomen. Natuurlijk hebben Nederlandse ouders hun angsten en zorgen, maar je hebt geen idee hoe ver sommige Amerikaanse en Britse ouders gaan om te zorgen dat hun kinderen een succesvolle toekomst tegemoet gaan, en om ze te beschermen. Hier zijn wat voorbeelden die we tegengekomen zijn in Amerika en Engeland:

- nooit je dochters alleen de deur uit laten gaan (weleens van Raponsje gehoord?)
- zoveel tijd inroosteren voor muziekles, sporttraining en huiswerk dat kinderen amper aan slapen toekomen
- Amerikaanse ouders die de toelatingspapieren voor universiteiten invullen voor hun kind van achttien, inclusief het persoonlijke essay dat je mee moet sturen
- proberen baby's tafels bij te brengen
- Vandaar dat wij jullie relaxt vinden!

Fanatieke ouders langs de lijn

De enige plek waar we niet-relaxte Nederlandse ouders tegenkomen, is langs de lijn van het voetbalveld. Hoewel ouders die langs de lijn staan te schreeuwen bij de club van Micheles dochter toegesproken worden door de trainer en er zelfs sancties tegenover kunnen staan, komen we vaak ouders tegen van andere teams die zich schaamteloos laten gaan. We weten allemaal dat het de sfeer verpest en de kinderen meer afleidt dan helpt. Op een school in Soest hebben de kinderen er zelfs een boek over geschreven: *Laat ons lekker sporten*. De boodschap is dus helder!

Kinderen toerusten voor de vrijheid

Zoals alle kinderen al jong leren fietsen en een fietsdiploma halen, is er in dit waterland, dat voor ruim een kwart onder zeeniveau ligt, veel druk om ze te leren zwemmen: overal zijn kanalen en sloten vol water. Na de oorlog werd het schoolzwemmen voor ieder kind geïntroduceerd. Normaal gesproken gaan alle kinderen met een jaar of zeven, acht op voor hun A-diploma. Dat betekent niet alleen dat ze een aantal banen moeten kunnen zwemmen, maar het behelst ook een paar basistechnieken die ze het leven kunnen redden, zoals gekleed zwemmen en onder water door een gat in een plastic zeil zwemmen. Dat lijkt me een verstandige manier om te zorgen dat kinderen veilig in en om het water kunnen spelen.

Ik vroeg me af of er veel ernstige ongelukken gebeuren doordat kinderen vrij buiten mogen spelen, en dus zocht ik contact met neurologe Janneke Horn van het AMC in Amsterdam, die hoofdletsel behandelt. Volgens haar gebeuren de meeste ongelukken in huis. 'Mensen vallen vooral veel van de trap. Er gebeuren veel domme ongelukken.' Ik vertel dat Ben een paar jaar geleden zijn vingers wist te breken door van de bank af te vallen. 'Ja, dat zie je vaak: weet je, om ongelukken te voorkomen is het handiger om je kinderen te leren de leuning vast te houden als ze de trap af gaan dan om ze te verbieden buiten te spelen of te fietsen.'

Bacteriën zijn natuurlijk ook iets waar de ouders van tegenwoordig zich vaak druk om maken. Ouders in Nederland lijken veel minder noodzaak te zien hun kinderen tegen bacteriën en bacillen te beschermen dan in andere westerse landen. De eerste keer dat ik een Nederlandse moeder een op straat gevallen lolly zag teruggeven aan haar peuter, dacht ik aan mijn oma die altijd volhield dat viezigheid goed voor je was. Intussen merkte ik dat hygiëne voor mijn Duitse en Amerikaanse expat-vrienden met jonge kinderen een soort obsessie lijkt te zijn. Zij waren constant flesjes en fopspenen aan het desinfecteren, en alle andere dingen die hun kind aanraakte. Nederlanders gaan er in het algemeen van uit dat een gevallen stukje eten of een snoepje dat een kind binnen vijf seconden opraapt zonder gevaar opgegeten kan worden. Contact met bacteriën is gezond, want kinderen moeten hun immuunsysteem opbouwen. Het is dan ook niet verrassend dat Nederlandse artsen veel minder vaak antibiotica voorschrijven dan dokters in andere EU-landen.

Maar hoe zit het met de feitelijke veiligheid? Hoe veilig is het daarbuiten? In mijn straat weten we dat onze buren de kinderen in de gaten houden als wij dat niet doen. Op school hebben de kinderen informatiebijeenkomsten over pedofielen en pesten. Ze leren dat ze standaard moeten zeggen: 'Stop! Hou op!' en hun hand opsteken als iemand ze pest. En ook een belangrijk verschil: je ziet hier geen paniekzaaierij in de media, terwijl de tabloids in Groot-Brittannië optreden als een soort paranoïde sociale waakhonden die aanslaan op alles wat de openbare veiligheid betreft, vooral waar het gaat om kindermisbruik, ontvoering en moord.

Geen wonder dat mensen zich zorgen maken om hun kinderen. Het is één grote jungle, krijgt het Britse publiek te horen. En de overheid doet daar niets tegen. In haar uitstekende historische onderzoek *Dream Babies: Childcare Advice from John Locke to Gina Ford* geeft Christina Hardyment commentaar op de alomtegenwoordige onruststokerij in het hedendaagse Groot-Brittannië. Kinderen worden niet alleen slachtoffers, maar ook daders. In tv-programma's zijn beelden te zien van helse kinderen, met het advies *tough love*, vooral streng en liefhebbend zijn. De overheid bezuinigt en stelt dat jeugdcriminaliteit te wijten is aan alleenstaande moeders. En boven alles wordt ouders het gevoel gegeven dat het buitenshuis gevaarlijk is:

> We worden zodanig gebombardeerd met gruwelverhalen, ondersteund door verre van overtuigend onderzoek, pessimistisch gepresenteerde statistieken en geruchten, dat je zomaar zou kunnen gaan geloven dat we onze kinderen grootbrengen in de gevaarlijkste, meest gedegenereerde en perverse wereld aller tijden, in plaats van in de gezondste 25 jaar uit de geschiedenis.

Benjamin Spock wordt beschouwd als de vader van de 'scharrelopvoeding' (oorspronkelijk *Free Range Parenting*), die kinderen wil leren zelfstandig te functioneren op een manier die geschikt is voor hun leeftijd. Maar in 1992 bevatte de herziene uitgave van zijn beroemde opvoedingshandboek veel nieuwe adviezen over gezondheids- en veiligheidskwesties, passend bij de culturele druk van dat moment. Ouders kregen het advies hun kraanwater te laten testen op bacteriën en nitraten; de spijlen van een ledikantje mochten niet verder dan 7,3025 centimeter uit elkaar staan. Christina Hardyment zegt hierover: 'Hoe veiliger onze wereld, hoe meer we ons zorgen maken.' Ze wijst er ook op dat de voornaamste doodsoorzaak voor baby's en peuters een auto-ongeluk is. Dus waarom zijn Britse ouders hun kinderen dan met de auto naar school gaan brengen in plaats van ze te laten lopen of fietsen?

Dit hyperbesef van veiligheid stemt overeen met de ervaring van mijn stiefzus thuis. Op Facebook schreef ze onlangs:

> Mijn dochter kwam vandaag van school en zei dat ze geen radslag of handstand meer op het schoolplein mogen doen. Dus dat komt nu ook op de lijst… Geen springtouwen, elastieken, stuiterballen of wat voor ballen dan ook. Uiteraard met het oog op de veiligheid.

Onze generatie Britten mocht als kind zonder toezicht buiten spelen, met ballen en springtouwen, stelten en pogosticks. Waar ging het mis? Als ik haar vraag wat de paranoia op school heeft veroorzaakt, verrast ze me door te zeggen dat de school volgens haar bang is aangeklaagd te worden. Mijn stiefzus wordt vaak gebeld door bedrijven die aanbieden haar bij te staan met schadeclaims tegen derden, iets wat alleen in de VS gebruikelijk was, dacht ik. Is de vercommercialisering van processen nu ook normaal geworden in Groot-Brittannië, en heeft dat geleid tot die grotere voorzichtigheid? Als ik de situatie van mijn stiefzus vergelijk met die in Holland, herinner ik me dat ik laatst ergens las dat Nederland het zwaarst verzekerde land ter wereld is, na Zwitserland. Iedereen heeft een aansprakelijkheidsverzekering voor het geval hij of zij per ongeluk dwars door een schilderij valt of een vaas omverstoot. Maar evengoed hebben de Nederlanders altijd al samen moeten leven in een propvol landje, vandaar het poldermodel van samenwerking en discussie. Iedereen zomaar aanklagen zou het allemaal erg lastig maken. Is dat de reden dat Nederlanders het plezier van hun kinderen niet in de weg laten staan door zorgen om de veiligheid?

Academische druk versus fiets- en zwemdruk

In sommige kringen in Nederland vindt men het echt belangrijk dat Nederlandse kinderen op een bepaalde leeftijd hun zwemdiploma en fietscertificaat halen. Toch is die 'druk' niet te vergelijken met de keiharde competitie waar Amerikaanse en Britse kinderen op school mee te maken hebben. Leren zwemmen en fietsen is één ding; het is iets wat veel kinderen en volwassenen gewoon graag doen. Maar het is een heel ander verhaal als er van je wordt verwacht dat je op je vierde kunt lezen en de tafels kunt opzeggen als je zes bent. Dat is druk van een compleet ander niveau!

Druk om te leren

Vergeleken met alle vrije tijd van Nederlandse kinderen hebben veel Britse en Amerikaanse kinderen met een overvolle agenda niet veel tijd om te spelen; zij moeten dingen als pianoles, voetbaltraining, huiswerk, toneel, ballet, schaken en naschoolse bijles in hun schema proppen. Wie heeft er nou tijd voor speelafspraken als alle kinderen om je heen druk bezig zijn hun cv op te bouwen om een betere kans te maken op de juiste school en de juiste universiteit? Ambitieuze ouders staan het geluk van een kind in de weg, lijkt het wel.

Nederlanders geloven dat je de ontwikkeling van je kind schaadt als je hem of haar niet laat buiten spelen. Een scharrelopvoeding lijkt in de ogen van overbezorgde, beschermende ouders misschien op verwaarlozing, maar het is misschien toch het beste voor je kind. Volgens onderzoek uit de jaren zestig zijn de gelukkigste, succesvolste kinderen diegenen wier ouders ze laten spelen waar ze willen en ze autonoom laten zijn, terwijl ze wel meelevend en betrokken zijn als dat nodig is.

De basisschool van mijn kinderen vindt het belangrijk dat de kinderen zoveel mogelijk buiten spelen. Tijdens de proefwerkweek in mei zijn de kinderen zelfs nog vaker buiten. Die week valt samen met de jaarlijkse avondvierdaagse, een nationaal wandelevenement voor kinderen waar de meeste basisscholen aan meedoen. Vier achtereenvolgende avonden wandelen kinderen vanaf vier jaar samen vijf kilometer, en de oudere kinderen lopen tien kilometer. Toen ik er voor het eerst iets over hoorde, liet ik mijn kinderen niet meedoen omdat het proefwerkweek was en ik dacht dat ze te moe en te hyper zouden zijn om daarna nog te slapen. In de volgende jaren ben ik daar helemaal van teruggekomen. Het bleek een geweldige afleiding van de examenstress. Ina liep de vijf kilometer met haar vrienden niet, ze rénde, en haalde onderweg allerlei kattenkwaad uit. De kinderen konden hun energie kwijt en waren daardoor de volgende dag rustig voor hun toetsen.

Vanaf een jaar of zes zijn mijn kinderen meegegaan op schoolreisjes met een nachtje slapen. De laatste schoolreis van mijn dochter was een enorm succes. Ze waren twee nachten van huis, in een huis in het bos, met een bezoek aan een museum, veel buiten spelen, kampvuren en de traditionele bonte avond, waar de kinderen gestimuleerd worden op te treden: zingen, dansen, moppen vertellen of een goocheltruc doen. De laatste avond was er een disco tot middernacht, waar alle leerkrachten en de directrice met de kinderen meedansten op de laatste irritante kinderhit 'Gummy Bear'. Ina kwam dolenthousiast thuis.

Deze week, de eerste week van de zomervakantie, zijn allebei mijn kinderen op Kamp Agnes, een traditioneel kamp van een week onder leiding van vrijwilligers. Ieder kind uit Amsterdam kan voor €38 per week meedoen, voor zoveel van de zes vakantieweken als ze willen. Het is moeilijk voor te stellen dat je voor zo'n prijs enige vorm van kinderopvang kunt regelen; het is duidelijk zwaar gesubsidieerd door de lokale overheid, net zoals veel sportieve activiteiten.

Nederland heeft een traditie van dergelijke dagkampen voor 'stadse bleekneusjes', en er komen kinderen met allerlei achtergronden. Dit gebeurt sinds de jaren veertig. Het door vrijwilligers gerunde Kamp Agnes vindt plaats op het platteland en er wordt een basiskamp opgezet naast een stukje bos, waar de kinderen vrij kunnen spelen. Dit land legt in bomen klimmen niet aan banden! Er worden allerlei georganiseerde activiteiten aangeboden, en er is een tent vol spelletjes zoals sjoelen, schaken en tafeltennis, en voetbal- en volleybalvelden. Er rijden bussen door de stad die kinderen ophalen van een groot aantal verzamelpunten en ze aan het einde van de dag ook weer thuisbrengen. Dit lost in één klap het probleem op dat werkende ouders in de zomervakantie hebben.

Recent onderzoek aan de Universiteit van Cambridge benadrukt dat het gevaarlijk is kinderen níét toe te staan vrij te spelen. 'Spelen wordt ingeperkt vanwege vermeende risico's op het gebied van verkeer, misdaad, ontvoering en bacteriën, en door de focus op "hoe vroeger, hoe beter" als het om leren en competitieve toetsen op school gaat,' schrijft dr. David Whitebread van de faculteit Onderwijs. Hij gaat verder: 'Maar degenen onder ons die werkzaam zijn op het gebied van onderwijs aan jonge kinderen weten dat kinderen het beste leren door te spelen, en dat dit lang aanhoudende gevolgen heeft op hun prestaties en welzijn.'

Wat Ina en Ben buiten het liefste spelen

'Speklapje' is de Nederlandse naam voor een stukje varkensvlees, maar zo heet ook Ina's lievelingsspelletje.

Je speelt 'speklapje' zo: eerst kies je een paar kinderen die zombies spelen. De andere kinderen (de speklapjes) rennen zo hard mogelijk weg. De zombies proberen ze te vangen. Wie getikt wordt, wordt ook een zombie. Het spel is afgelopen als er geen speklapjes meer zijn.

Bens lievelingsspel is 'Ontmoeten of afwijken'. Ben legt het als volgt uit: 'Ieder kind zoekt zonder iets te zeggen een ander kind uit om zich op te richten, en besluit dan of hij naar dat kind toe gaat of juist niet. Als je in de eerste ronde slaagt door je geheime tegenstander te vangen of te ontlopen, kun je naar het volgende niveau en dan kies je in je hoofd weer iemand uit. Je verliest als iemand die je probeert te ontlopen jou vangt, of als je iemand wilt vangen die jou ontloopt en dat iemand anders je dan vangt. De twee die aan het eind overblijven, hebben gewonnen.'

Dit spel vereist natuurlijk een zekere eerlijkheid, maar Ben verzekert me dat niemand valsspeelt.

9
Een eenvoudig leven

Waarin Rina gaat kamperen

'Kamperen op de boerderij!' roept Julius steeds opnieuw. We zijn op weg naar een kampeerterrein op een biologische geitenboerderij op het platteland. Ons gezin is uitgenodigd om De Groene Hoeve te komen proberen in ruil voor een recensie op mijn blog. Het is maar drie kwartier ten noorden van Amsterdam, maar in de pastorale omgeving waan je je compleet ergens anders.

Toen mijn man hoorde dat ik het aanbod aangenomen had, lachte hij me hartelijk uit. 'Jij? Kamperen? Op een boerderij? Je weet wel dat je de douches met iedereen deelt? Geen roomservice, of elke dag schone lakens en handdoeken?' Maar ik wilde de kans op een gratis weekendje weg niet laten glippen.

Voor Nederlanders is met vakantie gaan een integraal deel van het leven. Driemaal per jaar is de norm voor een modaal Nederlands gezin, vaak drie of vier weken achter elkaar – onvoorstelbaar in Groot-Brittannië en al helemaal voor werkende ouders in de VS. Iedereen kent immers het cliché dat Amerikanen leven om te werken en Europeanen werken om te leven. En tussen die vakanties door mogen Nederlanders ook nog graag lange weekenden weggaan.

Aangezien ik ben opgegroeid in de (voor)stedelijke jungle van de San Francisco Bay Area, heb ik heel weinig kampeerervaring. Het hele idee is iets wat er bij mijn conservatieve immigrantenouders gewoon niet in wilde. Waarom zou je vrijwillig het comfort van een modern huis opgeven? Zij associeerden vakanties met luxe, niet met kampvuren en in de openlucht slapen.

De eerste en enige keer dat ik gekampeerd heb, was met een vijfdaags schoolkamp in Caritas Creek bij Occidental in Californië, een overgangsrite voor alle brugklassers van mijn school. Hoewel het natuurschoon wel indruk op me maakte, genoot ik niet van de ontberingen van de rustieke blokhutten en het ongerief van de openbare doucheruimtes. Ditmaal vond ik het echter een aantrekkelijker idee. Ik had geen zin om uilen tegen te komen, of andere schepsels die de nacht onveilig maken. Maar toen ik ontdekte dat er voor elke tent apart sanitair was, was ik om. Kamperen is een nationaal instituut in Nederland en ik maakte me zorgen dat we iets misten. Ik gunde Julius wat men in Nederland ziet als een essentieel onderdeel van je jeugd.

Als de schoolvakanties beginnen, gaan de Nederlanders massaal de snelweg op. De Nationale Raad voor Toerisme schat dat 850.000 Nederlanders in eigen land hun tent opzetten, terwijl nog eens 1,9 miljoen anderen gaan kamperen in het buitenland, met hun achterbak vol Heineken-bier, Old Amsterdam-kaas, brood, hagelslag, aardappels, worst en pindakaas. Het is goed om wat luxe spullen bij de hand te hebben, en het bespaart ook nog geld. Voor de zekerheid nemen ze zelfs hun favoriete merk toiletpapier mee. Het concept kamperen kwam vanuit Groot-Brittannië overwaaien, maar het veroverde Nederland razendsnel. De eerste Nederlandse camping werd in 1925 in Vierhouten geopend. Het Nederlandse caravanmerk Kip werd in 1947 opgericht en doet tot op de dag van vandaag nog steeds goede zaken.

Tijdens een van onze gezellige dinertjes met Ewoud en Jop, twee van onze beste Nederlandse vrienden, komt het gesprek op kamperen. Ik vraag hun vaak om Nederland aan me uit te leggen; ze hebben allebei een master in geschiedenis, dus ze kunnen me het naadje van de kous vertellen. Gelukkig vinden ze het altijd prima om me te trakteren op informele integratiecolleges.

'Wat vinden Nederlanders nou zo leuk aan kamperen?' vraag ik, genietend van mijn biertje.

'Kamperen is een goedkope manier om vakantie te vieren,' legt Ewoud uit, terwijl hij nog een bord paella met zeevruchten opschept.

'Wij Nederlanders zijn nu eenmaal spaarzaam. Kamperen is een manier om het leuk te hebben met je gezin terwijl je toch trouw blijft aan de nationale hobby van bezuinigen,' voegt Jop eraan toe. Zuinigheid is een concept waar alle aspecten van de Nederlandse cultuur en het sociale beleid van doortrokken zijn. Je kunt bezuinigen bijna een kijksport noemen – je mag opscheppen over hoeveel je hebt bespaard en anderen luisteren daarnaar. Nederlanders passen ook op hoeveel geld ze uitgeven aan cadeautjes en het zakgeld van de kinderen. Het Nibud publiceert op hun website zelfs richtlijnen over hoeveel zakgeld gepast is voor een bepaalde leeftijd. In het begin dacht ik dat de Nederlandse zuinigheid erop wees dat ze krenterig en schraperig waren. Het kostte me meer dan zeven jaar voor ik snapte dat het de Nederlanders gaat om waar voor hun geld: kamperen is gewoon toevallig een slimme manier om goedkoop op vakantie te gaan (aangenomen dat alle kampeerspullen een paar jaar meekunnen). Ik ontdekte ook dat de Nederlanders meer aan goede doelen geven dan welk ander volk dan ook en dat bijna een derde van de bevolking vrijwilligerswerk doet.

Maar kamperen gaat niet alleen om geld besparen: het is ook een manier om er even tussenuit te gaan en dichter bij de natuur te zijn, met het hele gezin. Hoewel recente trends laten zien dat er wat minder gekampeerd wordt dankzij de bereikbaarheid van goedkope vakanties in een zonniger klimaat, blijft kamperen populair, net als varen. De eerste tien jaar van Brams leven zetten zijn ouders hem en hun drie andere kinderen in hun boot voor een tocht over de waterwegen die het hele land doorkruisen. Een boot hebben is een alternatief voor de caravan – betaalbare accommodatie waar het hele gezin jaar na jaar van kan genieten. Alles voor een eenvoudig leven – en dat doen de Nederlanders vaak, en goed.

Een spoedcursus Nederlands opvoeden

Zodra we het terrein op komen, verschijnt Niki, de eigenares van de boerderij, schijnbaar uit het niets. Ze is een vrouw van middelbare leeftijd met vriendelijke ogen en lang blond haar in een modieuze warrige knot. Ze lijkt wel een boegbeeld van de biologisch-dynamische beweging – een natuurlijke schoonheid in contact met Moeder Aarde.

'Het is een flinke wandeling,' zegt Niki, terwijl ze aanbiedt onze grote hoeveelheid spullen te helpen versjouwen. Ik heb zoals gewoonlijk te veel bij me. Omdat de camping op een werkend boerenbedrijf ligt, is het net een kruising tussen Disney's Animal Kingdom en *Het kleine huis op de prairie*. Vlak bij onze tent staan geiten en paarden te grazen, slechts van ons gescheiden door een houten hek. De tent zelf, met een houtfornuis in het midden en een oud-Hollandse bedstee, is gezellig en uitnodigend. Julius is door het dolle heen. Eerdere reisjes naar Parijs, Sardinië en Cinque Terre verbleken hierbij. Blijkbaar genieten kinderen echt het meest van de eenvoudige dingen des levens.

Wat ik niet had verwacht tijdens dit kampeertripje

was een spoedcursus Nederlands opvoeden. Hoe dapper ik ook roep dat ik alles op zijn Hollands doe, ik ben nog steeds niet helemaal overtuigd van het idee dat ik mijn peuter zonder toezicht buiten moet laten spelen. Ik vind het nog steeds nodig om mijn kind te allen tijde in de gaten te houden. Daar gaat het toch om als je je kind goed wilt opvoeden? Stel dat er iets met hem gebeurt? De laatste drie jaar heb ik alles heimelijk in het oog gehouden; ik kan ongezien in ons eigen huis en de tuin rondhelikopteren.

Hier heb ik die vrijheid niet. Als ik vanavond iets wil eten, moet ik het van me afzetten zodat ik me kan concentreren op het koken. Ik kan nu eenmaal niet op twee plaatsen tegelijk zijn. Bram is druk bezig om het fornuis aan te krijgen, dus hij kan niet voor me inspringen. 'Maak je niet zo druk,' zegt hij sussend. Tot nu toe heeft Bram mij het voortouw laten nemen in de opvoeding van onze kinderen. We wonen in zijn land, maar we brengen ze op mijn manier groot. 'Laat hem maar spelen. Hij redt zich wel. Bovendien, de dichtstbijzijnde weg is kilometers hiervandaan.'

In eerste instantie luister ik niet naar zijn advies. Ik sluip achter mijn peuter aan en doe mijn best om niet op te vallen. Ik vind Julius in een schuurtje met een klein formaat kruiwagen vol speelgoedautootjes. Hij praat tegen de biggetjes, die Spek en Lap heten, en laat ze zijn nieuwste schatten zien.

Hij pakt een autootje en roept: 'Kiepauto!' De biggetjes knorren enthousiast. Hij pakt nog een autootje. 'Brandweerwagen!' En zo gaat het door. Hij is verzonken in zijn eigen wereldje, omringd door zijn nieuwe varkensvriendjes. Ik adem uit en laat hem met rust. Ik loop terug naar de tent en laat Julius achter, in de wetenschap dat ik nog geen vijftien stappen bij hem vandaan ben, mocht hij me nodig hebben. Het idee dat kinderen hier nog vrijer mogen scharrelen dan de kippen, begint me steeds meer te bevallen.

Bram doet de volgende twee uur pogingen het vuur aan te krijgen, en aan te houden. Ik hou me bezig met de groenten. Daarna duurt het nog anderhalf uur om onze bescheiden eenpansmaaltijd van aardappels, maïs, champignons, spekjes en lente-uitjes te bereiden. Dus dat bedoelen ze met onthaasten. Intussen wandelt Julius zo om het kwartier tevreden heen en weer.

Ik besef dat kamperen in alles tegemoetkomt aan een essentieel element van de Nederlandse opvoeding: dat je kinderen vrij laat ronddwalen in een ontspannen omgeving. Niemand is bang dat de andere gasten zich eraan storen. Julius is niet het enige kind op de camping. Tegen zessen die avond zijn alle vijf de tenten betrokken door jonge gezinnen. We zitten tussen een stel met vier blonde kinderen en een ander stel met een jongetje van drie en een baby. De volwassenen richten zich op het vuur en hun kinderen rennen lachend en schreeuwend rond over het erf. Niemand lijkt zich ergens zorgen om te maken of het erg te vinden.

's Zaterdags houden Niki en Cees een pizza-avond voor alle gasten. Julius houdt niet van veel onbekenden om zich heen en is nergens te vinden. Bram ook niet, die loopt waarschijnlijk achter hem aan en probeert hem over te halen er gezellig bij te komen. Ik bied Niki mijn welgemeende excuses aan, en zie dat de andere peuters en kinderen, bij elkaar een stuk of tien, leuk samen spelen. Niki bemerkt mijn ongemak en zegt: 'Ouders richten zich vaak te zeer op de dingen die hun kinderen niet kunnen, en niet genoeg op wat ze wél kunnen. Ieder kind heeft zijn eigen unieke talent.' Zoals ik al eerder zei, Nederlanders hebben er een handje van hun mening te geven, of daar nu om gevraagd wordt of niet.

'Bedankt,' mompel ik, en we kijken elkaar veelbetekenend aan.

Ze zegt nog: 'Laat hem maar gewoon een kind van drie zijn.'

Ik kijk ontroerd weg. Nederlanders mogen dan direct zijn, maar ze zijn ook verrassend hartelijk en begripvol. Hier mogen kinderen gewoon kind zijn, en verwacht men niet dat ze zich gedragen als minivolwassenen. Ik had mijn excuses niet hoeven aanbieden.

*

Hoe Michele het eenvoudige leven ontdekte

Terwijl Rina nog moet leren hoe je op zijn Hollands een verjaardag viert, heb ik het gevoel dat het me met Ben en Ina is gelukt. Verjaardagen zijn lekker ontspannen, en we zijn zo nonchalant qua timing dat Ben zijn tiende en elfde verjaardag in één keer viert. We zijn er niet aan toegekomen zijn tiende verjaardag te vieren omdat hij had gehoopt op een winters sneeuwfeest – alleen heeft het afgelopen jaar niet gesneeuwd in Amsterdam.

Thuis in Londen lijken mijn vrienden die kinderen hebben zich allemaal te laten meeslepen door de verjaarspartijtjescompetitie. In mijn jeugd bestond een verjaarspartijtje uit een paar vriendinnetjes van school met wie je verstoppertje speelde en dan blies de jarige de kaarsjes op de verjaardagstaart uit. De verwachtingen zijn inmiddels geëscaleerd. Een vriendin in Engeland ging met vierentwintig kinderen naar een waterpark voor de zevende verjaardag van haar zoon. Andere vrienden hebben honderden ponden uitgegeven aan entertainment, zaalhuur en catering. Ik heb verhalen gehoord van mensen die dure clowns, springkastelen, goochelaars, poppenshows en zelfs exotische dieren compleet met trainers hebben laten aanrukken.

Ik ben blij dat Amsterdamse ouders de dingen simpeler aanpakken. Vandaag heeft Ben zeven jongens uitgenodigd voor zijn verjaardag. Tot nu toe zijn ze allemaal welgemanierd en beleefd geweest, ze praatten en maakten grappen; er is niet rondgerend of geschreeuwd. Een uurtje geleden zijn ze naar het zwembad gegaan. Mijn man ging alleen mee om de kaartjes te betalen, ze komen zelf naar huis.

Nu zitten we er een beetje verloren bij. Misschien staan ons nog gruwelijke tienerfeesten te wachten, maar dit is de meest relaxte verjaardag aller tijden. Ben heeft van ons een niet al te dure mobiele telefoon gekregen. Hiermee belonen we hem voor het feit dat hij een jaar lang zijn prepaid-tweedehandsje niet is kwijtgeraakt. Hij heeft bewezen dat hij op zijn spullen kan letten en dat we erop kunnen vertrouwen dat hij de belkosten niet gigantisch laat oplopen.

Vorige maand was Ben op een partijtje van een schoolvriendin die twaalf werd, waar acht kinderen de hele middag bij haar thuis met haar nieuwe konijn hebben gespeeld. Als dat niet heerlijk nonchalant is... Ik weet dat kinderpartijtjes soms afschuwelijk kunnen zijn, als er een hoop kinderen hysterisch door elkaar heen rennen en je als ouder probeert te bedenken hoe je ze in godsnaam moet aanpakken. Misschien is dat de reden dat mensen in Groot-Brittannië tegenwoordig zo diep in de buidel tasten.

Met onze achtjarige hebben we het gestoei van de jongere jaren nog niet helemaal achter ons gelaten, maar we hebben wel een manier ontdekt om het makkelijker te maken. Ina, die in februari jarig is, vierde haar verjaardag afgelopen keer een half jaar later zodat het buiten kon. Binnen zitten met een groep drukke jongetjes is doodvermoeiend, weet ik nog van haar vijfde, zesde, en zevende verjaardag. Een paar keer was ik zo dom om het partijtje te geven zonder hulp van mijn man. (Vaders zijn optioneel, weet je nog?!) Dit jaar gingen we met haar en haar rumoerige vriendjes en vriendinnetjes naar het platteland voor een potje voetbalgolf. Dat is net zoiets als minigolf, maar dan met een voetbal en op een baan van oude vuilnisbakken en banden – een uiterst inventief gebruik van de vlakke stroken gras tussen sloten (waterpartijen!) in het polderlandschap. Resultaat: drie blije uren ronddollen in de modder en schateren als er een bal de greppel in rolde. Papa en mama hoefden alleen de score bij te houden.

Om bij het thema 'buitenactiviteiten' te blijven; ook iets leuks wat Nederlanders doen voor feestjes in de openlucht, is gewoon een stuk van het park afzetten door slingers of vlaggetjes aan de bomen te hangen. Dan leggen ze picknickkleden neer en steken ze een draagbare barbecue aan in hun eigen hoekje van het feestterrein. Dat doen ze soms ook voor volwassen feestjes, en 's zomers zitten de parken vaak vol mensen die hun eigen feestjes vieren.

Nederlandse ideeën voor verjaarspartijtjes

Op veler verzoek heeft Ina al twee keer een doosfeestje gehad. Nodig: kartonnen dozen (minimaal één per kind), een rol zilverpapier, stickers, stiften, crêpepapier. Laat ze lekker hun gang gaan en kijk wat ze verzinnen. (Ina's vriendjes maakten ruimteschepen.)

En Ben heeft twee tekentafelfeestjes gehad. Nodig: een rol bruin pakpapier van de kantoorboekhandel (leg het over je eettafel en zet het vast met plakband), potloden, stiften, vetkrijt, stickers. Ook hierbij laat je ze gewoon hun gang gaan!

Nog een leuk idee, als het tenminste sneeuwt, is een sneeuwfeestje. Uiteraard moet dat soms op zeer korte termijn georganiseerd worden (en dan doet het er niet toe wanneer je kind feitelijk jarig is). De kinderen maken Minecraft-achtige blokken waar ze van alles mee bouwen.

Ina's vriendin Madelief had laatst een plastictassenfeestje. Nodig: sterke plastic tassen, scharen, plakband. De kinderen knipten de tassen in stroken en vlochten die tot matjes. Die werden vervolgens gestreken op een lage temperatuur (met de nodige hulp van een ouder) waarna er vellen plastic overbleven waar ze door middel van knippen en plakken portemonneetjes en etuitjes van konden maken.

Een ander idee is een sportdag. We gingen naar het park met een stuk touw, een paar postzakken en krijtjes. Ik tekende een start- en finishlijn op het pad. We gingen touwtrekken, wat ongelooflijk populair bleek te zijn, en zaklopen. Oud-Hollands koekhappen is ook een leuk spel.

Tot slot heeft iemand in Nederland het vouwen van theezakjes tot een nieuwe kunstvorm verheven, ook wel bekend onder de uit het Engels verbasterde naam 'miniatuur caleidoscoop origami'. Aangezien ze niet van verspilling houden, bewaren sommige Nederlanders de papieren verpakkinkjes van theezakjes om er kunstwerken van te maken. Kijk maar eens op YouTube! Afijn, het is een idee voor een creatief partijtje.

Tip: in Holland geldt als vuistregel dat je zoveel kinderen uitnodigt als je kind oud wordt, dus zeven kinderen als het kind zeven wordt. (Leraren adviseren ouders en kinderen de uitnodigingen niet in de les, maar voor of na school uit te delen, om te zorgen dat niemand zich buitengesloten voelt.)

De cultuur van de eenvoud

Om te kunnen begrijpen waarom feestdagen met het hele gezin en kinderfeestjes zo relaxed zijn, moeten we naar de Nederlandse cultuur in het algemeen kijken. De Nederlandse spaarzaamheid betreft ook andere onderdelen van het leven. Een van de redenen dat Nederlandse huizen er zo bescheiden uitzien, maar eenmaal binnen groot blijken te zijn, is dat in de gouden eeuw de belasting op huizen werd berekend op basis van de breedte van het huis, waardoor men smalle, hoge huizen die een eind naar achteren doorlopen ging bouwen. Denk maar aan het achterhuis van Anne Frank: een complete woonruimte verstopt achter een huis met een smalle gevel. Nederlandse huizen hebben enorme ramen om zoveel mogelijk licht binnen te laten tegen de grauwheid van de bewolkte luchten, en de gordijnen zijn altijd open, zonder vitrage, om te laten zien dat je geen rijkdommen te verbergen hebt (en dat je huis smetteloos schoon en opgeruimd is).

In *Moet kunnen* typeert Herman Pleij de Nederlanders als 'doodgewone mensen'. Er is een sterke neiging om iedereen op hetzelfde niveau te houden. Beroemdheden op een voetstuk zetten is ongehoord, en er zijn maar weinig standbeelden van beroemde aristocraten of politici. (De mensen die op deze manier geëerd worden, zijn meestal volkshelden zoals André Hazes, of de zeventiende-eeuwse admiraal Michiel de Ruyter die de Engelsen en Fransen op zee bevocht, of schrijver Multatuli, die het onrecht van het koloniale bewind in Indië aan de kaak stelde.) Zelfs sporthelden worden bij hun voornaam genoemd en vereerd om hoe gewoon ze zijn gebleven. 'Vooral hun falen en andere dramatische wederwaardigheden worden daarom breed uitgemeten,' meldt Pleij.

Ook in de middeleeuwen vielen de Nederlanders niet graag op. Middeleeuwse handelaren uit de Lage Landen droegen kleding van zwart laken, terwijl de Italianen rondparadeerden in goudbrokaat. In de Nederlanden had dit zakelijke voordelen, want het gaf minder aanleiding tot afgunst en zorgde daardoor voor betere werkrelaties. In culturele zin is het niet chic om prat te gaan op je geld. Pleij vat de Nederlandse mentaliteit samen in een reeks trefwoorden en frasen: 'eenvoud, zuinigheid, zelfredzaamheid', 'geen woorden maar daden', 'recht voor zijn raap', 'doe maar gewoon', 'verbeeld je maar niks', 'morgen is er weer een dag', diversificatie, 'leve het gezin' en reductie van leiders tot 'vaders van het nationale huishouden'.

De opvoeding van de Nederlandse middenklasse kent diezelfde neiging tot gelijkheid en gemeenschappelijkheid, en dat is een van de sterke punten. Ze proberen niemand de loef af te steken als het gaat om dure verjaarscadeaus of chique kinderkleren. Er is een ongeschreven afspraak dat verjaarscadeaus voor de vriendjes van je kinderen niet meer mogen kosten dan tien euro. En de Nederlandse kersttraditie gaat keihard in tegen de onstuitbare consumptiedrang in de Engelstalige landen. Voor Sinterklaas trekken de kinderen op school lootjes om te bepalen voor welk klasgenootje ze een cadeautje moeten maken – máken, dus niet kopen. Dan maken ze zorgvuldig een surprise, meestal van karton of papier-maché, die meestal betrekking heeft op de hobby van de ontvanger. Zo kreeg Ina vorig jaar een gigantische elektrische gitaar van karton (die nog steeds haar halve slaapkamer vult). Als verrassing zit er een cadeautje van exact drie euro vijftig in verstopt, en de ontvanger krijgt ook een rijmpje dat zijn goede kanten prijst en voorzichtig spot met zijn zwakheden. Thuis vieren gezinnen Sinterklaas op ongeveer dezelfde manier – met zelfgemaakte cadeaus met geestige kreupelrijmpjes – ook daar worden er lootjes getrokken. Er wordt iets makkelijks gegeten, dus geen enorme kalkoen uit de oven, maar iets als stoofpot of soep, gevolgd door gebak en snoep, meestal een amandelstaaf en chocoladeletters.

Kinderen die in Nederland opgroeien zijn gewend aan tweedehandsspeelgoed. Elk jaar verandert het Amsterdamse Vondelpark in april, op Koningsdag, in een gigantische vrijmarkt voor kinderen, en hetzelfde gebeurt in dorpen en steden door het hele land. Kinderen verkopen hun oude kleren en speelgoed, en kopen van dat geld nieuwe spullen. Het is de beste vorm van recycling die ik ooit heb gezien en een prima manier om kinderen iets te leren over prijzen, onderhandelen en omgaan met geld. Andere vormen van sociaal delen zijn hier ook populair. In Amsterdam-Noord is de grootste vlooienmarkt van Europa, in de IJ-Hallen, en via Facebook-groepen zoals Amsterdam

Yard Sale en Family Sale Market wordt goedkoop speelgoed en kleding aangeboden. Niemand vindt het gênant om andermans afdankertjes te gebruiken of te dragen. Het is gewoon slim, en het is nog goed voor het milieu ook.

Anja, van mijn boekenclub, heeft twee zoons en woont in een mooi ingericht huis in een nieuwbouwwijk vlakbij. Ze geeft graag toe dat ze verslaafd is aan online tweedehandsspulletjes shoppen. Ze hoopt dat haar zoons op die manier zullen leren 'te zorgen voor het milieu en het te respecteren, zowel wat betreft de natuur als hun directe omgeving'. Ze vertelt dat volgens haar 'geluk, schoonheid en rust allemaal voortkomen uit leven op een lager tempo'. Het is beter om je niet te laten meeslepen door de golf van consumentisme. 'En bovendien is tweedehandsspullen kopen hartstikke leuk!'

Madea is, nu haar tweeling tieners zijn, ook een groot voorstander van de eenvoud. Ze heeft haar kinderen altijd in tweedehandskleren gestoken, en daar is ze zelf ook mee opgegroeid. Haar kinderen zijn niet erg materialistisch en ze ziet hier niet de ongeremde consumptiedrang die haar opviel toen ze haar broer in de VS opzocht. 'Wij maken als gezin citytripjes, maar we gaan ook kamperen,' zegt ze over vakanties. 'Ik denk dat dat voor de kinderen de ultieme vrijheid is. Ik ging zelf als kind ook kamperen en ik voel me nog steeds gelukkig als ik daaraan terugdenk.'

Terwijl veel Britse en Amerikaanse kinderen opgroeien te midden van de resultaten van een bloeiende consumenteneconomie en roepen om het nieuwste speelgoed en de nieuwste mode, spelen Nederlandse kinderen buiten in gebruikte kleren op tweedehandsrolschaatsen. Een van de dingen die we weten over geluk, is dat mensen in landen met minder sociale ongelijkheid gelukkiger zijn. In hun boek *The Spirit Level: Why Equality is Better for Everyone* schrijven Richard Wilkinson en Kate Pickett: 'Net zoals mensen gezonder worden, worden ze ook gelukkiger in de eerste stadia van economische groei, en daarna stabiliseert dat zich.' De schrijvers stellen dat niet armoede, maar ongelijkheid het grootste negatieve effect op het welzijn heeft. Consumentisme mag voor veel mensen onlosmakelijk verbonden zijn met het opbouwen van hun identiteit, maar de drijfveer erachter is vooral de 'statusconcurrentie'; sommigen denken 'dat we er door tweederangsspullen uitzien als tweederangsmensen'. Wilkinson en Pickett leggen uit dat veel kwesties met betrekking tot ongelijkheid zich aandienen als reactie op zorgen over status, en dat ongelijkheid allerlei problemen voor kinderen veroorzaakt:

> Onder meer jeugdconflicten, slechte relaties met leeftijdsgenoten, slechte schoolprestaties, jeugdobesitas, kindersterfte en tienerzwangerschappen. Dergelijke problemen weerspiegelen vaak de manier waarop de stress van een ongelijkere samenleving – van een lage sociale status – is doorgedrongen in het gezinsleven en relaties. Ongelijkheid wordt geassocieerd met minder goede resultaten, omdat het leidt tot een verslechtering van de kwaliteit van relaties.

Terwijl ongelijkheid in de meeste geïndustrialiseerde landen de laatste decennia dramatisch is gegroeid en de kloof tussen arm en rijk steeds moeilijker overbrugbaar wordt, gaat Nederland in zijn eentje tegen de trend in. Op het moment van schrijven was de ongelijkheid niet toegenomen. Ik denk dat dat voor een deel komt door de Hollandse liefde voor zuinigheid, de afkeer van uiterlijk vertoon en de vlakke sociale hiërarchie. Nederlanders verkiezen tijd boven geld, en praktisch nut boven luxe spullen. De dingen die Nederlandse kinderen in hun jeugd leren, nemen ze mee in de rest van hun leven: ze zijn pragmatisch en zelfverzekerd, ongehinderd door zorgen om hun status.

10
Gelukkige ouders hebben gelukkige kinderen

Waarin Rina een werk/leven-balans ontdekt

Ik kom steeds tot dezelfde conclusie: Nederlandse moeders zijn anders dan ik. Of eigenlijk, ik ben anders dan zij. Ik heb nog steeds moeite om dat kalme, vrijmoedige en zelfverzekerde aura op te roepen dat zij uitstralen terwijl ze goochelen met de eisen van hun gezin en hun carrière en tegelijkertijd hun eigen identiteit buiten het moederschap weten te behouden.

In haar boek *Why Dutch Women Don't Get Depressed* stelt psychologe Ellen de Bruin dat het weliswaar niet klopt dat Nederlandse vrouwen niet depressief kúnnen worden, maar dat vrouwen in Nederland wel een stuk gelukkiger zijn dan vrouwen in de rest van de wereld. Na zorgvuldig onderzoek en diepte-interviews met Nederlandse vrouwen met allerlei achtergronden, betoogt De Bruin dat het geheim achter hun geluk de persoonlijke vrijheden zijn die ze genieten, en een goede werk/leven-balans. Hierbij hoort dat ze zich vrij voelen om parttime of helemaal niet te werken.

En tot die Nederlandse vrouwen horen natuurlijk ook

Nederlandse moeders. Als Nederlandse kinderen de gelukkigste kinderen ter wereld zijn, dan verdienen hun moeders beslist erkenning. Welke persoonlijke vrijheden hebben deze moeders die andere moeders, vooral in de VS en Groot-Brittannië, nog niet hebben ontdekt? Wat kunnen we van hen leren? Ze hebben een soortgelijke, om het kind draaiende opvoedingsaanpak, en toch lijken ze niet dezelfde soort bagage mee te dragen als moeders in de landen waar wij vandaan komen.

Mijn moeder volgde, zoals zoveel Amerikaanse moeders, een ongeschreven en algemeen bekend regime van perfect ouderschap, in de stijl van Martha Stewart: als moeder was je de slaaf van je keuken, je werk, je kinderen en je man – en meestal stonden ze er alleen voor. Je ontleende veel waardigheid en trots aan het feit dat je een supermama was. Hoe meer offers je bracht – bijvoorbeeld jezelf verwaarlozen of nooit tijd voor jezelf nemen – hoe beter je als moeder was.

Het is in Amerika ook heel normaal geworden om jezelf te meten met andere moeders. We zien de vermeende successen en missers van onze kinderen en die van andere vrouwen als een directe afspiegeling van onze stijl van opvoeden. Wat oorspronkelijk begon als een oprechte drijfveer – dat je het beste voor je kinderen wilt – is veranderd in een smachtend verlangen: dat je wilt dat je kinderen alles het beste doen.

Ik wil een andere realiteit voor mijn kinderen. En ik ben ervan overtuigd dat ik die heb gevonden in dit hoekje van West-Europa. Er ligt hier niet zoveel nadruk op het ideaal van de perfecte moeder. Ik word vaak gewaarschuwd door mijn schoonmoeder Marcia, omdat ze bang is dat ik te veel doe. Hoewel ze het prima vindt dat ik dit boek schrijf, is ze niet blij dat ik ermee begon toen ik hoogzwanger was, en er nu aan werk terwijl ik zorg voor een baby en een peuter. Het ondernemende leven dat Bram en ik leiden – met alle risico's, de onregelmatige, lange uren en het feit dat we te allen tijde beschikbaar zijn – is voor haar een bron van stress. Het heeft weinig weg van het Nederlandse model waarin arbeidscontracten vast zijn, parttime werken meer dan aanvaardbaar is en vakanties gegarandeerd zijn. Ze vindt dat we het rustig aan moeten doen. 'Vergeet niet tijd voor jezelf te maken,' waarschuwt ze regelmatig. 'Je hebt ook tijd nodig om te rusten en te herstellen. Loop jezelf niet voorbij.'

Nederlandse moeders hebben het idee dat 'alles tegelijk' best kan nieuwe inhoud gegeven. Ze hebben alle tijd voor hun kinderen; ze hebben de keus tussen thuisblijven, parttime of fulltime werken, al naargelang hun eigen voorkeur, zonder enige financiële of sociale druk. Zo op het oog lijken moeders totaal niet met elkaar te concurreren om de perfecte moeder te zijn.

Michele en ik zijn ervan overtuigd dat de groepsdruk die moeders in de rest van de geïndustrialiseerde wereld voelen grotendeels gebaseerd is op schuldgevoel. Waar wij vandaan komen, sta je onder druk om zowel een huismoeder als een werkende moeder te zijn. Moeders die thuisblijven voelen zich schuldig omdat ze niet werken en compenseren dat door huiselijke moeder-godinnen te worden. Werkende moeders voelen zich schuldig dat ze niet altijd voor hun kinderen kunnen klaarstaan en compenseren dat door midden in de nacht koekjes te bakken voor de fancy fair van morgen, en een Halloweenkostuum in elkaar te flansen na een lange, stressvolle dag op kantoor. Dat is een situatie die geen winnaars kent.

Als je wat dieper graaft, blijkt dat de 'werk-jezelf-omhoog'-mentaliteit in de Angelsaksische wereld de bron is van dat schuldgevoel, die angst en dat oordeel. Volgens onderzoek van de Universiteit van Texas, waarin het geluk van ouders en niet-ouders in tweeëntwintig Europese en Engelssprekende landen werd vergeleken, kwamen de onderzoekers tot één onmiskenbare conclusie:

De negatieve effecten van het ouderschap op het geluk werden vollédig verklaard door het al dan niet aanwezig zijn van sociaal beleid dat ouders in staat stelt betaald werk beter te combineren met familieverplichtingen. En dat gold voor zowel vaders als moeders. In landen met een beter gezinsbeleid was er geen gelukskloof tussen ouders en niet-ouders.

'Ik vind het een zegen dat ik echt een balans heb kunnen vinden. Ik werk drie dagen in de week en als we naar het consultatiebureau moeten, is het geen probleem als ik wat later op mijn werk kom,' vertelt Eva Brouwer, presentatrice bij RTV Utrecht. 'Toen Rijck maandag zijn eerste verjaardag vierde, gingen mijn man en ik samen naar de crèche. We zongen liedjes en Rijck had zijn feestmuts op. Ik maakte een heleboel foto's. En hoewel ik daardoor te laat op mijn werk was, begrepen mijn collega's en mijn baas volkomen dat ik dat bijzondere moment wilde meemaken, en ze waren net zo enthousiast als ik.'

Eva is de eerste vriendin die ik in Holland maakte, en ze is bij me thuis komen lunchen. Ik grijp mijn kans om haar vragen te stellen.

'Denk jij dat Nederlandse moeders veel minder onder druk staan om "alles te hebben", vergeleken met Amerikaanse moeders?' vraag ik.

'Nou, sinds ik moeder ben, ben ik meer gedreven om iets van mijn carrière te maken. Ik werk efficiënter omdat ik ook bij mijn gezin wil zijn,' zegt Eva. 'Ik denk dat de optie om parttime te werken een mooie manier is om een evenwicht te vinden tussen je privéleven en je carrière. Het is fijn dat daar geen taboe over bestaat.

Wat ook scheelt, is dat wij in onze cultuur heel open en eerlijk mogen zijn. Natuurlijk houden mensen in Nederland ook de schijn op, maar ik denk dat je hier makkelijker eerlijk kunt zijn over de vragen en twijfels die je hebt wat betreft de opvoeding.'

Uit mijn bijna dagelijkse Facebook Messenger-gesprekken met mijn vrienden in de VS maak ik op dat de drijfveer om een perfecte moeder te zijn nog even sterk is als altijd. De eerste mama-vriendin die bij me opkomt, is Tara Wood, een schrijfster. Ze heeft maar liefst zeven kinderen, is getrouwd met een 'lekker stuk' (haar woorden) en woont in Augusta in Georgia.

Ik vraag haar hoe het zit met stress. 'Ik denk dat het stressvol kán zijn om moeder te zijn in Amerika, ja. Waarschijnlijk zijn de meeste moeders gestrest, waar ze ook wonen, maar ik denk wel dat Amerikaanse moeders de neiging hebben te concurreren, te oordelen en gespannen te zijn, wat vast bijdraagt aan het gevoel van paniek, angst en twijfel. Ik heb nu bijna vijftien jaar kinderen, maar pas de laatste vijf jaar heb ik vertrouwen in mijn eigen opvattingen en beslissingen als moeder. Het heeft lang geduurd, maar ik weet nu dat hoe ik ben en hoe ik opvoed niemand iets aangaat. En zelf doe ik oprecht mijn best niet te oordelen over opvoedmethoden en -keuzes die misschien anders zijn dan de mijne. Er is niet slechts één manier om een goede moeder te zijn.'

Facebook-topvrouw Sheryl Sandberg, die de term *lean-in* bedacht – in de zin van 'een *lean-in*-moeder kan alles tegelijk' – ontketende een internetsensatie toen ze in 2011 in haar toespraak voor de afstuderende lichting van Barnard College in New York zei: 'De belangrijkste carrièrekeus die je zult maken is of je al dan niet een levenspartner zult hebben, en wie dat dan is.'

Ik ben het helemaal eens met Sandberg wat betreft die levenspartner – dat hij moet geloven in een gelijke rolverdeling. Ze had erbij moeten zeggen dat je dan serieus een huwelijk met een Nederlandse man moet overwegen. Nederlandse mannen hebben niet de reputatie dat ze romantisch zijn, zoals de Fransen, of geweldig in bed, zoals de Italianen. Hier gaat de hofmakerij twee kanten op – het is geen enkel probleem als een vrouw een man mee uit vraagt. Als je eenmaal door de penibele eerste fase bent waarin je bij de eerste date de rekening deelt (wat natuurlijk niet voor niks *going Dutch* heet), kom je erachter dat Nederlandse mannen het best bewaarde geheim van Europa zijn. Om te beginnen zijn ze oprecht geïnteresseerd in wat je te melden hebt: je overal over kunnen uitspreken is een eigenschap die zowel in mannen als vrouwen gewaardeerd wordt.

In Holland is de verdeling van het werk tussen mannen en vrouwen, vaders en moeders, radicaal veranderd. Nog iets waar Nederlandse mannen, net als de Scandinavische, om bekendstaan, is dat ze uitblinken in dingen die een groot verschil kunnen maken in het algehele geluk van een gezin: thuis hun steentje bijdragen en de opvoedtaken eerlijk verdelen. Hoewel het nog niet helemaal perfect gaat – Nederlandse vrouwen zijn nog steeds grotendeels verantwoordelijk voor de zorg voor de kinderen en het huishouden – komt er zichtbaar verandering in. Volgens recente cijfers van het Centraal Bureau voor de Statistiek zijn mannen vaker bezig met koken en schoonmaken, en besteden vrouwen steeds minder tijd aan dat soort dingen.

De cultuur van parttimebanen is nog een reden waarom iedereen hier een stuk gelukkiger is. De Nederlanders hebben het laagste aantal werkuren van alle OESO-landen en werken minder uren per week dan in alle andere EU-landen. Bijna de helft van de Nederlandse volwassenen (wederom verreweg het hoogste percentage binnen de EU) werkt parttime, waarbij 28,8 procent van de mannen minder dan de maximale zesendertig uur per week werkt, en 75 procent van de vrouwen een parttimebaan heeft – en dat geldt voor alle sectoren, van ongeschoolde werknemers tot hoger opgeleiden.

Vergelijk dat maar eens met Groot-Brittannië, waar 25 procent van de bevolking parttime werkt (13 procent van de mannen en 43 procent van de vrouwen). In de VS ligt dat percentage nog lager: 18,9 procent (12,6 procent van de mannen en 25,8 procent van de vrouwen). In Holland is parttimewerk de norm geworden: veel Nederlandse vaders vinden het net zo belangrijk om de zorg en het huishouden te delen als om carrière te maken. Ze snappen hoe belangrijk het is om thuis een actievere rol te spelen, en boffen dat ze werkgevers hebben die dat begrijpen en steunen. Er is natuurlijk ruimte voor verbetering. Nederlandse vaders zouden ook recht moeten hebben op meer dagen vaderschapsverlof dan de twee dagen die ze nu van de overheid krijgen.

De rol van vaders in de ontwikkeling en het welzijn van kinderen wordt tegenwoordig erkend door onderzoekers en medici; de wetenschappelijke literatuur biedt hiervoor veel overtuigend bewijs. De HBSC-onderzoeken die de basis vormen van het UNICEF-rapport over kinderwelzijn suggereren dat de relatie van Nederlandse kinderen met hun vader is verbeterd naarmate vaders meer tijd besteden aan de zorg voor hun kinderen.

Toen de volledige werkweek in Nederland werd teruggebracht tot zesendertig uur om de werkloosheid terug te dringen, compenseerde de regering mensen met een veertigurige werkweek met een halve vakantiedag per week extra, of één dag per twee weken. Die vrije dag wordt vaak door vaders gebruikt als 'papadag'. Een papadag nemen is de norm aan het worden, nu steeds meer Nederlandse vaders inzien dat het goed is om minstens eenmaal per week tijd met hun kinderen door te brengen.

Omdat ik meer wilde weten over de papadag, ging ik naar Mathijs, een goede vriend van me. 'Papadag is heel normaal, vooral in de publieke sector en bij de overheid. Het was voor mij een makkelijke keuze om vier dagen per week te gaan werken. Ik ben blij dat ik extra tijd heb om alleen te zijn met mijn dochter en, of ze nu slaapt of speelt met een vriendinnetje, ik kan ook nog een beetje werken, mijn mail checken en werkdingen doen die niet al te veel aandacht vragen,' zegt hij.

'Ik las laatst dat de mannelijke invloed belangrijk is voor een kind, vooral als er op school veel juffen zijn. Laat de papa de papa zijn. Dat wil zeggen: naar buiten gaan, lekker met haar bewegen, stoeien en een beetje vechten. Zo heb ik haar vandaag, vrijdag, na school opgevangen. Ze had een vriendinnetje bij zich en ik ben met die twee op de fiets naar de stad gegaan. Lekker buiten, beetje uv-licht en frisse lucht pakken in de donkere novemberdagen. We hebben door het winkelcentrum gerend, zijn een paar keer door de draaideur gegaan, hebben grappen gemaakt, en toen kregen ze allebei een chocoladesinterklaas van me.

Later, toen haar vriendin naar huis was, zijn we voor ons huis nog wat gaan voetballen. Ik heb ook een fietswedstrijdje georganiseerd met de buurjongen. Een beetje beweging, goed voor haar en ook leuk voor mij!'

Bij mij thuis volgen we een traditioneler model, waarbij ik parttime thuiswerk als freelanceschrijver, terwijl mijn man fulltime werkt. Maar Bram doet op zijn manier ook aan papadag, alleen doet hij dat in het weekend in plaats van tijdens de werkweek. Hij doet de wekelijkse boodschappen met ons kind van drie, en maakt elk weekend schoon, hij wast en stofzuigt, en gaat dan met Julius naar de dierentuin of het zwembad. Als de baby wat ouder is, neemt hij hem ook mee op sleeptouw. Voor mij is dat de tijd dat ik, als Matteo slaapt, de laatste hand kan leggen aan schrijfklussen, blogs en projecten.

In een cultuur waar je baan onverbrekelijk verbonden is met je identiteit, kunnen Amerikaanse *lean-out*-vaders (afwezige vaders) zich geïsoleerd en gestigmatiseerd voelen. Veel mannen van mijn generatie zouden graag *hands-on*-vaders zijn die luiers verschonen, eten klaarmaken en de was doen. Maar voor velen die beginnen met dergelijke verheven, progressieve idealen, is de trieste realiteit dat de werkdruk het op de lange duur onmogelijk maakt.

In Amerika is opvoeden jouw probleem, vindt men: een privéaangelegenheid waar de gemeenschap niet mee hoeft te zitten. Jij wilde kinderen en dat is je eigen keuze, dus zoek het nu maar uit ook. In Nederland is het echter iets waar de hele maatschappij verantwoordelijkheid voor neemt. Nederlandse ouders hebben vaak een riant vangnet van grootouders, buren, broers en zussen die best een oogje op de kinderen kunnen houden. De ideale opvangstructuur heb je als de twee ouders parttime werken en het gezin daarnaast hulp krijgt van de grootouders van beide kanten, buren en de plaatselijke crèche, of van 'gastouders' – bevoegde kinderverzorgers die de kinderen bij hen thuis opvangen. Het is de moderne versie van een heel dorp.

Kunnen vrouwen werkelijk een bevredigende parttimebaan hebben én tijd hebben om van het moederschap te genieten? Bestaat er echt zoiets als een werk/leven-balans, zelfs voor de meest ambitieuze vrouwen?

Om hier meer inzicht in te krijgen, vraag ik Doortje, een huisarts die ook in Doorn woont, op de koffie. Doortje en haar man hebben het ideale Nederlandse modelleven: ze werken allebei parttime; Doortje drie dagen en haar man, die notaris is, vier dagen per week. Ze hebben drie kinderen en een hond.

'Wat deed jou besluiten parttime te gaan werken?' vraag ik Doortje.

'Ik heb nooit anders gedacht dan dat ik parttime zou gaan werken. Toen ik afstudeerde als arts en nadacht over mijn volgende stap, wilde ik werk waarbij ik ook tijd zou hebben voor een gezin,' vertelt ze. 'Dus ik besloot huisarts te worden – een baan die flexibiliteit toelaat: sinds ik kinderen heb, werk ik drie dagen per week. Hoewel, als je al mijn werkuren optelt, is het meer dan een fulltime baan,' voegt Doortje er snel aan toe.

'Hoeveel uur dan?'

'Ik begin om kwart voor acht en ik ga meestal ergens tussen half zeven en half acht naar huis. Dus dat is een werkdag van tien of elf uur,' zegt Doortje. 'Als ik de kinderen dan heb ingestopt, ga ik vaak nog aan de computer zitten werken. En ik heb ook vergaderingen op andere dagen, en in het weekend heb ik vaak oproepdienst. Maar wat ik echt fijn vind, is dat ik om mijn gezinsleven heen kan werken en dat ik tijd voor mezelf heb. Maandag en woensdag ben ik thuis, dan kan ik naar de sportschool en koffiedrinken met vriendinnen. En als de kinderen thuis zijn, doen we samen iets. Want ik wil voor ze klaarstaan.

Grappig dat je vraagt hoe ik een werk/leven-balans kan hebben,' zegt Doortje lachend. 'Mijn vriendin Suzanne sms'te me gisteravond met dezelfde vraag. Zij vindt mij een supermama. Wil je zien wat ik geantwoord heb?'

Natuurlijk wilde ik dat zien. Ze hield haar telefoon omhoog en ik las: *Die van mij eindelijk ingestopt, na een hoop schreeuwen dat ze in bed moeten blijven, dat papa en mama allebei nog een hoop werk te doen hebben en we de keuken moeten opruimen, die mail schrijven over de oorbellen voor Mijntjes Madonna-act, en de parapluklleurplaten voor Emmy's verjaarspartijtje moeten tekenen. En papa heeft verdomme de vuilnisbakken nog niet geleegd. Dus als je me morgen langs ziet fietsen met een uitgeputte blik op mijn gezicht, dan weet je waarom.'*

Voor een moeder zoals Doortje biedt het moderne leven nog steeds uitdagingen en stress waar ouders over de hele wereld zich in kunnen herkennen. Maar dankzij de parttimecultuur kan ze nog steeds tijd voor zichzelf vrijmaken. En dat scheelt enorm voor een gelukkigere moeder.

> **Parttimewerk en vrouwen**
>
> In Nederland wordt parttime werken soms gezien als een (welkom) gebrek aan ambitie bij vrouwen. Maar in onze ogen lijkt het er meer op dat moeders het weliswaar iets rustiger aan doen, maar niet stoppen. Onze redacteur, zelf een sterke, ambitieuze vrouw, zegt dat er 'niets mis is met hard werken' en dat zijn we met haar eens. Maar jezelf in de ratrace storten? Dat doen wij liever niet.

Waarin Michele het rustig aan leert doen

Toen ik in Nederland begon te werken, ging ik door in het razende tempo dat ik in Londen had aangeleerd. Daar was veel te doen; efficiënt en snel werken was essentieel. Ik dacht echt dat mijn vaardigheden gewaardeerd zouden worden. Ik vond: je werkt door tot de klus geklaard is, zelfs als je daarvoor onbetaald moet overwerken. Je werk definieert je identiteit en goed werk leveren vormt de basis van je eigenwaarde. Ik was het voorbeeld van de ideale werknemer. Maar ik zou nog raar opkijken.

Tegen die tijd was Benjamin één en had hij het naar zijn zin op de crèche in de buurt. Met mijn bescheiden salaris hadden we recht op een overheidstoeslag, dus we kregen een flink deel van de kosten terug. Hij vond het meteen leuk op de crèche. Hij was een vrolijke, gezellige baby die altijd opfleurde in gezelschap. Ik vond het geen probleem om hem daar achter te laten. Hij was tevreden. Bovendien doen ze in Nederland minder moeilijk over crèches dan in Groot-Brittannië. Terwijl Angelsaksische ouders zich druk maken om het psychologische effect op baby's en jonge kinderen als je ze de hele dag in een institutionele omgeving achterlaat, zien Nederlandse ouders de crèche als een plek waar kinderen met andere kinderen leren spelen. Het is goed voor hun sociale ontwikkeling. En door de bacillen die ze al doende oppikken ontwikkelen ze een robuust afweersysteem.

In Duitsland hadden ze me misschien een *Rabenmutter* genoemd (een 'ravenmoeder'; die vogels staan erom bekend dat ze hun jongen verwaarlozen), maar in Nederland is het geen schande om te werken in plaats van thuis te blijven met de kinderen. Het zijn allebei legitieme opties, en een combinatie van werken en thuisblijven is dat blijkbaar ook. Aangezien ik vanuit mijn achtergrond alleen het Engelse fulltimemodel kende, en ik alleen maar parttimebanen tegenkwam, had ik uiteindelijk drie verschillende banen bij uitgeverijen. Destijds begreep ik niet waarom ik alleen banen voor een of twee dagen per week aangeboden kreeg. Ik nam aan dat het goedkoper was om mensen op die manier in te huren. Later ontdekte ik dat parttime werken hier gewoon de norm is. De Nederlanders zijn er trots op dat ze 'de parttime-kampioenen van Europa' zijn, zoals Rina al uitlegde. Het wordt gezien als iets wat zorgt voor een betere werk/leven-balans, zelfs als je geen kinderen hebt. Vaders en moeders kiezen vaak voor parttimen zodat ze meer tijd met hun kinderen hebben. Dat heeft geen effect op hun sociale status en ze worden op kantoor niet gestigmatiseerd of behandeld als minder waardevol. In Groot-Brittannië en de VS ligt de nadruk op qualitytime met je kinderen, aangezien tijd schaars is. In Nederland is het echter minder belangrijk om de tijd met je kinderen extra bijzonder te maken, omdat je veel meer tijd met ze kunt doorbrengen. Rina en ik hadden daar allebei een aha-momentje over.

Madea, die werkt als projectmanager, zegt dat zowel zij als haar man ervoor koos parttime te gaan werken toen de tweeling werd geboren, en om de zorg voor de kinderen gelijkelijk te verdelen. 'We kozen bewust voor een lager inkomen in ruil voor meer tijd met onze kinderen.'

Ze heeft het gevoel dat er nog steeds enige ongelijkheid is: mannen verdienen meestal nog steeds meer, en vrouwen zorgen nog steeds meer voor de kinderen. 'Ik ben niet blij met het woord "papadag",' zegt ze. 'Het suggereert dat mama het de rest van de tijd maar moet opknappen! Maar goed, vrouwen vinden het léúk om bij hun kinderen te zijn. Ik merk dat ook – het voelt heel natuurlijk om bij je kind te zijn, dus sommige vrouwen vinden het niet erg om een groter deel van die zorg op zich te nemen.'

Sterker nog, veel Nederlandse vrouwen zien tijd met hun kinderen in plaats van werken als een voordeel, een luxe. Betty, onze oppas, is bijvoorbeeld thuisgebleven voor haar kinderen tot ze uit huis gingen. Ze vond helemaal niet dat haar sociale status daardoor minder werd en voelde zich volkomen gelijk aan haar man. 'Ik was bezig met mijn kinderen en had geen tijd voor andere dingen, behalve mijn vrijwilligerswerk als borstvoedingadviseuse. Ik volgde mijn moeders voorbeeld. Zij vond het heerlijk om alleen maar moeder te zijn en dat vond ik ook.'

Toen Rina en ik Els Kloek spraken, een vooraanstaand historicus die zich richt op vrouwenzaken, kwam dit onderwerp ter tafel. We opperden dat, in elk geval naar ons idee, je identiteit in Amsterdam minder verbonden is met je werk dan in Londen of in San Francisco. Het is heel normaal om parttime of helemaal niet te werken; dat leidt niet tot gezichtsverlies.

'Precies!' riep ze. 'Door een sterke traditie van huiselijkheid en gezelligheid zien Nederlandse vrouwen werken niet als een privilege. Op je werk heb je lange werkdagen, je moet verantwoording afleggen aan een baas. Thuis ben je zelf de enige baas, je eigen baas. Dat is iets wat feministen weleens vergeten.'

Els deed onderzoek naar de Nederlandse huisvrouw door de eeuwen heen. Haar boek *Vrouw des huizes* toont de Nederlandse vrouw als ongelooflijk sterk, met zeggenschap over haar eigen leven, hoewel ze niet altijd dezelfde politieke rechten heeft gehad als haar man. Els speurt naar de historische karikatuur van de Nederlandse huisvrouw als 'bazig, ondernemend, zuinig en ongelooflijk netjes'. Rina en ik snappen ineens waarom Nederlandse vrouwen zich niet conformeren aan het door mannen bedachte ideaalbeeld van de vrouw. Ze doen geen poging zich meteen na de bevalling weer in hun spijkerbroek van vóór de zwangerschap te persen; dat heeft gewoon geen prioriteit. En de Nederlandse huisvrouw maakt haar huis mooi voor zichzelf, niet om haar man te behagen.

'Het duidelijkst komt ze tevoorschijn uit alles wat ze níét is: ze is géén slavin of sloof, géén femme fatale en géén keukenprinses,' schrijft Els in haar inleiding en ze gaat verder:

> De reputatie van de vrouw van Nederland draait vooral om haar dominante positie in huis en huwelijk. Ze is misschien minder goed gekleed dan de Française en minder gehoorzaam dan de Duitse vrouw, ze kan misschien niet zo goed ontvangsten organiseren als de Engelse lady, maar ze is wel veel meer de gelijke van haar echtgenoot. Ze staat náást, zo niet bóven haar man.

Els stelt dat het verkeerd zou zijn om alles wat een 'huisvrouw' doet als beroep te zien. Het werk van een huisvrouw bestaat buiten de economie; als ze salaris zou krijgen, zou ze de loonslaaf van haar man zijn, en daarmee ongelijkheid creëren. Huisvrouw is geen baan, maar een maatschappelijke positie. 'In de Nederlandse context was de huisvrouw gewoonlijk vrijgesteld van werken; huisvrouw zijn was een luxe: zodra men het zich kon veroorloven, gaf de vrouw haar betaalde baan op om voor het gezin te zorgen, terwijl de man kostwinner was.' Els voert aan dat de Nederlandse huisvrouw historisch gezien altijd de baas over het huishouden was. Ze stond niet uren in de keuken, maar hield haar huis graag netjes en schoon. Ze was niet erudiet en hield geen intellectuele salons, maar ze kon goed rekenen en hield het huishoudboekje bij. Er zijn veel historische voorbeelden van weduwen die het bedrijf van hun overleden man overnamen, of zelfs ten strijde trokken. En buitenlandse bezoekers waren altijd verbaasd om te zien dat Nederlandse vrouwen thuis de broek aan leken te hebben.

Els raadt ons aan naar Roos Wouters te gaan voor een moderne kijk op de emancipatie van de Nederlandse vrouw. Roos omschrijft zichzelf als politiek wetenschapper en sociaal ondernemer. Ze is schrijfster van het boek *Fuck! Ik ben een feminist* en geeft lezingen en workshops over het verminderen van stress op het werk. Ze heeft ook veel gedaan om het Nieuwe Werken te promoten. Deze beweging heeft bedrijven geholpen meer flexibiliteit voor werkende ouders te bieden, waardoor meer vanuit huis gewerkt kan worden en meer werknemers zelf hun uren kunnen kiezen. We spreken met Roos af in de centrale bibliotheek van Amsterdam, een prachtig modern gebouw vol licht, naast het station.

Roos, die twee kinderen heeft van elf en vijftien, vertelt eerst over haar eigen ervaringen als parttimemoeder. Haar partner werkte fulltime en zelf werkte ze drie dagen per week bij een tv-bedrijf. De combinatie van werken en voor de kinderen zorgen vond ze stressvol. Toen ze op een dag met een strikte deadline zat, vergat ze dat haar vader haar zoon niet van school kon halen, waardoor ze niets anders had geregeld. Gelukkig kon een andere moeder ingrijpen en het kind mee naar huis nemen, maar dat beschamende telefoontje was een keerpunt in Roos' leven. Ze vond dat er iets niet goed zat met het gebruikelijke Nederlandse model van een werkende vader en een parttimende moeder.

Het werkte gewoon niet voor een ambitieuze vrouw zoals zij.

Journalist Brigid Schulte komt tot dezelfde conclusie in haar boek *Overwhelmed: How to Work, Love and Play When No One Has the Time*. In haar onderzoek naar de chaotische moderne lifestyle waarin hectische drukte tot een cultus verheven is, bespreekt ze het oudere Nederlandse model van fulltimevaders en parttimemoeders. Hoewel dat misschien ideaal klinkt, waarschuwt ze dat parttime werken kan leiden tot 'roloverbelasting', en dat constant heen en weer schakelen tussen verschillende rollen bijdraagt aan het gevoel van tijdsdruk. Werkende moeders zijn hier vatbaarder voor, omdat ze automatisch meer verantwoordelijkheid voor het huishouden op zich nemen en multitasken, terwijl vaders eerder focussen op het werk.

Er is nog iets wat lijkt bij te dragen aan de stress van moeders, zelfs in Nederland, of ze nu parttime werken of niet. Nieuw onderzoek van het Nederlandse Sociaal en Cultureel Planbureau heeft aangetoond dat mannen en vrouwen in Nederland weliswaar vaak evenveel vrije tijd hebben, maar dat vrouwen die tijd niet als 'vrij' ervaren omdat ze altijd druk bezig zijn om te zorgen dat hun partner en kinderen gelukkig zijn of het huis netjes is. De onderzoekers noemen dit 'emotiewerk'. Wij moeders lijken ons eigen leven moeilijker te maken, zelfs als de cultuur er van alles aan doet om ons te helpen.

Roos begon te lobbyen voor meer flexibiliteit binnen het werk voor mannen en vrouwen in Nederland, en meer mogelijkheden om thuis te werken, of je nu een fulltime- of parttimebaan hebt. Ze vindt dat er de laatste tien jaar veel vooruitgang geboekt is. 'De vernauwende verdeling van arbeid tussen de twee ouders was vroeger een privéprobleem, iets wat je rond de keukentafel moest oplossen, niet iets waar je je werkgever mee lastigviel. Dat is nu veranderd.' Ze denkt dat het Nieuwe Werken het werkklimaat daadwerkelijk verbeterd heeft en ouders meer speelruimte heeft gegeven. 'Vroeger zagen we de Zweden als voorbeeld; nu komen zij hier om te kijken hoe wij het doen,' voegt ze er trots aan toe. 'Tegenwoordig is stress op het werk iets waar je openlijk over kunt praten. Iedereen kent het probleem.'

Als we het interview afronden, vertel ik Roos dat wij intussen allebei de ultieme versie van het Nieuwe Werken hebben gevonden – door freelance te worden. Ze erkent dat, deels door de financiële crisis en het feit dat bedrijven inkrimpen, steeds meer mensen freelance werken. Het past bij ons; een baas die je meer flexibiliteit geeft is fijn, maar helemaal geen baas is nog beter.

Stress

De Franse filosoof Descartes, die een groot deel van zijn volwassen leven in Nederland doorbracht, zei naar verluidt: 'God schiep de wereld, maar de Nederlanders schiepen Holland.' Hij had het over de strijd van de Nederlanders om land te winnen uit de oprukkende zee, maar zijn woorden kunnen net zo goed gelden voor andere manieren waarop ze hebben gevochten om hun eigen sociale principes in te stellen. Nederlanders verzetten zich actief en doelbewust tegen sociale hiërarchie. Politici doen hun best om de kloof tussen arm en rijk te beheersen met fiscale instrumenten zoals belasting (waarmee de welvaartsstaat en gratis onderwijs gefinancierd worden). Maar niet alleen politici zijn bezig met sociale veranderingen, die komen ook uit het volk zelf. Mensen ambiëren hier zelden om de rijkste te worden (of 'de beste'). Een populair Nederlands spreekwoord zegt: *steek je hoofd niet boven het maaiveld uit, want dan wordt je kop eraf gehakt*. Dat maakt werken in Holland bepaald fascinerend voor een buitenlander.

Toen ik hier ongeveer een jaar woonde, werkte ik voor een poëziefestival en twee uitgeverijen die formeel concurrenten waren, maar daar leken ze geen van beide mee te zitten. De sfeer was relaxed, de kantoren waren prachtig, in stijlvolle panden, een tikje vervallen, maar met het soort charmante, deftige verlopenheid dat je dertig jaar geleden kon tegenkomen in de Britse uitgeverswereld. Het enige nadeel waren de ellenlange vergaderingen. Mensen waren zo relaxed dat het steevast uitliep op gezellig gebabbel. Er was geen enkele tijdsdruk. Iedereen rond de tafel werd geacht zijn of haar mening te geven over wat er besproken werd en er werden zelden knopen doorgehakt. Het was het eerdergenoemde poldermodel in actie.

Na een paar maanden bij het ene bedrijf nam mijn baas me apart en zei: 'Kun je een beetje rustiger aan doen? Je brengt je collega's van hun stuk. De balans begint zoek te raken.' Een Engelse vriendin die ook hier was komen wonen, vertelde dat ze in een compleet andere sector hetzelfde had opgemerkt. 'Ik kan het niet geloven – mijn baas zei dat ik niet zo hard moest werken!' riep ze. *The UnDutchables*, de geestige studie van Colin White en Laurie Boucke over het leven in Nederland, waarschuwt dat expats het gebrek aan inzet van hun collega's frustrerend zullen vinden; hier wordt de koffiepauze onderbroken door het werk, zeggen ze spottend, en de verjaardag van collega's krijgt alle prioriteit.

Maar vreemd genoeg lijken de Nederlanders zelf te vinden dat ze juist bijzonder hard werken; ze zijn zeer trots op hun calvinistische arbeidsethos. 'Arbeid adelt,' zeggen ze. In mijn ogen leken ze bij lange na niet zo hard te werken als mijn collega's in Groot-Brittannië. Maar tot mijn verbazing laten OESO-statistieken over productiviteit zien dat Nederlanders, áls ze werken, veel voor elkaar krijgen. Productiviteitsniveaus liggen aanmerkelijk hoger dan in Groot-Brittannië. Nederlanders geloven in hard werken en hard genieten. Na gedane arbeid is het goed rusten, luidt een ander populair gezegde. Dus waarom zou je geen tijd vrijmaken om van het leven te genieten? Als de zon schijnt, wat hier niet al te vaak is, stromen de terrassen vol met kantoormensen die een onofficiële, maar volstrekt acceptabele spontane pauze inlassen. *Carpe diem!*

Ondanks het verzoek van mijn baas ging ik het niet rustiger aan doen. Ik wist niet hoe; ik was te Brits. Ik bleef in mijn diverse banen zo hard en plichtsgetrouw mogelijk werken. Ben ging vier dagen per week naar de crèche en de vijfde dag naar zijn oma. Maar toen Ina werd geboren, kreeg ik te maken met een ander soort kind; ik kon haar niet zo makkelijk ergens achterlaten om naar mijn werk te gaan. Ze vond het kennelijk vreselijk op de crèche. Ze had een hekel aan drukte, ze had een hekel aan vreemden, ze wilde nergens anders zijn behalve dicht tegen mijn borst aangedrukt.

In 2007, toen zij geboren werd, kregen freelancers hier echter nog geen zwangerschapsverlof, hoewel dat een jaar later ingevoerd werd, dat zul je natuurlijk altijd zien. Dus in mijn acht maanden thuis met Ina bood een vertaling van een Nederlandse roman mij een financiële oplossing. Daarna pakte ik maar één van mijn banen weer op, waar mijn werktijd werd opgerekt tot vier dagen in de week. (De vijfde dag vertaalde ik boeken als freelancer – de dwangmatige werker kent geen rust.) Het was het enige bedrijf waarvoor ik werkte waar ze me actief stimuleerden meer uren te gaan werken. Tegelijkertijd begonnen ze het Nieuwe Werken van Roos te implementeren, dus er was behoorlijk wat flexibiliteit. Ik kon minstens één dag per week thuiswerken en alles rond het schema van de kinderen passen. Het waren moeilijke jaren – ik noem het 'de tunnel' van het ouderschap, als de combinatie van een baby en een peuter gewoon doodvermoeiend is. Maar het was te doen dankzij begripvolle werkgevers, een crèche in de buurt en een aardige gepensioneerde buurvrouw die een soort derde oma werd.

Toen een paar jaar later de stress van een bedrijfsfusie om de hoek kwam kijken, lag ik vaak nachten te tobben over hoe het nu allemaal verder moest. Ik ging naar de hr-manager. Zij besefte dat ik mezelf niet hielp en stuurde me naar een haptonoom. In de baas zijn tijd, uiteraard.

Ik had het woord haptonomie alleen gehoord in verband met het Nederlands elftal, als een soort newagetherapie die de voetballers moest helpen een band te krijgen, te ontspannen en blessures te voorkomen. Sommigen schreven het succes van Oranje in 1988, toen ze het EK wonnen, toe aan hun haptonoom Ted Troost. Ik vond dat heel twijfelachtig, om het zwak uit te drukken. Op de een of andere manier riekte die naam naar enge, rare dingen als scientology.

In een klein kantoortje bij het Centraal Station, in een kamer met een massagetafel en verder vrijwel niets, kreeg ik rap de diagnose dat ik een zorgelijke intellectueel was die niet zoveel moest nadenken over het leven. Wat ik ook deed, zei de therapeut, ik mocht niets online opzoeken over haptonomie, of er boeken over lezen, zolang mijn therapie duurde. Dat deed ik niet, en heb het sindsdien ook niet gedaan. Het was een vreemd soort therapie, deels praten, deels genezen en masseren. Dit werd van mij gevraagd:

- Opnieuw contact maken met mijn lichaam en wat het nodig heeft.
- Brutaler zijn.
- Dingen in perspectief blijven zien.
- Niet te veel over alles nadenken.
- Meer voor mezelf opkomen.
- Leren nee te zeggen.

Eigenlijk moest ik meer een zelfverzekerde Nederlandse vrouw worden! De boodschap van haptonomie is dat je fysieke en mentale gezondheid belangrijker zijn dan je werk. Dat is een advies waar veel van mijn Engelse vrienden iets aan zouden hebben.

Nederlanders hebben uitstekend greep op die moeilijk te vinden werk/leven-balans waar we zoveel over horen. Volgens OESO-statistieken in hun Better Life Index moet Nederland daarin alleen Denemarken laten voorgaan, terwijl Groot-Brittannië op de tweeëntwintigste plaats staat en de VS op de achtentwintigste van de vierendertig ontwikkelde landen uit het onderzoek. Deze benadering was duidelijk merkbaar in de werkomgeving, waar men, zelfs als ik op mijn hardst werkte, nooit verwachtte dat ik na werktijd doorging. In het begin was ik geregeld de laatste die het licht uitdeed, terwijl het in Londen als normaal gezien werd als je om zeven uur 's avonds naar huis ging. Hier begon de grote uittocht altijd om vijf uur. Ouders haastten zich de deur uit om hun kinderen op te halen, en wie geen kinderen had, ging naar de kroeg of de sportschool. Zoals ik al zei, in Holland is bijna niemand eropuit om een hoogvlieger te zijn. Gesprekken op kantoor, op je werk rondhangen of laat blijven zitten opdat anderen zien dat je er bent, is hier geen normaal gedrag. Voor een werkende moeder zijn de voordelen duidelijk. Ik kon zonder stress mijn kinderen op tijd van de crèche halen. Natuurlijk moest ik veel lezen: ik werkte bij een uitgeverij. Maar dat kon ik doen als de kinderen in bed lagen.

Ik weet nog dat ik mijn werkdag – waarop ik de kinderen op tien minuten fietsen van huis afzette, waarna ik nog twintig minuutjes verder fietste naar kantoor waar ik slechts van negen tot vijf werkte – vergeleek met de dagen die mijn vriendin Helen destijds in Londen maakte. Zij moest drie kwartier met de trein van haar huis in Surrey naar de stad. Haar dochter zat op een peuterschool vlak bij haar huis, maar mijn vriendin was altijd bezorgd dat ze te ver weg was als er iets gebeurde met haar kind. Haar man bracht hun dochter 's morgens weg zodat zij op tijd naar haar werk kon. Het was een gespannen bestaan, en ik heb daar veel mensen over gehoord. In Groot-Brittannië worden werkende moeders geacht evenveel uren te werken als vóór ze kinderen hadden. Vanuit mijn knusse Amsterdamse nestje was het probleem in mijn ogen niet het moederschap; het echte probleem was de Britse cultuur van overwerken en het hardnekkige idee dat je werk je identiteit bepaalt.

11

Het komt allemaal door de hagelslag

Waarin Rina de Nederlandse kijk op maaltijden uitlegt

Luie zondagen zijn een absolute must bij ons thuis. Sowieso is in Doorn bijna alles gesloten, of alleen 's middags open – als je boft. Bram is dan in de keuken druk bezig een uitgebreid ontbijt te maken, en ik zit op de bank in de woonkamer Matteo de borst te geven en onze natuurwandeling voor die middag te plannen. Julius is in zijn kamer aan het spelen met zijn Duplo.

Vandaag zijn we in een opperbeste stemming dankzij de ochtendzon en de frisse herfstlucht buiten. Bram maakt wentelteefjes, in het Engels *French toast*, die hij serveert met geitenkaas en aardbeien, mango en bosbessen. Ik speur naar wandelpaden in de buurt waar ik op zoek kan naar vliegenzwammen, die moeilijk te vinden rode paddenstoelen met witte stippen. Voor ik naar Nederland verhuisde, dacht ik dat die rode zwammen alleen bestonden in de fantasiewereld van *Super Mario Brothers*, in sprookjes of met tuinkabouters erop. Ze blijken hier veel voor te komen, en staan bekend om hun giftigheid en hallucinerende eigenschappen. Wij willen die prachtige dingen van een afstand bewonderen.

'Schat, moet je kijken,' roept Bram vanuit de eetkeuken.

Ik draai mijn hoofd naar de tafel. Julius zit op zijn kinderstoel met een aanstekelijke grijns op zijn gezicht. Onze driejarige zoon heeft een ontbijtje voor zichzelf gemaakt. Voor hem staat een boterham met ongezouten boter en een grote hoop chocoladehagelslag.

Geen wonder dat we in Nederland de gelukkigste kinderen ter wereld hebben, denk ik bij mezelf. Wie zou er nou niet gelukkig zijn als ze elke ochtend als eerste chocolade kregen?

Ik hoor alle perfecte moeders van het internet al afkeurend en minachtend zuchten. Ontbijten met chocolade? De dag beginnen met een suikerkick lijkt nou niet echt een geniaal idee. En hij heeft er een smeerboel van gemaakt. Er zit boter over zijn hele kinderstoel, zijn gezicht en handjes, en de vloer ligt vol hagelslag.

Mijn man en ik kijken elkaar aan. Moeten we hem een standje geven? In plaats daarvan barsten we in lachen uit en zetten het maar op de lijst van modelmama-fiasco's. Zonder zich ergens van bewust te zijn, begint Julius aan zijn boterham met hagelslag, en mijn man maakt een foto van zijn tevreden gezicht.

Kampioensontbijt

Is hagelslag voor je ontbijt dan iets bijzonders? Is dat echt de reden dat Nederlandse kinderen zo gelukkig zijn? Afgaand op de reacties van Amerikaanse kinderen die in een fascinerende Buzzfeed-video traditionele ontbijtjes van over de hele wereld mogen proberen, was het duidelijk dat het Nederlandse ontbijt hun hart gestolen had. Welk kind zou nou niet elke ochtend willen ontbijten als er chocolade op het menu stond? Maar kinderen in andere landen eten ook dingen vol suiker, vaak in de vorm van ontbijtgranen – neem bijvoorbeeld Coco Pops. Nee, ik denk dat het eerder komt door het feit dat Nederlanders met het hele gezin ontbijten.

Volgens het UNICEF-rapport uit 2013 – het rapport dat Nederlandse kinderen uitriep tot de gelukkigste ter wereld – ontbeet 85 procent van de Nederlandse kinderen van elf, dertien en vijftien in het onderzoek elke dag. Samen rond de tafel gaan zitten om te eten aan het begin van de school- en werkdag is een routine die het fundament vormt van het Nederlandse gezinsleven. Ik weet dat het ontbijt in Amerikaanse en Britse gezinnen een maaltijd is die vaak wordt overgeslagen in de haast om op tijd de deur uit te kunnen.

Nederlanders snappen blijkbaar het belang van regelmatige maaltijden, te beginnen met de eerste maaltijd na een nacht niet eten. Een overvloed aan research wijst op de voordelen van dagelijks ontbijten: naar verluidt wordt de kans minder dat je door de dag heen naar ongezonde snacks grijpt, verkleint het het risico op obesitas en kan het kind zich op school beter concentreren. De Nederlanders zijn voorstanders van het ontbijt en lijken er gelukkiger en gezonder door. Maar het gaat er vooral om dat ze het net zo belangrijk vinden samen de dag te beginnen aan de ontbijttafel, een rustgevend gebeuren dat het hele gezin samenbrengt.

Een gezond, evenwichtig dieet?

Ik was verbaasd dat hagelslag door heel Nederland het hart van de ontbijttafel vormde. Wisten de Nederlanders dan niet hoe belangrijk een evenwichtig dieet met weinig vet en suiker is? Het is een feit dat de Nederlanders vooral onder expats de reputatie hebben dat ze zwaar en ongeïnspireerd voedsel klaarmaken en verorberen. Het beste woord voor de Nederlandse houding ten opzichte van eten is misschien wel 'praktisch': voedsel moet makkelijk en snel te bereiden, betaalbaar en voedzaam zijn. Het enige verschil tussen een typisch Nederlands ontbijt en een typisch Nederlandse lunch is de drie uur die ertussen zit: beide maaltijden draaien om belegde boterhammen. Het avondeten, de enige maaltijd die warm gegeten wordt, wordt vaak beschreven als de heilige drie-eenheid van vlees, groente en iets koolhydraatrijks. Haute cuisine is het niet.

Maar volgens recent onderzoek is de Nederlandse no-nonsensekijk op eten misschien wel de beste. Een onderzoek van Oxfam uit 2014 meldde dat Nederland 'het beste voedsel ter wereld' had. Oxfam keek naar vier criteria: of er een ruime voedselvoorraad was, de betaalbaarheid, de kwaliteit en of het leidde tot hoge obesitas- en diabetescijfers. Groot-Brittannië stond op de tiende plaats. De VS stond een stuk lager, op eenentwintig, omdat het voedsel daar wel betaalbaar en kwalitatief goed was, maar de score omlaag gehaald werd doordat er veel obesitas en diabetes voorkwam.

Het UNICEF-rapport ondersteunt de uitspraak van Oxfam. Onder Nederlandse kinderen ligt het aantal obesitasgevallen het laagst van alle negenentwintig geïndustrialiseerde landen in het onderzoek. Slechts 8,36 procent van de Nederlandse kinderen van elf, dertien en vijftien werd beschouwd als obees. Helaas ligt het jeugdobesitascijfer in alle landen op drie na – Nederland, Denemarken en Zwitserland – inmiddels boven de 10 procent. Uit de resultaten blijkt dat de beste plek ter wereld om te eten niet Frankrijk, ergens aan de Middellandse Zee of in Japan is, maar gewoon hier in Nederland. Ondanks alle boter, brood en hagelslag houden de Nederlanders er een gezond, evenwichtig dieet op na, dat voor iedereen redelijk betaalbaar is.

Terwijl we onze peuter van zijn Nederlandse ontbijt zien genieten, verzaligd met zijn hoofd heen en weer wiegend en zwaaiend met zijn beentjes, besef ik eindelijk wat het nou precies is met hagelslag. Terwijl ik stilletjes naar hem blijf kijken, leg ik de neurotische en paniekerige stemmetjes in mijn hoofd het zwijgen op, want ik begrijp dat mijn zoon van drie niet alleen zichtbaar zit te genieten van de zoete chocolade, maar hij is ook tevreden en trots dat hij zijn eigen ontbijt heeft uitgezocht en klaargemaakt. Dat vertaalt zich weer in zelfvertrouwen. Het komt echt allemaal door de hagelslag.

Tafelmanieren maken het kind

Een cultuur waarin het belangrijk wordt gevonden dat het gezin samen eet, moet wel bepaalde culturele normen en gebruiken hebben die het gedrag rond de tafel bepalen. Op vaste tijden bij elkaar gaan zitten voor de maaltijd is een belangrijk onderdeel van het Nederlandse gezinsleven. De meeste Nederlandse gezinnen eten minimaal twee maaltijden samen – het ontbijt en het avondeten. Jong en oud wordt geacht een paar normale beleefdheidsregels te volgen om te zorgen voor een gezellige sfeer die bevorderlijk is voor goede gesprekken. Maar is daar iets uitgesproken Nederlands aan?

Natuurlijk ga ik naar mijn vaste deskundige op het gebied van de Nederlandse cultuur – mijn man. 'Ik kan maar één uitspraak bedenken die alle kinderen in Nederland in hun jeugd te horen krijgen: handen boven tafel,' antwoordt Bram. 'Als je aan tafel zit, hoor je te allen tijde je handen boven tafel te houden, met je mes in je rechter- en je vork in je linkerhand. Ellebogen op tafel wordt beslist niet op prijs gesteld.'

Iedereen – ook kinderen – hoort te wachten met eten tot ook de laatste aan tafel zit. Dat doe je niet alleen uit respect, maar ook uit gemeenschapszin – iedereen telt mee, zowel jong als oud. Dit wordt versterkt doordat je elkaar formeel 'smakelijk eten' toewenst voor iemand een hap neemt. Als je van tafel gaat, is het wel zo beleefd om je te verontschuldigen. Het spreekt vanzelf dat kinderen, zodra ze oud genoeg zijn om aan tafel te zitten, worden geacht met hun mond dicht te eten en niet te smakken.

De langste mensen ter wereld

In Holland is de gemiddelde lengte van een vrouw 1 meter 76; van een man is dat 1 meter 85. Aan de lage plafonds in oude Nederlandse huizen kun je zien dat het niet altijd zo'n lang volk is geweest, maar halverwege de negentiende eeuw begonnen de Nederlanders te groeien, en werden de plafonds ook hoger.

Er zijn veel theorieën waarom Nederlanders zo lang zijn. Hier zijn er een paar:

- Zodat ze hun hoofd boven water kunnen houden (26 procent van het land ligt onder zeeniveau en 29 procent is overstromingsgebied van rivieren).
- Het komt vast door alle kaas, melk en vlees die ze verorberen (groeihormonen en zo).
- Gebrek aan stress (stress in je jeugd heeft aantoonbaar invloed op de groei).
- Voortplanting van de 'fitste': vrouwen planten zich idealiter voort met langere mannen.
- Mensen die op vlakten wonen (dus in een vlak land), zijn langer; neem bijvoorbeeld de Masai, de Toeareg en de Fulani. Vlakkelanders zijn van nature lang, zoals bergvolkeren van nature klein zijn.
- Welvaart: als het BNP stijgt, gaat de gemiddelde lengte van de bevolking mee omhoog.
- Meer 'trage slaap' (zie hoofdstuk 3).
- Hagelslag bij het ontbijt!

Waarin Michele betoogt dat het eigenlijk allemaal door de tafel komt

Ik had behoorlijk vaak etentjes gegeven toen ik in Londen woonde, dus voordat ik naar Nederland kwam, was ik gewend om voor veel mensen tegelijk te koken. Het eerste meubelstuk dat ik ooit kocht, was een grote eettafel. Ik had nogal wat vrienden die hier werkten, dus na mijn verhuizing dacht ik ook hier geregeld mensen te eten te vragen. Ik had jaren op allerlei plekken in Frankrijk gewoond en daar hadden de mensen me altijd uitgenodigd om bij hen thuis te eten. Ik had geen reden om aan te nemen dat dat in Amsterdam anders zou zijn.

Dus ik kwam hier en kreeg mijn kind. Ik wachtte en wachtte, maar er kwam geen enkele uitnodiging. Zelfs mensen die ik bij ons had uitgenodigd, vroegen mij niet. Na een tijdje besloot ik dat Nederlanders weliswaar ongelooflijk hartelijk waren in zaken, maar dat ze buiten werktijd niet per se iets gezelligs wilden doen. Sterker nog, het sociale netwerken tijdens etentjes dat op zijn minst de hoger opgeleiden in Londen drijft, was hun volkomen vreemd. Wat mij was ontgaan, was dat Nederlanders totaal anders tegen de avondmaaltijd aankijken. Iets te laat om te voorkomen dat ik me er toch een beetje rot over voelde, scheen het boek *The UnDutchables* uiteindelijk wat licht over de zaak: 'Het avondeten is de tijd voor het gezin, vandaar dat je niet wordt uitgenodigd. Het is gebruikelijker om uitgenodigd te worden voor een drankje of koffie.' Ik was inderdaad vaak uitgenodigd voor een drankje – de borrel om vijf uur 's middags – maar ik vond het raar dat je geacht werd voor het eten te vertrekken.

In Nederland is de eettafel privé, het is geen plek voor sociale contacten. Grappig genoeg kom ik in mijn werk als vertaler vaak het woord 'tafel' tegen in Nederlandse uitdrukkingen. Het is blijkbaar diepgeworteld in de cultuur.

Het komt vaak terug in uitdrukkingen als 'met iemand om de tafel gaan zitten' (om iets uit te praten dus), 'ter tafel komen' (ter discussie stellen) of 'iets boven tafel krijgen' (iets aan het licht brengen). De tafel is de plek waar alles wordt geregeld, waar ruzies worden beslecht, meningen besproken en nieuwe overeenkomsten worden gesloten. Rondetafelgesprekken zijn een veelvoorkomend format voor talkshows op televisie: niets zo Nederlands als een verzameling B-sterren en deskundigen die rond de tafel een geanimeerde discussie voeren. *Gezellig*.

De eettafel is de plek waar kinderen leren hun eigen mening te vormen en uit te spreken. Gesprekken zijn een wezenlijk onderdeel van de gezinsdynamiek. 'Wij vinden het essentieel om de tijd te nemen om 's ochtends en 's avonds samen te eten, zodat we naar elkaar kunnen luisteren, onze ervaringen kunnen delen, bespreken wat er zoal in de wereld gebeurt en dat in een bredere context te plaatsen,' vertelt Carel van Eck, een Nederlandse vader van twee kinderen. 'Aan de ontbijttafel gaan de gesprekken meestal over nieuwsberichten: aan het ontbijt bladeren we de krant door, we praten over belangrijke gebeurtenissen en bespreken wat de kinderen op school en na school gaan doen. Tijdens het avondeten gaan de gesprekken meer over hoe de dag verlopen is. Wat is er gebeurd? Hoe reageerde je? Wat heb je ervan geleerd?'

Thuis in Groot-Brittannië kan het ontbijt een flinke chaos zijn of helemaal overgeslagen worden, en het is heel normaal dat kinderen hun *tea*, oftewel vissticks met friet, aan het einde van de middag eten, terwijl de ouders pas veel later aan tafel gaan voor *supper*, op een 'beschaafd, Europees uur', vaak pas als de kinderen in bed liggen. Hier in Nederland gaat het hele gezin om zes uur aan tafel. Gezien de timing zitten ingewikkelde gerechten er niet in, dus het is meestal iets eenvoudigs of iets wat in het weekend is klaargemaakt en opgewarmd kan worden. Het gebruik om met het hele gezin te eten betekent dat werkende ouders een soort onbetwist recht hebben om op tijd naar huis te gaan.

Dit zijn we (*This Is Who We Are*), een boek over Nederlandse tradities, beschrijft het soort eten dat je gewoonlijk op de Nederlandse tafel ziet staan. Eenvoud is het belangrijkste. Voor de lunch een boterham met iets hartigs erop – vaak ham of kaas – in vroeger tijden meestal gevolgd door een 'boterham met tevredenheid', brood met alleen boter, tot je genoeg had. Nederlanders drinken vaak karnemelk (bah) bij de lunch, en soms ook bij het avondeten. Hoewel dat dieet er op het eerste gezicht niet erg gezond uitziet, zijn de Nederlanders niet geneigd tot overdaad. Hun aangeboren zuinigheid heeft de sociale mores beïnvloed: je pakt maar één koekje uit de trommel als je ergens op de koffie komt; als je voor de borrel bent gevraagd, besmeert de gastheer of gastvrouw wat toastjes met kaas of paté en gaat daarmee rond. Door dat soort rantsoenering houdt men in de hand hoeveel iedereen eet.

Eenmaal per week houdt men gewoonlijk kliekjesdag. Oud brood wordt gerecycled als zalige wentelteefjes. Voor het avondeten wordt vaak stamppot (met kool of boerenkool) gegeten, met worst en jus. Dat eten wij thuis ook vaak. Nederlanders zijn ook dol op soep, stoofpot en jachtschotel. Dat is makkelijk klaar te maken en op te warmen, en het is voedzaam. Soms maakt mijn man op zondag meerdere gerechten klaar, alvast voor de rest van de week.

In Nederland gaat het samenzijn rond de tafel minder om wat er op tafel staat dan om het gesprek eromheen. Eten met het hele gezin draait om gezelligheid. Voor veel Nederlandse ouders is het een vaste regel: het hele gezin eet samen. Anne, mijn Nederlandse vriendin die naar Londen is verhuisd, zag het culturele verschil ook: 'Wat mij hier opviel, is dat gezinnen 's avonds niet vaak samen eten. Kinderen eten al vroeg, en apart, een kindermaaltijd (vissticks, *baked beans* en dergelijke), soms met een ouder erbij, maar vaak geserveerd voor de televisie. De traditie wil dat een Nederlands gezin samen eet en als gelijken de dag bespreekt. Zou dat een reden zijn dat Nederlandse kinderen makkelijker met volwassenen praten?'

Onderzoek in de VS heeft aangetoond dat je aan de manier waarop gezinnen de avondmaaltijd gebruiken goed kunt aflezen hoe kinderen zich zullen ontwikkelen: bij kinderen die minstens vijfmaal per week met hun ouders eten, was het minder waarschijnlijk dat ze als tieners zouden gaan roken, drinken, blowen, bij ernstige gevechten betrokken raakten, seks hadden of van school gestuurd werden. Ze deden het ook beter op school en gingen vaker studeren.

Ondanks de basisregels wat betreft tafelmanieren heerst er weinig formaliteit aan de Nederlandse eettafel, wat de gesprekken makkelijker maakt. In de zestiende eeuw kreeg Hadrianus Julius de opdracht het vroegst bekende onderzoek naar de Nederlandse identiteit te schrijven. Hij vond dat 'Hollanders te bot en lomp waren voor de hogere vormen van beschaving'. Herman Pleij vermeldt ook het historische gebrek aan hoffelijke manieren. Er was immers geen Nederlands hof; in plaats daarvan was er een gedecentraliseerde overheid. Als gevolg hechten Nederlanders niet aan ceremonieel en ze vinden het grootste deel van de formele etiquette onzin. Pleij legt uit: 'Etiquette van hogere kringen (wie zijn dat helemaal?) vinden we totaal overbodig, want we doen zo snel mogelijk zaken zonder al die loze plichtplegingen.' Dus hoewel je, zoals Rina al uitlegde, wat simpele tafelmanieren moet volgen, mag dat een goed gesprek niet in de weg staan.

Zoals professor Ruut Veenhoven in ons gesprek zei: wat staat verder af van een avondmaaltijd in Nederland dan het tableau van een Frans gezin dat samen aan tafel zit? Laten we dat beeld even oproepen. Het is laat op de avond, er staat ingewikkeld en soms uitdagend eten op tafel, en de Franse kinderen worden geacht netjes te blijven zitten en een volwassen maaltijd te verorberen. Glip dan wat grenzen over naar Nederland, waar je vroeg aan tafel gaat, eenvoudige gerechten eet en waar kinderen met hun ouders hun dag bespreken. Welk kind zou dat niet liever doen? De Nederlandse aanpak draagt bij aan goede, open communicatie binnen het gezin, zorgt voor heldere regels en structuur, en dat leidt tot gelukkige kinderen.

> **Zo maak je wentelteefjes**
>
> **Ingrediënten:** 1 ei, 1 kop vanillesuiker (of suiker en vanille-essence), kaneel, 1 kop melk, oud brood, klontje boter*
> **Bereiding:** Klop in een diep bord het ei met de vanillesuiker, kaneel en de melk. Snij de korstjes van het brood en doop de boterhammen een voor een in het mengsel. Leg ze op een stapeltje en giet de rest van het mengsel eroverheen. Bak de boterhammen zo'n vijf minuten in boter, halverwege omdraaien. Smakelijk eten!
>
> *In sommige recepten gaat er een scheutje rum of sinaasappelsap door het mengsel.

12

Dan nu over seks

Waarin Michele een paar gênante vragen voor haar kiezen krijgt

Ik volg aandachtig de krantencolumns van Pia de Jong, een Nederlandse schrijfster die op dit moment met haar gezin in Princeton, New Jersey, woont. Het is altijd fascinerend om de botsing tussen culturen vanaf de andere kant te volgen: hoe beleven Nederlanders het leven in het buitenland? Niet geheel verrassend blijkt dat Amerika in sommige opzichten lijnrecht tegenover Nederland staat. Onlangs schreef Pia dat ze van de school een formulier moest tekenen waarin ze belooft met haar tienerdochter over seksuele onthouding te spreken. Ze vertelde vervolgens dat sommige staten erop staan dat alle informatie over voorbehoedsmiddelen de nadruk moet leggen op de negatieve en ongezonde gevolgen van seks. Het uitgangspunt is dat je ziek kunt worden van seks, dus de enige veilige optie is niet vrijen.

In Nederland lijkt seks onder tieners echter volkomen acceptabel, en de meeste tieners hebben hun eerste seksuele ervaring in de veilige omgeving van hun ouderlijk huis.

Onderzoek geeft aan dat tieners in Nederland gemiddeld niét jonger aan seks beginnen dan in andere Europese landen of in de VS, alhoewel hun ouders en de samenleving er minder moeilijk over doen. Ze beginnen feitelijk zelfs later. Als ze dan uiteindelijk voor het eerst vrijen, gebruikt negen van de tien Nederlandse tieners voorbehoedsmiddelen, zo bleek uit een onderzoek van de Rutgers Universiteit. Volgens het UNICEF-rapport uit 2013 gebruikt 75 procent van de Nederlandse tieners tijdens hun eerste keer een condoom, en uit gegevens van de Wereldgezondheidsorganisatie blijkt dat Nederlandse tieners aan kop gaan als het gaat om pilgebruik. Het gevolg is dat er minder tienerzwangerschappen voorkomen.

Onze eigen landen geven een totaal ander beeld, waarbij de VS alle geïndustrialiseerde landen aanvoert op de lijst van meeste tienerzwangerschappen tussen de vijftien en negentien jaar. Nieuw-Zeeland, Engeland en Wales sluiten zich aan bij de top vier. Ik vroeg me af hoeveel Britse en Amerikaanse jongeren onder hun eigen dak hun maagdelijkheid verliezen.

Natuurlijk kan seks een lastig, gênant onderwerp zijn. De kluchtigheid van *No Sex Please, We're British* was het klimaat waarin ik opgroeide. Het was een en al vette knipogen en flauwe dubbelzinnigheden. Je kon er niet echt open over praten, en al helemaal niet met je ouders. Seksuele voorlichting was iets voor op school, in een pijnlijke biologieles. Je kreeg een zedig boek over de bloemetjes en de bijtjes, de ouderwetse versie van het boek *Where Willy Went* dat nu gebruikt wordt. Ik weet vrij zeker dat ik het nooit ook maar zijdelings met mijn moeder over seks heb gehad. De meeste informatie kreeg ik van een meisje dat ouder was dan ik. We verstopten ons een keer tijdens de zwemles in een kleedhokje en toen vertelde ze me alle smerige details. In mijn tienertijd legde mijn vader een keer een stapeltje foldertjes over voorbehoedsmiddelen naast mijn bed, maar daar werd verder geen woord meer aan vuilgemaakt. Hier ben ik echter geïnspireerd geraakt door de manier waarop Nederlandse ouders hun kinderen voorlichten. Er is niet één groot moment van openbaring, maar meer een steeds opnieuw reageren naarmate het kind nieuwsgieriger wordt naar het menselijk lichaam, met een focus op seksualiteit én sensualiteit, en duidelijke informatie over respect en grenzen.

Scholen geven les over intimiteit en seksualiteit op een manier die bij de leeftijd past, maar de regel is dat ouders niets voor hun kinderen achterhouden en dat geen enkel onderwerp taboe is. Het idee is dat je eenvoudig en eerlijk antwoord geeft op alle vragen op het moment dat ze opkomen, op een niveau dat het kind aankan. Dat was een van de eerste opvoedadviezen die ik hier van andere ouders kreeg: zoveel mensen raadden me die pragmatische aanpak aan dat ik niet goed meer weet waar of wanneer ik er voor het eerst van hoorde.

Ik vroeg mijn schoonzus Sabine laatst hoe ze het onderwerp bij haar kinderen had aangesneden. Ze is modeontwerpster, woont in Heemstede en haar jongste kind is inmiddels zeventien. Ze zei: 'We hebben altijd openlijk over seks gesproken, maar eerlijk gezegd ben ik nooit speciaal met ze gaan zitten om alles uit te leggen. De meeste gesprekken kwamen voort uit mijn antwoorden als zij met vragen kwamen.'

In de puberteitgids die ouders van de Jeugdgezondheidszorg krijgen als hun kind tien wordt, staat dat kinderen die een goede relatie met hun ouders hebben, meestal langer wachten met seks. Opvallend genoeg komt de term 'seks beneden de wettelijke leeftijd' in het hele boekje niet voor. De wettelijke leeftijd in Nederland is zestien, net als in Groot-Brittannië, maar er zijn uitzonderingen voor pubers die het met wederzijds goedvinden doen, als ze bijna dezelfde leeftijd hebben.

Toen ik net in Amsterdam woonde, vond ik het schokkend om te horen dat Nederlandse ouders hun tieners toestaan vriendjes en vriendinnetjes van de andere sekse een nachtje te logeren te vragen. Maar dat strookt met de Nederlandse culturele neiging tot tolerantie. Het is dezelfde aanvaardende, maar controlerende tolerantie die ze hebben ten opzichte van bijvoorbeeld softdrugs en prostitutie. Seks onder tieners mag, maar dan liever in een vertrouwde omgeving, dat wil zeggen bij de ouders van een van de tieners thuis. Het is zeer waarschijnlijk dat een veilige plek om te vrijen eerder aanleiding zal geven tot veilig vrijen.

Voor de duidelijkheid: het is niet zo dat 'alles mag'. Er zijn heus wel regels waar je je aan moet houden, regels die zijn afgesproken tussen ouders en hun kinderen.

Sabine zegt dat ze grapt met haar kinderen dat ze nog geen zin heeft om oma te worden, dus dat ze verstandig moeten zijn. 'Ik heb altijd gezegd dat iemand mocht blijven slapen als hij of zij eerst overdag op bezoek was geweest, zodat ik hem of haar had kunnen leren kennen. Het is niet de bedoeling dat ze met een nieuw vriendje of vriendinnetje thuiskomen na een avond uit. Misschien ben ik een beetje ouderwets, maar ik wil niet ineens aan de ontbijttafel geconfronteerd worden met een tiener die ik nog nooit ontmoet heb.'

In de praktijk is het allemaal vrij makkelijk gegaan met haar kinderen. Haar twee zoons, van wie de oudste negentien is, hebben niet veel vriendinnetjes mee naar huis genomen, en haar dochter van eenentwintig heeft al jaren een vaste relatie. 'Zij zijn al tijden bij elkaar, maar in het begin bleef haar vriendje niet slapen. Hij probeerde in een dronken bui wel een keer om drie uur 's nachts via haar regenpijp naar boven te klimmen met een vriend, en ze wisten haar balkon te bereiken. Bloedlink. Maar, echt iets voor Joosje, ze heeft ze zelf weggestuurd... via de voordeur.'

Ik sprak een andere Nederlandse vriendin, die anoniem wil blijven zodat haar dochter zich niet hoeft te generen. Zij vertelt dat haar dochter aan de pil ging toen ze vijftien was. Officieel was dat om haar van haar puistjes af te helpen, maar daarover zegt mijn vriendin: 'Die had ze helemaal niet zo erg.' Niet lang daarna kreeg haar dochter haar eerste vriend, even oud als zij. 'Dat maakte het makkelijker. Het was alsof ze alles samen ontdekten. Ik had het een probleem gevonden als hij veel ouder was geweest.' Na een maand of twee bleef hij weleens een nachtje slapen, vertelde ze. Daar zat mijn vriendin niet mee – ze dacht dat ze toch wel zouden vrijen, en dan was het veiliger onder hun eigen dak – maar het kostte haar man langer om eraan te wennen, aangezien hij opgegroeid was in het conservatievere zuiden van het land. Ik vroeg hoe ze haar dochter over seks had verteld. 'Er was niet een duidelijk moment dat ik alles heb verteld. Ze pikken veel op uit boeken en films. Ik denk dat die cultuur is overgewaaid uit Scandinavië.' Dat denk ik ook: Nederlandse kinderboeken gaan veel gedetailleerder in op seks en intimiteit dan Britse of Amerikaanse boeken. Mijn dochter van acht heeft laatst een boek gelezen voor kinderen van zeven tot negen jaar, waarin de hoofdpersoon, een jongetje, zijn gescheiden moeder met haar nieuwe vriendin betrapt als ze liggen te vrijen in de woonkamer.

Lentekriebelsweek

Elk voorjaar doen Nederlandse basisscholen mee met een nationaal seksueel voorlichtingsprogramma van een week, gericht op kinderen van vier tot twaalf. De jongsten krijgen les over onderwerpen als verliefd worden. Oudere kinderen leren over hoe hun lichaam verandert, over sociale en emotionele ontwikkeling, en veilig vrijen en instemming.

> Het doel van deze lessen is:
>
> - Kinderen een positief zelfbeeld geven en hun vaardigheden meegeven op het gebied van relaties en seksualiteit.
> - Zorgen dat jongeren vóór de puberteit weten wat seks inhoudt, zodat ze minder risico's nemen.
> - Kinderen leren nadenken over vriendschap, liefde en relaties, niet alleen over lichamelijke veranderingen en voortplanting. Het biedt ze ook een veilige gedragscode.

Historische openheid over seks

Een boek van Ineke Strouken over Nederlandse tradities geeft me een beter idee hoe de Nederlanders aan hun gezonde en tolerante houding ten opzichte van seks komen. Ze zijn er al heel lang open over, en mannen en vrouwen hebben al heel lang de vrijheid hun eigen partner te zoeken. Speeddaten is hier geen moderne uitvinding – het is al een trend sinds 1573. In Nederland had je informele markten, de zogeheten 'meidenmarkten' en 'vrijersmarkten', een plek voor jonge mensen om geschikte partners te kunnen ontmoeten. Het contact was dan vrij direct, er mocht gezoend en gestoeid worden in de duinen op de dag dat ze elkaar hadden leren kennen, waarna er hopelijk een huwelijksaanzoek volgde. Tot halverwege de vorige eeuw was het gebruikelijk dat er in de gemeenschap een speciale plek was waar geliefden elkaar konden ontmoeten, bijvoorbeeld het laantje achter de kerk. Er was ook weleens een 'billenavond', dan mocht een meisje dat viooltjes droeg gekust worden zonder het haar eerst te vragen. 'Nachtvrijen' was een gebruik onder de lagere klassen in de zeventiende en achttiende eeuw. Destijds was het heel normaal dat jongens door het raam van een meisje klommen om met haar te vrijen. (Waarschijnlijk had de vriend van mijn nichtje hiervan gehoord. Of hij had Shakespeare gelezen.) Dit wellustige gedrag is ook te zien in het werk van Nederlandse genreschilders uit de gouden eeuw, met name bij Jan Steen. En aan het einde van de Tweede Wereldoorlog vonden sommige yankee-soldaten het seksueel vooruitstrevende gedrag van de Nederlandse vrouwen op Bevrijdingsdag zo schokkend dat er speciale richtlijnen voor moesten worden uitgevaardigd. Dus er is enige historische achtergrond voor de vrije reputatie die de Nederlanders tegenwoordig hebben.

Moeilijke vragen

Mijn kinderen zijn van het nieuwsgierige soort. Vooral mijn zoon Ben wil álles weten. Al bijna vanaf het moment dat ze konden praten geef ik antwoord op hun vragen over anatomie en voortplanting. Dat heeft weleens tot knap gênante momenten geleid. Ben was dolblij toen zijn zusje Ina werd geboren, en hielp haar graag verschonen. Het gevolg was dat mijn zoon van tweeënhalf geboeid raakte door de vrouwelijke genitaliën. Dus ik legde de verschillende onderdelen uit, met de juiste anatomische namen erbij. Vervolgens wilde hij weten waar al die onderdelen voor dienden. Later vroeg hij plotseling, in keurig gezelschap: 'Mama, doe ik je clitoris pijn als ik bij je op schoot zit?' Het was eerder grappig dan gênant (behalve voor mij dan).

Aangezien we in Amsterdam wonen, zijn we onvermijdelijk geregeld te voet of op de fiets langs de prostituees in hun roodverlichte ramen gekomen. De kinderen toonden steeds meer interesse naarmate ze ouder werden, maar dat nam ook weer af. Samen lazen we artikelen in de krant over prostituees die belasting betalen, over mensenhandel en moderne slavernij. Discussies volgden over de goede en slechte kanten van de prostitutie. En ook van kindhuwelijken: daar heeft mijn dochter een verrassend uitgesproken mening over. Mijn kinderen zijn goed geïnformeerd en ruimdenkend over seksuele kwesties, en toch zien ook zij in dat sommige dingen niet deugen. Ze weten wat pedofilie is, maar, zoals Ben zegt, dat zijn mensen met een ziekte die hulp nodig hebben, die moet je niet buitensluiten.

Op de basisschool hebben mijn kinderen les gehad over lichamelijke intimiteit en persoonlijke grenzen, wat ze heeft gesterkt in het idee dat je nee kunt zeggen als je je ergens niet prettig bij voelt, of dat nu in een seksuele context is of gewoon bij het spelen. Eigenlijk liggen de moeilijkste dingen die ik mijn kinderen heb moeten uitleggen niet op het seksuele, maar op het culturele vlak: ze groeien op in een grotendeels seculiere omgeving, dus het heeft meer moeite gekost om religieuze overtuigingen uit te leggen. En in deze maatschappij van gelijkheid is klasse ook een concept waar ze niets mee hebben. 'Wat betekent *posh*, mam?'

Ik heb samen met Ben langs foto's van naakte mannen en vrouwen zitten surfen nadat een gesprek over spermadonoren had geleid tot een discussie over pornobladen en de logische vraag hoe die er dan uitzagen. Soms maak ik me zorgen dat ik het Nederlandse opvoeden te zeer heb overgenomen in mijn rigoureuze omarming van de tolerante, ongegeneerde aanpak. Recente vragen van mijn zoon, die nog maar een paar jaar van zijn echte tienertijd verwijderd is, waren onder meer: *is seks leuk? Hoezo? Wat doen homo's eigenlijk? Hoe krijgt een spermadonor het sperma eruit? Wat voor tijdschrift krijgen ze als ze niet weten of ze op mannen vallen of op vrouwen? Hoe masturbeerde jij als kind?* Jakkes. Dan verlang je soms naar iemand die dat allemaal aan je kinderen kan uitleggen, zodat je het zelf niet hoeft te doen. En daar is Dokter Corrie voor: een instituut op de Nederlandse televisie.

De Dokter Corrie Show op zondagmiddag om kwart over zes is bedoeld voor kinderen van negen tot twaalf jaar.

Het is half comedy, half documentaire, waarin de (bloedirritante) Dokter Corrie met haar vooruitstekende tanden met tieners en bekende gasten over seks praat en dingen uitlegt met behulp van plastic modellen, cartoondiagrammen en vrijwilligers. Ze heeft onderwerpen behandeld als: wat is sexy, homoseksualiteit, condooms, puberteit, seks en het internet, verliefd zijn, grenzen stellen, naaktheid, masturberen en zoenen. Het is een alles-mag-, no-nonsense-aanpak die kinderen wil vermaken, informeren en leren verstandig te handelen. Ben en zijn vriendjes hebben bijna alle afleveringen gezien, maar Ina kijkt liever naar andere dingen, zoals voetbal. Volgens mij is ze gewoon nog niet klaar voor dit soort informatie.

Sekstentoonstelling in het museum

Deze week was er op Bens school een studiedag voor de leraren, dus een van zijn nieuwe vriendjes stelde voor om met z'n vijven naar het wetenschapsmuseum te gaan. NEMO staat boven op de tunnel die het verkeer van hartje Amsterdam naar de noordelijke wijken leidt, en het is een wetenschapsmuseum voor kinderen, vol interactieve wetenschappelijke en technologische zaken. Het is niet iets wat ik op zijn leeftijd zonder begeleiding gedaan zou hebben, maar goed, ik had dan ook een beschermde jeugd in de rimboe. Waar ik woonde, had je geen spannende musea. Deze stadskinderen zijn dapper genoeg om zonder ouders op pad te gaan en allemaal lekker 'nerderig' genoeg om naar een museum te willen.

Ik ben al eens in dat museum geweest. Het is enórm interactief. Je kunt een gigantische zeepbel in stappen, met hydraulische apparaten je eigen lift laten werken of een uitgebreid elektronisch circuit aanleggen. Ik weet dat ze ook een leerzame ervaringstentoonstelling hebben die *Teen Facts* heet, waar je bijvoorbeeld een idee kunt krijgen hoe tongzoenen voelt door je hand in een doos in een sokpop te steken terwijl iemand anders aan de andere kant van de doos hetzelfde doet. Ik vroeg Ben of ze van plan waren naar die verdieping te gaan, waar ook een zaal is ingericht als seksshop, en hij zei: 'Tuurlijk.'

Toen ze terugkwamen, probeerde ik Ben een beetje te peilen en vroeg wat hij van de afdeling over de puberteit vond. 'Het meeste wist ik al, mama. Ik bedoel, ik weet wat een vulva is.' Toen ik informeerde naar de afdeling die specifiek over seks ging, keek hij wat verontschuldigend. 'Daar vonden we niet zoveel aan. Ze hadden condooms, die had ik nog niet eerder gezien – alleen op plaatjes – maar ook dildo's. Gatver!' Hij bekende bijna schaapachtig dat ze vrij snel door de afdeling seksspeelgoed heen gegaan waren. 'Dat vonden we niet zo boeiend. Ik denk dat dat voor oudere kinderen was.'

Dus waar maakt iedereen zich zo druk over? Als je gezonde interesse cultiveert, kunnen kinderen over het algemeen best omgaan met informatie die bij hun leeftijd past. Als het onderwerp niet omgeven is door geheimzinnigheid, schaamte of gêne, kunnen kinderen zelf bepalen hoeveel ze willen weten. Onderzoek laat zien dat het cultiveren van seksuele taboes leidt tot seksuele fixaties en een 'verboden vrucht'-complex. Er wordt ook gezegd dat heimelijke, haastige masturbatie in de kindertijd kan leiden tot lichamelijke conditionering waardoor volwassen mannen bijvoorbeeld later problemen met voortijdige ejaculatie krijgen. Dat wens je je zoon niet toe.

Ik denk ook dat je je kinderen beter niet kunt leren zich te schamen voor hun eigen blote lijf. Hartje zomer spelen bij mij in de straat kleine kinderen in hun blootje. Ina en haar vriendje Tijn trokken afgelopen zomer nog alles uit voor het kinderbadje op de volkstuin. Een jongen en een meisje die onschuldig met water spelen. Gelukkige kinderen.

Genderkwesties

Ik kan niet zeggen dat mijn kinderen gemiddeld zijn wat betreft hun smaak en hobby's, zelfs voor Nederland. Zo kwam Ben bijvoorbeeld toen hij drie was op een dag thuis van de crèche met de vraag of hij op ballet mocht. Een jongetje met wie hij had gespeeld had hem daarover verteld. Acht jaar later zijn Ben en datzelfde vriendje Angus bezig voor hun Cecchetti-examen grade 4 op diezelfde balletschool. Er zijn meer jongetjes op les gekomen en weer vertrokken. Een van hen, Ernst, is Ernesta geworden en naar de meisjesklas gegaan. Hoe zou het hun zijn vergaan in ons land van *Billy Elliot*? Mijn stiefzusje heeft drie dochters die alle drie meedoen aan danswedstrijden, en zij zegt dat jongens van harte welkom zijn. Ze geven het echter meestal op als ze een jaar of negen zijn, al heeft zij zelf het idee dat dat komt door de overheersende voetbalcultuur in Groot-Brittannië. 'Volgens mij ligt dat voor een groot deel aan hun vaders. Die willen dat hun zoons gaan voetballen, omdat het een beetje raar gevonden wordt als ze dat niet doen.'

Er zijn theorieën dat kinderen binnen een gezin tegengestelde smaken en hobby's ontwikkelen. Misschien is dat de reden waarom mijn dochter vier jaar geleden bij een voetbalteam is gegaan. Ze is op dit moment het enige meisje in een team vol sportieve jongens. Terwijl Ben voeling heeft met zijn vrouwelijke kant, heeft wildebras Ina altijd liever met jongens gespeeld. Hoewel ze graag danst, wilde ze niet bij de meisjes op balletles en mocht ze meedoen in de jongensles (waarmee een gevalletje genderdiscriminatie werd voorkomen) tot het niveau te hoog voor haar werd doordat de jongens simpelweg ouder waren.

Een belangrijke genderkwestie waarover ik de laatste tijd veel hoor in de Engelstalige wereld is rolbevestigende marketing. De genderdiscussie is aan beide kanten van de Atlantische Oceaan opgelaaid, met terechte kritiek op de manier waarop speelgoed en kleding voor jongens en meisjes de laatste decennia worden gepolariseerd in roze en blauw. Superhelden voor jongens, prinsessen voor meisjes. In Groot-Brittannië staat de opvoedwebsite *mumsnet* vol woedende discussies over de impact van de prinsessicifatie van jonge meisjes en het verband met de vroege seksualisering van meisjes. In 2010 lanceerde de website de campagne *Let Girls be Girls*. De campagne wil 'de vroegtijdige seksualisering van kinderen intomen door winkeliers te vragen geen producten te verkopen die inspelen op hun seksualiteit, of die benadrukken dan wel exploiteren'. Target, een populaire Amerikaanse warenhuisketen, kondigde in 2015 aan dat ze niet langer op speelgoed zullen vermelden dat het voor jongens of meisjes bedoeld is. Dat besluit werd door het ene kamp begroet met enthousiasme en applaus, maar door het andere met klachten en verzet.

In 2007 beschreef journaliste Sarah Womack in een artikel in *The Daily Telegraph* een 'generatie van beschadigde meisjes'. Ze legde zelfs een verband tussen rolbevestigende marketing en het eerste onderzoek van UNICEF naar kinderwelzijn, waarin Britse kinderen helemaal onderaan stonden als 'de ongelukkigste en ongezondste kinderen in de geïndustrialiseerde wereld'. De American Psychological Association nam de handschoen op en zei dat 'misplaatste marketing leidt tot een seksualisering van kinderen door de consumptiemaatschappij'. Maar het is niet zo dat speelgoed in Nederland niet naar sekse wordt onderverdeeld. Als een klas vol vijfjarigen een verkleeddag heeft, kom je genoeg prinsessen en piraten tegen, en speelgoedwinkels hebben ook hun speciale roze en blauwe hoekjes. Toch lijken oudere Nederlandse kinderen minder gepolariseerd als het gaat om hun smaak of kledingkeuze; en het is ook niet zo dat ze al jong een openlijk seksuele uitstraling hebben.

Volgens mij komt dat doordat je hier geen dominerende *lad culture* met de bijbehorende *lad mags* vol sportauto's en schaars geklede meisjes hebt, zoals in Groot-Brittannië. Nederlandse vrouwen zijn te zelfverzekerd om zich door mannen in fantasiebeelden te laten veranderen. Vrouwenhaat en de objectivering van vrouwen komt niet in die mate voor in de Hollandse polders. Elke keer als ik nu in Groot-Brittannië ben, valt het me op hoeveel make-up Britse vrouwen dragen. Ik kan alleen maar concluderen dat Nederlandse kinderen, ondanks hun roze en blauwe speelgoed, gezondere rolmodellen hebben. Nederland is een land vol sterke, praktische vrouwen, en mannen voor wie het huishouden, de was en de zorg voor de kinderen gewoon bij hun taak als vader horen. Gay Pride is hier vanouds een groot openbaar evenement, en homoseksualiteit wordt nauwelijks afgekeurd. Het homohuwelijk is in 2001 gelegaliseerd, en gezinnen met twee vaders of twee moeders worden officieel erkend. Als gevolg daarvan krijgen kinderen al vroeg te maken met een breed scala aan genderrolmodellen.

Toen we in de Amsterdamse bibliotheek politiek wetenschapper en feministe Roos Wouters spraken, ontdekte ik dat ook haar kinderen tegen de rolmodellen ingaan. 'Ik heb een meisjesachtige jongen en een jongensachtig meisje,' zei ze. 'Mijn zoon was als klein jochie dol op roze. Hij wilde een roze pyjama, dus die kocht ik voor hem. Geen probleem. Mijn dochter had altijd meer met bouwsteentjes en autootjes, en helemaal niks met prinsessenspul. Nu ze elf is, draagt ze nog steeds jongenskleren, maar ze heeft wel haar haren laten groeien. De andere kinderen plaatsen meisjes en jongens niet meer in aparte hokjes, dus ik denk dat ze het minder nodig vindt om ertegenaan te trappen.'

Uiteindelijk kwam het gesprek op wat er te doen was aan de negatieve invloed van rolbevestigende kleding en speelgoed. Op de middelbare school zie je hier vaak jongens met sieraden, en met roze of gebloemde kleding, terwijl veel meisjes spijkerbroeken dragen en weinig make-up. Dan kun je, denk ik, alleen maar concluderen dat dat komt door het goede voorbeeld van hun volwassen rolmodellen – die praktisch ingestelde, praktisch geklede Nederlanders.

Je maagdelijkheid verliezen als je nergens terechtkunt

Onze Nederlandse redacteur las dat verliefde Britse en Amerikaanse tieners nooit bij elkaar mogen logeren en vroeg verbaasd: 'Maar waar doen jullie het dan wel?'
Dit zijn plekken die veel gebruikt worden:

1. Jeugdkampen/in een tent
2. In de auto (onhandig en ongemakkelijk!)
3. Hotelkamer (als er geld voor is)
4. In een bos/weiland/park, in ieder geval *buiten* (als het weer het toelaat)
5. Op vakantie
6. In een bushokje
7. Achter de fietsenstalling (staand)
8. Onder een stapel jassen op een feestje bij iemand anders thuis

13

Nederlandse tieners rebelleren niet

Waarin Michele aan de toekomst denkt

Ben is nu op een leeftijd dat mensen steeds zeggen hoe volwassen hij al is. Zijn jukbeenderen en kin zijn hoekiger geworden, zijn schouders breder en, hoewel hij nog niet echt lang is, is hij de puberteit al behoorlijk dicht genaderd. Hij is ook zelfstandig en onafhankelijk. Hij moet wel. Hoewel er veel naschoolse opvang is voor basisschoolleerlingen, in de vorm van gesubsidieerde clubs, wordt een Nederlands kind van twaalf op de middelbare school geacht zelfstandig van en naar school te fietsen, en thuis zijn huiswerk te doen voor zijn ouders van hun werk komen.

Als ik vooruitkijk naar de komende jaren wil ik graag mijn bewust relaxte opvoeding voortzetten. Maar ik vraag me af of puberhormonen misschien een einde gaan maken aan de huidige rust. Ben begint inmiddels af en toe op te spelen, en de beginnende puberteit heeft merkbaar invloed op zijn humeur. Vooral op zondag is het soms moeilijk, als hij geen vast schema heeft en vaak moe en knorrig is. Zoals de meeste ouders kijk ik bezorgd uit naar wat de puberteit zal brengen. Ik wil ook zorgen dat we de dialoog openhouden. Ik wil dat mijn zoon me in vertrouwen blijft nemen, zoals hij altijd heeft gedaan.

Mijn eigen ervaring met Nederlandse tieners is alleen maar positief. De drie kinderen van mijn schoonzus – twee jongens en een meisje – zijn tien jaar ouder dan die van mij. Ik ken ze niet anders dan gezellig, beleefd en op hun gemak in volwassen gezelschap. Ze lijken altijd open en vriendelijk, nooit chagrijnig, agressief of humeurig. Alle tieners die we als oppas in huis hebben gehad waren stuk voor stuk leuk. Onze vijftienjarige krantenbezorger is altijd vrolijk en beleefd.

Wat moet ik doen om te zorgen dat Ben ook zo'n aardige, voorkomende Nederlandse tiener wordt? Ze zijn zo te zien zelfverzekerd genoeg om rond te lopen in hippe, maar weinig sexy kleding. En ze lijken het niet nodig te vinden om de strijd aan te gaan met hun ouders. Zou alleen de cultuur genoeg zijn? De tieners hier zien er in elk geval totaal anders uit dan de overgeseksualiseerde, schaars geklede jongeren die ik in Engeland weleens zie. Hoewel er veel te zeggen valt voor schooluniformen, heb ik gemerkt dat Britse kinderen die een uniform aan moeten buiten schooltijd de drang voelen hun identiteit op extreme manieren te laten gelden. Dat was in elk geval hoe ik ermee omging toen ik nog op school zat – een en al zwarte, gescheurde kleding, kettingen en zware make-up. (Ik liep er vrij belachelijk bij als veertienjarige.) Hier heb je geen schooluniformen, maar de kinderen dragen evengoed allemaal hetzelfde uniform: spijkerbroeken en sportschoenen. En Ben verzekert me dat hij niemand kent die op school gepest wordt vanwege zijn kleding.

Toen ik mijn moeder Bens nieuwe klassenfoto gaf, was ze verbaasd omdat ze half verwacht had dat ze schooluniformen zouden dragen. Daarna probeerde ze te tellen hoeveel jongens en hoeveel meisjes er in zijn klas zaten, maar ze kon nauwelijks verschil zien doordat ze vaak genderneutrale kapsels en dezelfde kleding hadden. Als je je kinderen een fiets geeft en ze hun eigen kleren laat uitkiezen, maken ze blijkbaar praktische keuzes. Misschien hoeven ze, omdat ze geen schooluniform dragen, niet zo nodig hun individualiteit te bewijzen of een punt te maken. Misschien hoeven ze, in een samenleving waar seksualiteit iets heel normaals is en tieners goedgeïnformeerd zijn, hun seksualiteit niet op een ongepaste, provocerende manier uit te leven? Misschien leiden minder regels tot minder rebelleren? Voor een buitenstaander lijkt het erop dat Nederlandse tieners niet rebelleren.

In het algemeen zijn Nederlanders niet opstandig. Ze hebben van oudsher de reputatie nuchter te zijn. Zijn nuchtere mensen gelukkiger? Ben je gelukkiger als je je aanpast? Of is het zo dat een tevreden mens niet de noodzaak voelt om de normen in twijfel te trekken? Wil Nederlander-zijn zeggen dat je altijd evenwichtig bent en jezelf nooit verliest in onstuimig gedrag? Net als Duitsers en Scandinaviërs worden Nederlanders gezien als de tegenvoeters van de vurige Zuid-Europeanen. Maar dan denk ik weer aan de Nederlandse cultuur van bier drinken, de woeste taferelen tijdens het carnaval in het zuiden en de ongebreidelde passie rondom voetbalwedstrijden. De Nederlanders zijn beslist niet altijd nuchter en verstandig.

Simon Kuper schreef een scherpzinnig artikel voor *The Financial Times* waarin hij de opvoeding van tieners in Nederland vergeleek met die in de VS. Hij vertelt hoe Nederlandse ouders 'ordezones' opstellen waarin tieners mogen experimenteren, maar wel gecontroleerd en gereguleerd door de ouders, bijvoorbeeld door ze toe te staan thuis seks te hebben. 'Nederlandse ouders gaan ongeveer net zo met seks om als de Nederlandse samenleving met drugs of prostitutie: toestaan, stevig omarmen, onder controle houden.' Amerikanen proberen daarentegen goed gedrag af te dwingen door overtredingen te bestraffen.

Hiermee creëren ze alleen een vicieuze cirkel waarin sociaal onaanvaardbaar gedrag, zoals illegaal drugsgebruik en willekeurige seksuele relaties, uit het zicht gedrukt wordt en daarmee aantrekkelijker wordt voor tieners, juist omdat het verboden is. 'Nederland heeft al het mogelijke gedaan om tienerseks en drugs een saai imago te geven,' schrijft Kuper. 'Dat zouden Amerikaanse sociale conservatieven eens moeten proberen.'

Onlangs had ik het toevallig over Nederlandse tieners met een stel andere expat-vertalers tijdens een van onze regelmatige bijeenkomsten. Een van hen vertelde hoe verbijsterd ze was toen ze een tienermeisje hand in hand met haar moeder over straat zag lopen. De ander merkte op hoe anders dat was in Groot-Brittannië, waar kinderen, in haar ogen, extreem beschermd worden tot ze een jaar of twaalf zijn en vervolgens compleet de vrije hand krijgen. 'En dan willen ze vervolgens zo weinig mogelijk tijd met hun ouders doorbrengen,' voegde ze eraan toe. Als ik terugdenk aan mijn eigen tienertijd, weet ik nog dat ik door mijn moeder werd losgelaten, maar wel met een hele stapel regels in mijn achterzak – regels die niet voor discussie vatbaar waren. Ouders werden over het algemeen gezien als de vijand. 'Heel anders dan hier, waar tieners dingen met hun ouders ondernemen en gezellig mee op vakantie gaan.' Dat maakte iets bij me los: als tiener was een vakantie met het hele gezin mijn idee van een nachtmerrie, en vanaf mijn vijftiende weigerde ik nog mee te gaan.

Toen ik afgelopen weekend de kranten doorbladerde, bleef ik hangen bij een grote advertentie van BMW met daarin een blond, Nederlands gezin van vijf personen, waarvan het oudste kind aardig wat centimeters langer was dan zijn vader. Je zag foto's waarop het gezin samen zat te eten, jeu de boules speelde, met de auto op weg was. Hoewel het een projectie van een ideaalbeeld was, is het wel een ideaalbeeld waarin tieners gewoon meedoen met het gezinsleven. Evengoed is niet álles rozengeur en maneschijn. Ook Nederlandse ouders klagen over hun tieners, op een voorspelbare manier. Columniste Sylvia Witteman twitterde:

> 19:02 uur, 11 juli 2014: ik heb hier een stel pubers in huis die al dagenlang het begrip 'lamlendigheid' haarscherp in kaart brengen.

De Engels-Nederlandse documentairemaakster Sunny Bergman blogt over de strijd met haar pubers. Ze bracht ze groot op suikervrij eten, boeken van Astrid Lindgren en diepe filosofische gesprekken, maar merkt nu dat ze verslaafd zijn aan domme YouTube-vlogs en waardeloze muziek:

> Een boodschap aan alle ouders met kleine kinderen: je probeert het zo goed te doen – maar het kan allemaal tevergeefs zijn… opeens zijn die lieve sprookjesachtige kleuters pubers geworden, op de bank liggend, vastgekleefd aan hun beeldscherm. Ze moesten immers een mobiele telefoon om met klasgenoten over huiswerk te appen. En dan kijken ze als het even kan non-stop filmpjes van *YouTubers*.

Bergman legt uit wat die vloggers zoal doen, bijvoorbeeld in een bad vol gesponsorde frisdrank gaan liggen, demonstreren hoe je je pols kunt verbranden met een deodorant-challenge, of hoe je jezelf aan het kotsen kunt brengen door Sprite te drinken als je net bananen hebt gegeten. Het klinkt mij in de oren als typisch pubergedrag. Het is een hele opluchting om te horen dat die beleefde Nederlandse jongeren onder hun eigen dak eigenlijk heel normaal zijn. Toch vraagt hun gedrag in het openbaar nog wel om enige toelichting. Ik vraag me sowieso af hoe Nederlandse ouders zo'n goede relatie met hun tieners kunnen hebben. Is het omdat ze erg veel van hun kinderen pikken? Ik besluit hierover advies te vragen.

Het eerste advies dat ik krijg, is ongevraagd. Ergens tussen hun tiende en elfde jaar worden alle Nederlandse kinderen door de schoolarts opgeroepen voor controle van hun gezondheid en groei. Ben is tegen die tijd bijna elf. We moeten uren op onze beurt wachten. De verpleegkundige is een oudere vrouw in een kleurige outfit van het soort dat ik associeer met hippiewinkels vol Indiase kleding en wierook. Het wordt al snel duidelijk waarom ze achterloopt op schema; ze is een kletskous en ze houdt Ben lang aan de praat over zijn hobby's. Het is Ben noch mij duidelijk of die lange aanloop gewoon een praatje is, of een of andere psychologische beoordeling. We kijken elkaar verbluft aan.

Ben wordt gemeten en gewogen. Op school heerst grote opwinding over deze controle, omdat de lengte van de kinderen er voorspeld wordt. Ben komt uit op het Nederlandse gemiddelde met een voorspelde 1 meter 84 als volwassene. Niet slecht voor een jongen die genetisch gezien maar 12,5 procent Nederlands is (één half Nederlandse, half Duitse grootouder, één Hongaarse en twee Engelse grootouders). Misschien zit er dan toch iets in de melk. Als dat onderdeel erop zit, vraagt de zuster hem op een nogal theatrale manier: 'En weet je wat er nu gaat gebeuren?' Ben kijkt angstig. Wat bedoelt ze? Wat gaat ze met hem doen? Nog meer inentingen?

Ze draait haar stoel naar een kast achter haar, pakt er een rood boekje uit en geeft het aan hem. Voorop staat in grote letters PUBERTEIT.

'Precies! Je gaat de puberteit in!' zegt ze alsof het over een surpriseparty gaat.

Ben kijkt verdwaasd en geeft het boekje aan mij, plus een folder met plaatjes van de groei van de genitaliën. Hij is blijer met de kaart met daarop: VERWACHTE LENGTE:

184 cm. Als ik die kaart later omdraai, zie ik dat ook daar PUBERTEIT op staat. Voor het geval je zou vergeten dat je daardoorheen moet.

De puberteitgids begint als volgt:

> Geachte ouders,
> Uw kind wordt puber. In de puberteit groeien kinderen naar een nieuwe identiteit. Ze ontwikkelen zich tot een volwassen mens. Ze groeien niet alleen lichamelijk, maar ook emotioneel en in hun manier van denken [...] Soms vinden ouders de puberteit een lastige fase. Maar uw belangstelling voor de wereld waarin uw kind leeft én uw begeleiding blijven ook nu belangrijk.

Het boekje staat vol nuttige dingen die ik écht niet wist. Bijvoorbeeld dat de oogbollen van een kind ook groeispurts doormaken, die oog- en hoofdpijn kunnen veroorzaken, en dat puberjongens tegenwoordig net als meisjes hun schaamhaar scheren. (Ik verheug me nu al op Bens eerste brazilian.) Er staat advies in over wanneer je je kind ziek mag melden: alleen als ze verhoging hebben (boven de 38 graden) en niet als ze alleen maar buikpijn of hoofdpijn hebben. Een kind met dergelijke symptomen is meestal beter af op school, aldus de JGZ, de jeugdgezondheidszorg.

De gids adviseert ouders geen commentaar te geven als hun pubers rare kleren aan willen. Dan gaan ze hun autonomie namelijk alleen maar extra benadrukken door zich nog extremer te kleden. (Hallo, veertienjarige Michele.) Het advies om directe confrontatie uit de weg te gaan doet me eraan denken dat mijn vrienden Heleen en Thomas zeiden dat men in Nederland het woord 'nee' vermijdt. De gids vermeldt ook hoe belangrijk het is dat ouders het goede voorbeeld geven. Pubers hebben het snel door als je je niet aan je eigen regels houdt. 'Natuurlijk zijn ouders maar mensen en maken ze soms fouten. Maar in het algemeen moeten ze hun kinderen het goede voorbeeld geven. Anders zijn al die opvoedgesprekjes zinloos. En nog belangrijker: een kind houdt de door jou gestelde normen zijn leven lang in zijn achterhoofd.'

Ze adviseren ook om hygiëne te stimuleren. Ik denk dat Ben al op dat punt beland is. Als ik het aan hem overliet, denk ik niet dat hij ooit in bad of onder de douche zou gaan. En wat betreft emotionele ontwikkeling: 'Jonge mensen kunnen zich op een emotioneel stabiele manier ontwikkelen als hun ouders heldere en realistische verwachtingen van hen hebben en hun zelfstandigheid respecteren.' Klinkt redelijk.

Ouders worden aangemoedigd hun kind te vertrouwen:

> Uw toestemming heeft hij vaak niet meer nodig. De meeste pubers hebben geen verkeerde vrienden, gebruiken geen drugs en zijn niet hondsbrutaal. Integendeel, het overgrote deel van de pubers gaat graag naar huis en houdt van zijn ouders. Dat blijkt uit onderzoek. Het valt dus mee met de 'generatiekloof'.

Nederlandse kinderen hebben over het algemeen een uitstekende relatie met hun ouders. In het hoofdstuk Children's Life Satisfaction van het UNICEF-rapport uit 2013 concluderen de onderzoekers dat goede familierelaties de belangrijkste bijdrage leveren aan het subjectieve welzijn, terwijl bijvoorbeeld in Frankrijk een op de vier tieners naar verluidt moeilijk met zijn of haar ouders kan praten.

Hoewel voorgaande generaties in de Lage Landen botsten met hun strengere ouders – bijvoorbeeld tijdens de jongerenopstand van de jaren zestig – is er tegenwoordig erg weinig conflict tussen de generaties. De samenleving is minder autoritair en het gezinsleven democratischer. Er is simpelweg niet zoveel om tegen te rebelleren.

Vertrouwen

Ik besluit de theorie te vergelijken met wat er in de praktijk gaande is. Mijn eerste aanspreekpunt is zoals gewoonlijk mijn schoonzus Sabine. Het eerste wat ze te zeggen heeft over het opvoeden van tieners is dit: 'Het enige waar ik nog steeds in geloof is dat je tegen ze moet blijven praten, moet blijven herhalen wat de consequenties zijn van bepaald gedrag, van dingen als drugs, alcohol of sociale media. En dat je ze moet vertrouwen en vooral moet zorgen dat ze beseffen hoe belangrijk het is dat ik ze kan blijven vertrouwen.'

Onderzoek heeft een link vastgesteld tussen vertrouwen en geluk. Het is een belangrijke factor. Sabine zegt dat je het vertrouwen tussen jou en je kinderen moet opbouwen: als ze opgroeien en zelfstandiger worden, moet je erop vertrouwen dat ze zelf naar school kunnen fietsen en veilig weer thuiskomen. Je moet erop vertrouwen dat ze geen domme of gevaarlijke dingen doen, en dat ze verantwoordelijkheid nemen voor hun eigen veiligheid en daden. De mate van vertrouwen groeit naarmate je kind opgroeit: hoe ouder ze worden, hoe meer je ze moet loslaten.

Ik vraag Sabine naar de regels die zij voor haar tieners heeft. De regel die zij het belangrijkst vindt, is 'geen beeldschermen vóór vijf uur 's middags'. Volgens haar stimuleert dat de kinderen om buiten te spelen of hun huiswerk te maken. 'En laten we eerlijk zijn, het kan ook geen kwaad als ze zich een beetje vervelen!' Daarnaast zijn er geen strikte regels over hoe laat haar tieners thuis moeten zijn – dat ligt eraan wat hun plannen zijn – maar in het algemeen verwacht ze dat ze om zes uur thuis zijn voor het eten.

De meeste Nederlandse ouders vinden dat regels moeten worden afgesproken met het kind, waarbij beide partijen het eens zijn over de redelijkheid. Overleg is het belangrijkste. Terwijl de jongerenrevolutie van de jaren zestig leidde tot een tijdperk van tolerantie en antiautoritaire ideeën, is de opinie nu weer omgeslagen en stellen de hedendaagse Nederlandse ouders wel wat grenzen – maar in samenspraak met hun kinderen. In haar boek *Opvoeden in een verwenmaatschappij* betoogt Marijke Bisschop dat te weinig regels stellen resulteert in verwende kinderen, en veel andere opvoeddeskundigen zijn het daarmee eens.

Pubers moeten zelf problemen leren oplossen en verantwoordelijkheid nemen voor hun eigen daden. Een belangrijke les is dat andere mensen niet altijd de reden voor jouw problemen zijn – de oorzaak kan ook bij jezelf liggen, dus als je wilt dat er iets verandert, moet je bij jezelf beginnen. Ze zegt ook dat veel ouders de lat te hoog leggen. Je moet geen onrealistische verwachtingen hebben. Verwennen, of 'helikopteren', gepusht worden om bepaalde dingen te doen, continu gecontroleerd worden en een te druk schema opgelegd krijgen kan ertoe leiden dat kinderen onzeker, zwak, zeurderig, hulpeloos, afhankelijk, besluiteloos, zelfingenomen, gefrustreerd, intolerant, ontevreden, ongelukkig, kwetsbaar en respectloos worden!

Als het om praktisch advies gaat, raadt Bisschop moeders af om mee te zoeken naar dingen die hun tieners kwijt zijn, en die dingen ook niet te vervangen. Dat wil ik uitproberen. Als Ben zijn telefoon kwijtraakt, ga ik zorgen dat hij 'de pijn voelt'. Als ik altijd maar oplossingen verzin voor problemen die hij zelf veroorzaakt, zal hij nooit verantwoordelijkheid voor zijn eigen daden leren nemen. Ik krijg mijn kans wanneer hij zijn fietssleutels voor de derde keer op school verliest. Ik zeg dat ik het te druk heb om hem op te komen halen en dat hij maar moet zorgen dat zijn fiets niet wordt gestolen. Praktisch maar onhandig besluit hij zijn afgesloten fiets naar huis te dragen (of liever slepen), wat leidt tot een gescheurde achterband zodat de fiets de volgende twee dagen bij de fietsenmaker staat. De sleutel komt een week later weer tevoorschijn. Hij is drie maanden zakgeld kwijt aan een nieuwe band.

Bisschop oppert ook een manier om het verantwoordelijkheidsgevoel van je kind te ontwikkelen: laat hem zijn eigen uitstapjes organiseren. Om de rommel in de kamer van je kind te beperken schetst ze ook wat basisregels, die ik besluit op ons gezin toe te snijden en meteen toe te passen.

Met de nieuwe regels voelt Ben zich de baas over zijn eigen kamer. Helaas moet ik nog steeds zeuren dat hij het licht uit en zijn gordijnen open moet doen. Er zou nooit daglicht in zijn kamer komen als hij zijn zin kreeg; misschien is hij een parttimevampier geworden. Er liggen nog steeds het grootste deel van de week bergen kleren op de grond, maar tot mijn verbazing doet hij ze op een bepaald moment toch in de wasmand. De puberteitgids adviseert me het effect van complimenten voor goed gedrag (waarbij je kamer opruimen als voorbeeld wordt genoemd) níet af te zwakken met opmerkingen als: 'Ik wou dat je altijd zo je best deed.' Ze hebben ons ouders heel goed door.

Huisregels voor tieners

- Geen etensresten, vieze borden, blikjes of flessen in je slaapkamer.
- Geen kleren op de vloer.
- Doe minstens eenmaal per week vuile kleding in de wasmand.
- Hou je deur dicht (zodat ouders de rommel niet hoeven te zien).
- Hang natte handdoeken te drogen.

De ontwikkeling van het tienerbrein

Tijdens een kennismakingsavond voor ouders op Bens nieuwe school ontmoet ik zijn klassenlerares Lydwin. Volgens Ben is ze de coolste lerares aller tijden: niet alleen heeft ze piercings, maar ze heeft ooit in een metalband gezongen en geeft les in astronomie. Vergeleken bij haar voel ik me hopeloos oud en saai. Lydwin, die inderdaad jong en heel aardig is en er cool uitziet, houdt een praatje voor de ouders over de overgang van de basisschool naar de middelbare school. Onze kinderen krijgen te maken met een nieuwe wereld en andere verwachtingen, zegt ze. Huiswerk is het grootste verschil tussen de basisschool en de middelbare school, en ze vraagt de aanwezige ouders hoelang hun kinderen aan hun huiswerk zitten voor ze zegt dat het gemiddelde antwoord (drie kwartier per dag) een aardige vuistregel is. Als het langer is, kan dat een signaal zijn dat ze hulp nodig hebben om hun huiswerk door de week heen beter in te plannen. (De school helpt ze daarmee.) Ze benadrukt dat huiswerk niet ten koste moet gaan van sport, hobby's en vrijetijdsbesteding.

De leerlingen krijgen regelmatig proefwerken, verdeeld in twee onderdelen: aan de ene kant kennis en aan de andere kant de toepassing van die kennis. Dat zijn verschillende vaardigheden. Tot een jaar of dertien zijn de hersenen van een kind nog bezig de vaardigheid te ontwikkelen om kennis toe te passen, dus soms is een kind daar nog niet volwassen genoeg voor. 'Het is belangrijk dat de school opmerkt welke kinderen daar moeite mee hebben,' zegt ze, 'zodat die kinderen specifieke hulp kunnen krijgen.' Ik ben prettig verrast door deze aanpak, want ik had gehoord over zwemmen-of-verzuipen-scenario's van de oudere Nederlandse gymnasia. Wat betreft intellectuele ontwikkeling adviseert Lydwin ons het invloedrijke boek van Eveline Crone, *Het puberende brein*, te lezen. Naar verluidt heeft dat een verandering teweeggebracht in de manier waarop men hier naar tieners kijkt. Het zal ons inzicht geven in hun drijfveren, beperkingen en kwaliteiten.

Een week later fiets ik naar de bibliotheek om het boek te lenen. Het is niet zozeer een opvoedgids als een uitleg over de neurologische ontwikkeling van het puberbrein.

Eveline Crone is hoogleraar op de afdeling Ontwikkelings- en Onderwijspsychologie aan de Universiteit Leiden. Het boek is nogal technisch, maar ik zal een poging doen om de meest relevante dingen eruit te pikken. De puberteit is een periode waarin relaties met vrienden van het grootste belang worden, wat leidt tot groepsdruk en de neiging tot conformeren. Tegelijkertijd gaan de puberhormonen in de hoogste versnelling, en aangezien de hersenen vol hormoonreceptoren zitten, worden de emoties geïntensiveerd. Denk maar aan Romeo en Julia.

Crone legt uit dat typisch pubergedrag kan worden verklaard door het feit dat de ontwikkeling niet overal in de hersenen gelijk op gaat. Sociaal redeneren en rationeel denken zijn twee van de gebieden die zich als laatste ontwikkelen. Voor die tijd wordt het beloningscentrum zeer actief, waardoor de puber risicovol gedrag gaat vertonen zonder zich bewust te zijn van de consequenties. Volwassenen hebben over het algemeen een bepaald onderbuikgevoel (een somatische imprint van eerdere ervaringen) over het potentiële gevaar van een situatie; pubers focussen zich daarentegen op de potentieel positieve gevolgen en het duurt lang voor ze de voor- en nadelen gaan afwegen voor ze een besluit nemen. Zo zullen volwassenen bijvoorbeeld een idee als 'zwemmen met haaien' meteen afserveren als gevaarlijk. Pubers denken misschien: gevaarlijk, ja, maar hmm... misschien ook wel interessant, of cool, of leuk?

Jongeren kunnen risico's zien in een omgeving die hun emoties niet triggert, maar zodra hun beloningscentrum wordt gestimuleerd, zijn ze blind voor de potentiële consequenties van hun daden. Ze geeft een voorbeeld van een puber die van zijn moeder geld gekregen heeft voor een winterjas, maar dat uitgeeft aan een tattoo.

Het gedeelte van de hersenen dat verantwoordelijk is voor risico en durf is bij tieners overactief, en het stimuleert ze allerlei sportieve prestaties uit te proberen, zoals lastige stunts op een surf- of skateboard. Spiegelneuronen (speciale zenuwcellen) stellen jongeren in staat dingen te leren door naar anderen te kijken, bijvoorbeeld een ingewikkelde reeks danspassen. Volwassenen verliezen deze vaardigheid. Ook muzikaal talent wordt meestal op deze leeftijd merkbaar (wonderkinderen zoals Mozart zijn uiterst zeldzaam, aldus Crone). Creativiteit en flexibel denken zijn positieve kenmerken van het puberbrein, net als rekenvaardigheid. Pubers kunnen erg goed buiten het vaste kader denken.

Bij experimenten die waarschijnlijke gedragspatronen in een casino nabootsen, kiezen pubers meestal voor een kleine kans om een grote prijs te winnen en niet voor een grote kans op een kleine prijs. Als ze winnen, zijn ze blijer dan volwassenen, en minder ontdaan als ze verliezen. Onderzoek heeft ook uitgewezen dat pubers betere keuzes maken als een situatie zo eenvoudig mogelijk wordt uitgelegd. Crone interpreteert dat als volgt: 'Het heeft weinig zin om alle mogelijke risico's uit te leggen van een bepaalde keuze die een puber maakt. Het is slimmer om ze te vertellen dat bepaalde keuzes gewoon niet goed zijn.'

Onderzoek aan de Universiteit Leiden toont aan dat 'hoewel jongeren na negatieve feedback minder hersenactiviteit vertonen dan volwassenen, bleek dat ze meer hersenactiviteit vertoonden bij positieve feedback. Blijkbaar zijn de hersenen van jongeren meer gefocust op stimulans en bevestiging, maar hebben ze minder aan straf en terechtwijzing.' Hier zien we weer de voordelen van positieve stimulering. Nederlandse ouders passen dit regelmatig toe door terloops positief commentaar te laten vallen in hun dagelijkse gesprekken met hun kinderen.

Nog één ding: je wordt misschien gek van tieners die de hele ochtend uitslapen en de hele nacht opblijven, maar veel tieners vinden het moeilijk om 's avonds in slaap te vallen door de vertraagde afgifte van melatonine in het puberbrein. Maar ze hebben wel veel slaap nodig om te groeien. Dat kan leiden tot chronisch slaapgebrek, wat gedragsproblemen verergert. Crone adviseert tieners in het weekend en tijdens de vakantie te laten uitslapen. Ze zijn niet lui, ze hebben gewoon veel extra slaap nodig voor hun ontwikkeling en hun groei. Er wordt in Nederland overwogen de middelbare scholen later te laten beginnen, als erkenning van het feit dat tieners meer slaap nodig hebben en hun hersenen later op de dag beter functioneren.

Tieners en slaap

- Door veranderende biologische patronen vallen tieners vanzelf later in slaap en worden ze ook later wakker.
- Melatonine wordt later in de hersenen afgegeven, waardoor ze pas rond elf uur 's avonds slaperig beginnen te worden.
- Tieners hebben acht tot tien uur slaap per nacht nodig, en tijdens groeispurts soms zelfs meer.
- Tieners hebben gedurende de week vaak een onregelmatig slaappatroon, wat het lastig maakt hun biologische klok bij te stellen.
- Te weinig slaap beïnvloedt de schoolprestaties, kan leiden tot depressie en verergert stemmingswisselingen.

Hoe help je tieners hun slaappatroon te verbeteren?

- Leg uit wat er in hun lijf aan de hand is.
- Laat ze in het weekend en in de vakantie uitslapen.
- Laat ze een uur voor ze naar bed gaan niet meer op de computer, smartphone of iPad spelen, aangezien het licht van het beeldscherm invloed heeft op de melatonineproductie. Spoor ze liever aan om een boek te lezen.
- Stimuleer je tiener om te gaan sporten, aangezien beweging helpt om beter te slapen.

Ik raak aan de praat met een voormalig collega uit Engeland, en ze begint over haar problemen met haar puberende stiefkinderen. Ze noemt het huidige debacle een 'social media meltdown'. Haar veertienjarige stiefdochter heeft online allerlei dubieuze vrienden gemaakt, onder wie mensen die blowen en iemand die op dit moment onder huisarrest staat. Ik vraag of de school weet dat dat een probleem is onder de leerlingen, en ze zegt dat er op school weliswaar praatjes zijn gehouden en films over het onderwerp zijn vertoond, maar dat dat niet geholpen heeft. De kinderen kennen de gevaren, maar geloven niet dat hun zélf iets zal overkomen. Een klasgenootje is bezig een afspraak te maken met een oudere man die haar dure gympen beloofd heeft. 'Ze ziet het gevaar niet,' zegt mijn vriendin. 'Ze denkt dat ze het wel aankan.'

Ik denk dat dit in Holland ook gebeurt, maar vraag me af of tieners hier zelfstandiger en zelfverzekerder zijn, en dus minder kwetsbaar. Ik vraag een paar Nederlandse ouders of ze het internetgedrag van hun kinderen controleren, en hoe kwetsbaar voor gevaar ze volgens hen zijn. De meeste ouders die ik spreek denken niet dat hun kinderen erg veel gevaar lopen; ze vertrouwen erop dat ze verstandig zijn wat betreft de vriendschappen die ze online sluiten, en ze volgen bepaalde regels, zoals nooit je adres of telefoonnummer geven. Annemarie, de moeder van een van Bens vriendjes, heeft vier kinderen, onder wie een tienerdochter. 'Ik ben van nature niet heel beschermend,' vertelt ze als ik vraag naar haar relatie met haar dochter van dertien. 'En ze is heel *streetwise*, dus dat maakt dat ik haar ook vertrouw. Ik kaart terloops wel eens wat dingen aan, bijvoorbeeld over het plaatsen van naaktfoto's op social media, en dan kijkt ze me aan en zegt: "Denk je dat ik gek ben of zo?"' Annemarie heeft nog een interessant punt: 'Soms heb ik het idee dat het beschermende puur voortkomt uit het feit dat mensen minder kinderen hebben. Ik ben met vier kinderen en een baan gewoonweg wat praktischer ingesteld, denk ik dan.'

Mijn schoonzus Sabine zegt dat ze nooit bezorgd is geweest om haar dochter. Ze legde haar kinderen uit waarom er bepaalde regels waren: dat ze haar altijd moesten laten weten waar ze waren en hoe laat ze zouden thuiskomen, dat ze op de afgesproken tijd thuis moesten zijn, niet urenlang zitten gamen, dat soort dingen. Wat betreft harddrugs was er op school genoeg informatie beschikbaar en ook dat was soms een onderwerp waar ze het thuis over hadden. Een andere vriendin van mij, die in Rotterdam woont, vertelt dat haar dochter van dertien op school een spreekbeurt over drugs heeft gegeven. Het is een behoorlijk populair onderwerp voor de spreekbeurten die Nederlandse kinderen geregeld moeten geven; er zijn zelfs speciale websites over.

Sabines twee oudste kinderen zeggen nu dat ze de zin van haar regels begrijpen. 'Soms krijg ik het idee dat je ze tegen zichzelf moet beschermen,' zegt ze. 'Het was vroeger vast veel makkelijker, toen er overdag nog geen tv was, internet nog niet was uitgevonden en we nog geen mobieltjes hadden.' Zoals alle andere ouders heeft ze geprobeerd het gebruik van beeldschermen te beperken en haar kinderen gestimuleerd om in plaats daarvan buiten te gaan spelen. De helft van haar achtertuin wordt in beslag genomen door een ingegraven trampoline waar mijn neven zelfs nu nog graag op springen.

Zelfstandigheid

Ik ga naar een van mijn buren, Tessa, de oudere zus van mijn vriendin Arwen, die kinderfilms maakt. Ze heeft een dochter van vijftien en een dochter van zeventien die beiden het vwo doen op een populaire school in het centrum van Amsterdam. Ze wonen in een prachtig dijkhuis met afbladderende blauwe betimmering. Tessa prijst zich gelukkig dat allebei haar dochters verstandig en verantwoordelijk zijn. Ze zegt dat ze heel weinig problemen met ze heeft; blijkbaar heeft een verstandige opvoeding in hun vroege jeugd zijn vruchten afgeworpen. Ze laat de spreekwoordelijke teugels langzaam vieren. Voor haar is de uitdaging nu om 'een evenwicht te vinden' en uit te zoeken in hoeverre ze haar tieners moet 'begeleiden, begrenzen of beperken en loslaten'. 'Loslaten betekent dat je accepteert dat het soms misgaat,' voegt ze eraan toe.

Inmiddels zijn haar dochters al behoorlijk zelfstandig. Ze zegt dat je niet moet proberen je tieners te veel ongevraagd advies te geven, maar dat je ze moet helpen zelf beslissingen te nemen. Die van haar hebben geen problemen gehad met gamen of sociale media, dus ik vraag naar haar aanpak van drank en drugs. (De wettelijke leeftijd waarop het gebruik van alcohol en cannabis is toegestaan is achttien, en 'coffeeshops', waar cannabis verkocht wordt, hebben een streng ID-beleid.) 'Je kunt beter niets verbieden,' zegt ze. 'Ze drinken geen sterkedrank, maar ik weet dat ze af en toe wijn en bier hebben gedronken. Blowen vind ik niet zo ernstig, en ik weet dat ze dat hebben geprobeerd. Sommige van die dingen zijn belangrijk binnen een bepaalde vriendengroep. Ze willen erbij horen. Het is belangrijker dat ze bewust keuzes maken. Ze moeten hun eigen grenzen leren kennen. Daarna kun je ze vertrouwen. En tot nu toe is er nooit iets misgegaan.'

Ik mag deze ruimdenkende aanpak wel en snap waarom hij de tieners zelf aanspreekt. Net als Sabine onderhandelen Tessa en haar man over de regels, of liever gezegd, elke keer als de meiden uitgaan of iets ondernemen buiten hun huis maken ze nieuwe afspraken – bijvoorbeeld over hoe laat ze thuiskomen. Ze zorgen dat ze elke ochtend en avond met het hele gezin eten, waardoor ze ruim de gelegenheid hebben om dat soort discussies te voeren. Het concept van samen om de tafel gaan om te praten is van groot belang voor dit Nederlandse gezin, en dat geldt ook voor veel andere gezinnen.

Zoals ik al eerder beschreef, beperkt ze het gebruik van beeldschermen tot na half zes 's middags. En ze controleert het huiswerk van haar dochters niet; dat moeten ze zelf voor elkaar zien te krijgen. Ik snap hoe belangrijk dat is. Ik ken een expat-vader die zijn dochter vanaf de eerste dag met haar huiswerk heeft geholpen. Nu ze achttien is en in haar examenjaar zit, kan ze niet zelfstandig studeren en eist ze constant hulp en steun van hem. Persoonlijk zou ik niet in die situatie willen belanden, en ik vraag me af hoe ze het moet redden op de universiteit. Als een ouder altijd het huiswerk van een kind controleert, kun je makkelijk een situatie krijgen waarin het kind geen huiswerk maakt zonder een hoop zeuren en smeken van de ouder, en zo zal de tiener er nooit zelf verantwoordelijkheid voor nemen.

Ik vraag Tessa of ze ergens spijt van heeft. 'Als er één ding is dat ik anders had willen doen, is het dat ik ze al op jongere leeftijd in huis zou laten helpen, zodat ze het nu spontaan zouden doen. Maar je kunt niet alles goed doen!'

Bang om te falen

Waar je ook woont, de puberteit is een periode waarin kinderen kunnen experimenteren om uit te zoeken wie ze zijn. Nederlandse ouders houden daar blijkbaar al rekening mee, op een rustige, verstandige manier. Ze gaan meestal niet de confrontatie aan met hun oudere kinderen, maar steunen ze liever. Een tiener kan soms extreem zelfverzekerd, brutaal en dwars overkomen, maar dat is vaak maar een façade waar angst en onzekerheid achter schuilgaan.

Faalangst (een handig woord dat wij in het Engels niet hebben) is een belangrijk concept in Nederland. Hoewel ik niet het idee heb dat kinderen hier keihard gepusht worden om te presteren, wordt er wel gelet op dingen die een kind kunnen belemmeren, van dyslexie en ADHD tot gewone prestatieangst (ondanks het gebrek aan rivaliteit). Op basisscholen hebben ze niet echt veel gelegenheid om te falen, maar op de middelbare school is het zeker mogelijk om te falen bij proefwerken en tentamens, en daardoor te blijven zitten of naar een lager schooltype te worden overgeplaatst, gescheiden van je vrienden. Maar er is hulp beschikbaar. Veel scholen hebben trainingen voor kinderen die last hebben van faalangst. Het zou mij als kind absoluut goedgedaan hebben.

Voor zover ik weet is er geen enkele aanwijzing dat faalangst serieus genomen wordt op Britse scholen, hoewel mijn moeder, die adviseur is voor kinderen die door een handicap leerproblemen hebben, zegt dat het sinds kort op haar radar verschijnt. 'Men is zich meer bewust van dergelijke problemen naar aanleiding van veelbesproken zelfmoorden onder intelligente leerlingen,' zegt ze. 'Mensen beginnen nu na te denken over de ontwikkeling van de weerbaarheid en hoe die verbeterd kan worden.' Ik vraag haar het onderwerp stressmanagement op school aan te kaarten bij het hoofd van haar plaatselijke school en hij gaat bij collega's te rade. Dit antwoord krijg ik terug: 'Nee, middelbare scholen (of nou ja, de scholen die ik gebeld heb) hebben geen lessen of cursussen stressmanagement. Maar [mijn vraag] bracht een paar scholen wel op een idee!'

Hier is dat heel anders. Op de website van Bens school staat dat er een medewerker is die faalangstcoaching aanbiedt, en dat zie ik ook bij veel andere scholen. De zoon van een van de leden van mijn boekenclub werd, toen hij pas op de middelbare school zat, aangemerkt als iemand die baat zou kunnen hebben bij een training om zijn zelfvertrouwen op te krikken, en dat heeft hem enorm geholpen.

Hier in Nederland is ook veel meer algemene hulp voor de ouders beschikbaar; zo spreekt de beproefde puberteitgids bijvoorbeeld over 'opvoedcursussen en inloopclinics door het hele land'. Populaire cursussen zijn bijvoorbeeld 'Beter opschieten met pubers' en 'Tieners positief opvoeden'. Aan de ene kant geven ze het advies dat pubers ruimte en vrijheid nodig hebben, en dat ouders moeten leren een stapje terug te doen in het leven van hun kinderen. Aan de andere kant hebben pubers (deels vanwege de ontwikkelingspatronen in hun hersenen) duidelijke begeleiding nodig. Naast dit soort cursussen worden er ook cabaretvoorstellingen op scholen gehouden, waarin de spanningen tussen tieners en hun ouders op een luchtige manier geïllustreerd worden.

Faalangst: tips voor tieners

1. Zoek uit waar je precies bang voor bent. Wat zijn specifieke situaties die je angstig maken? Wat doe en denk je dan? Als je het probleem concreet maakt, kun je het makkelijker aanpakken.
2. Bereid je goed voor op situaties waar je angstig voor bent (zoals examens).
3. Leer negatieve gedachtestromen onderbreken, en leer hoe je stopt met piekeren en tobben.
4. Leer omgaan met de fysieke tekenen van stress door middel van ontspanning, meditatie, diep ademhalen en dergelijke.
5. Neem even pauze als de druk te groot wordt. Ga tijdens een examen even naar het toilet of neem een slokje water.
6. Stel jezelf realistische, haalbare doelen. Leg de lat niet te hoog.
7. Schep eer in je succes als die eer je toekomt. Denk niet dat het toeval is of je succes hebt of faalt.
8. Geef jezelf toestemming om fouten te maken, en leer van die fouten.
9. Laat een slechte dag geen invloed hebben op je eigenwaarde.
10. Visualiseer succes in plaats van falen.

Een gezellig huis vol tieners

Toevallig houdt Bens school net een informatieavond voor nieuwe ouders. Het onderwerp is 'Hou het thuis gezellig': hoe hou je die fijne sociale sfeer waar Nederlanders zo van houden in stand, zelfs met chagrijnige, hormonale tieners in huis? Er wordt een praatje gehouden door een opvoeddeskundige, tevens actrice. Ik ga ernaartoe op de fiets en sla me door de stromende oktoberregen heen. Bens nieuwe school is gevestigd in een tijdelijk gebouw op de zuidwestoever van het IJ. Ik vind het kleurige pand met drie verdiepingen er leuk uitzien, het lijkt in niets op de treurige containerlokalen die mijn eigen middelbare school liet aanrukken als er meer ruimte nodig was. De druipnatte ouders worden uitgenodigd in de aula, die ruim en licht is. Volgend jaar is het nieuwe, verbeterde schoolgebouw klaar, met dezelfde karakteristieke rode, gele en oranje strepen en houten betimmering.

Catharina Haverkamp verwelkomt de ouders met iets wat dicht bij een standupcomedy-act komt. De lange, slungelige vrouw van in de vijftig heeft zelf vier kinderen tussen de elf en de achttien. Ze zegt dat ze een deskundige is geworden dankzij haar eigen gebrek aan opvoedkundig inzicht, met als onderliggende boodschap 'ik ben niets beter dan jullie'. Haar praatje gaat over bemoediging, wat neerkomt op zowel troosten als stimuleren. Volgens haar is dat de sleutel tot een tevreden gezin en goed ouderschap.

Ze begint met wat vragen aan het publiek: hoeveel kinderen hebben we, hoe oud zijn ze, zijn we bezorgd om bepaalde kwesties die onze kinderen aangaan, en ga zo maar door. Sta op voor ja; blijf zitten voor nee. (Dit is een typisch Nederlandse quiztechniek; in het verleden hield je je pet op of zette je hem af: *petje op – petje af*). Het valt me op hoeveel oudere ouders ertussen zitten. Nederlanders krijgen in het algemeen later kinderen dan mensen in de rest van de wereld. Verder heeft een groot deel van het publiek drie of vier kinderen: grotere gezinnen zijn typisch voor de Nederlandse middenklasse, want zij hebben er de middelen voor, zowel wat betreft tijd als geld.

Catharina's praatje maakt duidelijk dat geluk beslist het doel is dat alle ouders voor hun kinderen hebben, hoewel dat niet als zodanig uitgesproken wordt. Op scholen in Groot-Brittannië of de VS ligt de focus volgens mij eerder op cijfers en prestaties. Net als Lydwin citeert Catharina Eveline Crone, de expert op het gebied van tienerhersenen wier onderzoek heeft aangetoond dat een gevoel van erbij horen essentieel is voor het geluk van pubers.

Zeuren, zegt ze, is een teken dat ouders bang zijn dat hun kind faalt, en angst is een slechte raadgever. Ze verwelkomde haar zoon na school altijd met de eeuwige vraag: 'Hoe was het op school?' waarop hij nors keek en stug bleef zwijgen, zoals de meeste kinderen. Je bezorgdheid kan op het kind overkomen alsof je hem controleert, en dat voelt als een last. Het is beter om je kinderen te vertrouwen en te laten zien dat je in ze gelooft. 'Verlies de liefde niet uit het oog,' adviseert ze. 'Een warme glimlach zonder vragen geeft een beter resultaat.' Eerlijk gezegd heb ik dat probleem met Ben nog niet gehad; hij is een onstuitbare kletskous en heeft me altijd alles over zijn dagen verteld, tot in de kleinste details, maar ik neem me voor de techniek uit te proberen bij Ina.

De kern van Haverkamps praatje komt hierop neer: wees niet ontmoedigend; wees warm en bemoedigend en geef het goede voorbeeld. Accepteer ook dat je kind een individu is. Verwacht niet dat ze net zo zijn als jij, of zoals jij zou willen zijn. Ze haalt een ficus in een pot tevoorschijn en gebruikt die als voorbeeld. De ouders moeten zich voorstellen dat dit hun kind is, maar dat ze eigenlijk bijvoorbeeld een viooltje hadden gewild. Het punt is dat je je ficus niet behandelt alsof hij een viooltje is. Je vraagt hem niet waar zijn bloemen zijn. Je verzorgt hem zoals dat met die plantensoort moet. Je zorgt voor goede aarde, geeft hem plantenvoeding; je gaat de blaadjes er niet af trekken om hem op een andere plant te laten lijken. Het publiek lacht.

Als ik na het praatje andere ouders spreek, zeggen ze dat ze het verhaal inspirerend vonden. We bespreken hoe onze kinderen in het algemeen omgaan met het huiswerk, aangezien dat iets nieuws voor ze is op de middelbare school, maar er wordt onderling niet bezorgd vergeleken. Zoals ik al een paar keer heb gezegd: dat is een sociaal taboe.

Drank en drugs

We hebben al gezien dat Nederland de laagste cijfers op het gebied van tienerzwangerschappen en seksueel overdraagbare aandoeningen onder tieners heeft. Bovendien is comazuipen, wat een enorm probleem is onder tieners in Groot-Brittannië, niet iets waar Nederlandse ouders van tieners zich druk om maken. In een onderzoek van de OESO staan Groot-Brittannië, Estland en Denemarken boven aan en Nederland als zesentwintigste onder aan de lijst van onderzochte landen, samen met de VS (vanwege strengere wettelijke handhaving van de minimumleeftijd waarop jongeren mogen drinken), Italië en IJsland. Onderzoek wijst er ook op dat kinderen die een goede relatie met hun ouders hebben minder drinken. Het aantal Nederlandse kinderen dat drinkt en rookt daalt enorm. Drugsgebruik is hier een interessante kwestie vanwege de vooruitstrevende houding van de overheid. Er zijn weliswaar veel coffeeshops die marihuana verkopen, maar niet alleen zijn die verboden gebied voor kinderen jonger dan achttien, een coffeeshop mag zich niet vestigen binnen 250 meter van een school . Officiële cijfers uit 2011 geven aan dat 19 procent van de jongens en 14 procent van de meisjes van middelbareschoolleeftijd cannabis heeft geprobeerd. Maar als je het de kinderen zelf vraagt, schatten ze dat minstens 80 procent weleens blowt! Mijn man gelooft dat het relatieve gemak waarmee kinderen hier cannabis kunnen proberen het hele vooruitzicht een stuk minder spannend maakt. Toen hij het als tiener zelf probeerde, dacht hij: nou en? Hij heeft er nooit een gewoonte van gemaakt.

Waarom Nederlandse tieners gelukkig zijn

Toen we hem van de zomer spraken, vertelde professor Ruut Veenhoven van de Erasmus Universiteit Rotterdam, alias de geluksprofessor, dat zijn meest recente onderzoek heeft aangetoond dat Nederlandse pubers nog steeds de gelukkigste ter wereld zijn. 'Eigenlijk zijn de meeste pubers gelukkig,' zei hij, 'alleen die in Nederland nog ietsje meer.' In het meest recente onderzoek van de Wereldgezondheidsraad sprak 90 procent van de Nederlandse meisjes en 96 procent van de Nederlandse jongens van een 'hoge levenstevredenheid'. Engeland en de VS stonden respectievelijk op de achttiende en tweeëntwintigste plaats, maar zelfs daar zei rond de 80 procent van de ondervraagde vijftienjarigen dat ze gelukkig waren.

We bespraken waarom de Nederlanders in het voordeel waren wat betreft het geluk van pubers, en volgens hem lag dat aan een hogere mate van 'zelfstandigheidstraining' in Nederland. Kinderen hebben meer vrijheid en worden minder overdreven beschermd dan in andere landen. Hij zei ook dat hij de lesmethoden op middelbare scholen had vergeleken, waarbij Frankrijk opviel met een verticale methode (leraar vertelt, leerling reproduceert), terwijl horizontaal lesgeven (met de leraar als coach) de overhand heeft op Nederlandse scholen. Verticaal lesgeven ondermijnt zelfrespect en autonomie, vooral als je er tijdens je vormingsjaren dag in, dag uit aan blootgesteld wordt. Zelfrespect wordt in het Franse onderwijs verder ondermijnd door de sterke rivaliteit, die meer verliezers dan winnaars oplevert.

De professor wees ook op het belang van de beschikbaarheid van psychologische hulp op Nederlandse scholen, en dat de relatieve economische gelijkheid in het land ook scheelt. In Nederland is het makkelijker om tevreden te zijn met wat je hebt en is men minder jaloers op hoe een ander leeft. Hij voegt daaraan toe: 'Ik denk ook dat Nederlandse ouders minder selectief zijn wat betreft de vrienden van hun kinderen.'

Vriendschappen

Een van de sleutelfactoren voor het geluk in je jeugd is je relatie met leeftijdsgenoten en ook op dat gebied wonnen de Nederlanders in het UNICEF-onderzoek van 2013, waarin klasgenoten aardig en behulpzaam werden genoemd. Nederland en Zweden scoorden het hoogst als het gaat om 'je klasgenoten aardig en behulpzaam vinden'.

Een recent artikel in *The Guardian* beweerde dat Engelse kinderen ongelukkig werden doordat er op scholen veel gepest wordt.

> Vanwege geweld en een slechte relatie met leraren staan Engelse kinderen op de veertiende plaats van de vijftien landen waar onderzoek is gedaan naar geluk op school. Kinderen in Engeland zijn op school ongelukkiger dan hun leeftijdsgenoten in bijna ieder ander land dat is bekeken in een nieuw internationaal onderzoek, waarbij wijdverbreid pesten hun welzijn veel kwaad berokkent. Naar schatting een half miljoen kinderen van tien en twaalf jaar wordt fysiek gepest op school, aldus een onderzoek van de Children's Society, waaruit bleek dat 38 procent van

de bevraagde kinderen gedurende de voorgaande maand door klasgenoten was geslagen.

Margreet de Looze, universitair docent aan de Universiteit Utrecht, maakt deel uit van het team onderzoekers achter de Nederlandse component van de cijfers in het meest recente UNICEF-rapport. Zij vertelde ons dat Nederlandse scholen vergeleken met scholen uit andere westerse landen heel lage cijfers hebben op het gebied van pesten, 'hoewel ouders dit wellicht niet beseffen omdat er in de plaatselijke media zoveel aandacht is voor pesten'. (Nederlandse ouders steken hun mening niet onder stoelen of banken als iets ze niet bevalt.) 'Zou het gebrek aan druk en stress op school misschien maken dat er minder gepest wordt, en dat het daardoor makkelijker is om met je klasgenoten om te gaan?' vroeg ik.

Ze was het eens met mijn kijk op de situatie. 'En het gebrek aan rivaliteit,' voegde ze eraan toe. 'Nederlanders scoren heel laag als het gaat om de druk van schoolwerk. Druk is een van de voornaamste factoren die geluk negatief kunnen beïnvloeden. Ik denk ook dat het waarschijnlijk wel effect zal hebben op de relatie tussen leerlingen onderling.'

Toen we haar vroegen hoe objectief de HBSC-studie is waar ze aan gewerkt heeft, het onderzoek waarop UNICEF zich baseerde, zei Margreet: 'Dat is dus de vraag. Misschien is het een kwestie van cultuur dat kinderen zichzelf gelukkig noemen. Dat erkennen we wel. We kijken echter niet alleen naar subjectief, maar ook naar objectief welzijn. Zo was een deel van het onderzoek bijvoorbeeld gericht op gezondheidskwesties (hoofdpijn, buikpijn, misselijkheid), aangezien die ook kunnen worden gebruikt als signaal. Daarop scoorden Nederlanders ook laag, dus we kunnen echt aannemen dat ze gelukkiger zijn.'

Conclusie:
tijd voor een revolutie

Michele

Terwijl we de laatste hand leggen aan dit boek, wordt het weer april. Een jaar verder ben ik weer bezig de volkstuin op poten te krijgen. De lange, natte winter heeft het gras veranderd in een weids, hobbelig stuk moerasland van het type waar een koe loopgraafhoeven van zou krijgen. De moestuin staat vol onkruid en oogt ook knap drassig. De hoge plantenbakken van de kinderen zien er prima uit: zo moet het dus. Martijn is met een roller bezig het gras zodanig plat te krijgen dat het gemaaid kan worden. Vooraan bij het hek heeft Ben een strook uitgegraven waar hij zijn wildebloemenwei en vlindertuin kan aanplanten, een project waar we ons elk jaar weer op storten en dat tot nu toe steeds mislukt omdat de grond te vruchtbaar en te nat is. De tuin produceert liever brandnetels en winde. Ik doe een poging mijn jonge wilg te knotten door willekeurig takken tot aan de kruin weg te snoeien in de hoop dat de boom uiteindelijk zal gaan lijken op de wilgen die overal op het Nederlandse platteland staan. De vogels zingen en de narcissen wuiven in de wind.

De kinderen zijn nu negen en elf; bij hen is het meest veranderd, vooral op het gebied van groeiende zelfstandigheid. Ik denk niet dat Ina deze zomer in haar blootje in het kinderbadje zal willen spelen. Ze fietst in haar eentje van en naar school en hangt soms met haar nieuwe vriendinnen rond in dat lelijke, met plastic beklede winkelcentrum, waar ze kleren passen bij de H&M. Gelukkig leest ze veel, ze voetbalt nog steeds en ze doet het goed op school. Toevallig is ze vandaag weer met Tijn in het park aan het spelen met een groepje vrienden, net als vorig jaar.

Ben heeft zijn eerste jaar op de middelbare school er alweer bijna op zitten. Hij staat zowaar 's morgens op, smeert zijn boterhammen voor tussen de middag en weet op tijd op school te arriveren, zijn huiswerk gemaakt en wel in zijn rugzak. Ik sta ervan te kijken hoe hoog het academische niveau op zijn gymnasium is: zo lijken ze bijvoorbeeld bij Latijn in zestig seconden van nul naar honderd te zijn gegaan. Als Ben geen school heeft, is hij naar ballet en dansles, maar hij is inmiddels verslaafd aan vlogs kijken op zijn telefoon. (Ik was gewaarschuwd.) Zijn cijfers zijn vrij goed, maar niet zo goed als die van zijn vriend Floris, die vastbesloten is volgend jaar naar het vwo door te stromen. De laatste sporen van mijn innerlijke ambitieuze Brit juichen hem toe.

Het valt niet te ontkennen dat het ouderschap in Nederland veel heeft veranderd in de manier waarop Rina en ik onze kinderen grootbrengen. Het heeft invloed gehad op onze standpunten en onze ideeën en benadering van de opvoeding. We zijn ons ook anders gaan gedragen.

Rina

In mijn geval betekent het dat ik een meer ontspannen kijk op peutereducatie heb. Ik maak me geen zorgen meer om de academische vaardigheden van de kleine Julius, maar wil hem de tijd geven zich door middel van spelen te ontwikkelen. Als Julius binnenkort vier wordt, geven we thuis geen verjaarspartijtje, dat wil hij niet. In plaats daarvan nemen we minicupcakes en een regenboogtaart mee als Julius voor het laatst naar de peuterschool gaat. Hij deelt dan potloden met zijn foto uit aan zijn klasgenootjes, met een briefje met daarop DANK JE DAT JE MET ME WILDE SPELEN. GROETJES, JULIUS. En in de Nederlandse traditie van tripjes tussendoor gaan we met ons hele gezin zijn verjaardag vieren met een bezoek aan de Efteling. En ook baby Matteo wordt niet opgezadeld met *Baby Einstein*; in plaats daarvan krijgt hij rust en regelmaat. Ik probeer mezelf ook niet meer te 'bewijzen' als de perfecte moeder in mijn natuurlijke drang in alles 'het beste' voor mijn kinderen te zoeken.

Michele

Voor mij betekende de Nederlandse aanpak dat ik mijn houding ten opzichte van mijn werk en een evenwichtiger leven moest herzien. Dat heeft me kostbare tijd in het weekend opgeleverd die ik met mijn kinderen kan doorbrengen, vaak buiten op de volkstuin, of rolschaatsend in het park tegenover ons huis. Ik begin ook de vruchten te plukken van het feit dat ik mijn kinderen heb leren loslaten, zodat ze hebben geleerd zelfstandig te zijn en hun eigen problemen op te lossen. Ben volgt sinds kort op zaterdag lessen aan een professionele dansacademie aan de andere kant van de stad, en de afspraak was dat hij daar zelf moest zien te komen. De eerste keer dat hij met het openbaar vervoer naar huis zou komen, was er een demonstratie in hartje Amsterdam. Er reden geen trams. Hij belde me terwijl hij kalmpjes naar het busstation liep, langs al die demonstranten, een wandeling van drie kilometer. Hij zat er totaal niet mee en wist de weg te vinden door een deel van de stad dat hij niet goed kende. Waarschijnlijk moet je juist daarom je kind de ruimte en het vertrouwen geven om zelfstandig te worden: zodat ze flexibel worden, problemen kunnen oplossen en nergens van opkijken.

We kunnen niet anders dan het ontzettend eens zijn met het UNICEF-rapport: wij geloven ook dat Nederlanders de gelukkigste kinderen van de wereld grootbrengen. Maar daarmee doen ze eigenlijk niets nieuws. Ze doen dingen waarmee de huidige generatie ouders in Groot-Brittannië en de VS zelf zijn grootgebracht maar die ze blijkbaar uit het oog zijn verloren in hun eensgezinde, overdreven ambitieuze drang tot perfectie. Al in 1873 pleitte verloskundige Pye Henry Chavasse uit Birmingham voor 'frisse lucht, eenvoudige kost en beweging' in zijn opvoedingshandboek *Advice to Mothers*. En in de achttiende eeuw vond Jeremy Bentham, grondlegger van het utilitarisme, dat we moeten proberen zoveel mogelijk mensen gelukkig te maken. Geluk zou centraal moeten staan in het leven. 'Streef ernaar goed te doen, in plaats van het goed te hebben,' adviseerde hij. Het zou er in het leven om moeten gaan dat je anderen helpt en goed voor jezelf en je kinderen zorgt, zonder jezelf met anderen te vergelijken. Spocks handboek *Baby and Child Care* uit 1946 (*Baby- en kinderverzorging & opvoeding*, in Nederland uitgegeven in 1950) deed ook een beroep op het gezonde verstand, getuige de openingszin: 'Vertrouw op jezelf. Je weet meer dan je denkt.' Het punt is, iedereen kan de Nederlandse gezondverstandmethode hanteren: die is er altijd al geweest, hoewel hij de laatste tijd een beetje vergeten is. Internationale onderzoeken van de OESO wijzen op het belang van geluk in je jeugd. Dat is de reden dat het Britse Bureau voor de Statistiek in 2012 en 2014 het nationale welzijn ging peilen in hun *Measuring National Well-being Programme* – het is inmiddels standaardoverheidsbeleid om te streven naar een hoger geluksniveau.

> **Wat draagt bij aan het wezenlijke geluk van een kind?**
>
> - Voor baby's en kleine kinderen is een voorspelbaar schema een cadeautje: laat ze slapen, laat ze eten, hou ze schoon.
> - Een gezellig thuis; een veilige haven.
> - Ouders die voor ze klaarstaan met hun onvoorwaardelijke liefde.
> - De middelen krijgen om langzamerhand zelfstandig en zelfredzaam te worden.
> - Veel tijd om te spelen.
> - Genoeg regels en grenzen opgelegd krijgen om zich veilig te voelen.

'Veel ouders doen alles voor hun kinderen, alleen staan ze niet toe dat ze zichzelf zijn,' schrijft de Britse straatkunstenaar Banksy, waarmee hij een probleem aansnijdt waar veel moderne ouders mee worstelen. Nederlanders geloven in leren om het leren en om de blik te verruimen, niet alleen om examens te halen. Ouders kunnen helpen door hun kinderen geen prestatiedruk op te leggen. Vergeet academisch hothousing. Leg de *Baby Einstein* weg en ga gewoon een eindje wandelen met je pasgeboren baby. Laat je aspiraties voor je kinderen los en laat ze zichzelf zijn: onvolmaakt zoals wij allemaal, maar gelukkig. Laat kinderen kinderen zijn. Laat ze spelen.

Van spelen kan een kind veel leren. Actief buiten spelen is essentieel voor opgroeiende kinderen om hun zintuigen te trainen en ontwikkelen. Belangrijke zintuigen worden verbeterd door stoeien. Stimuleer je kind buiten te spelen als het slecht weer is, daar worden ze hard van. En laat ze naar buiten gaan, laat ze fietsen en onafhankelijk zijn in steeds grotere gecontroleerde stappen.

Geluk draait niet om concurreren met je klasgenoten, maar om leuk met ze om te gaan. De overheid zou zelf stappen moeten ondernemen om dit te stimuleren door het onderwijssysteem steeds te blijven evalueren en vernieuwen en de kloof van mogelijkheden tussen arm en rijk te verkleinen. Het is geen toeval dat politici in Groot-Brittannië op dit moment lobbyen voor onderwijs dat karakter, flexibiliteit en communicatievaardigheden voorstaat, in plaats van kinderen door examenfabrieken heen te jagen. De Nederlanders zijn geen onderwijspioniers: ze hebben gewoon al vroeg vernieuwende onderwijsmethoden die zich al bewezen hadden opgepikt uit andere landen zoals Italië, Finland en Duitsland. Ze evalueren hun eigen onderwijssysteem en zoeken elders naar nieuwe ideeën om het te verbeteren.

Kinderen zijn gelukkig als je ze de tijd en de vrijheid gunt voor hobby's, zonder dat ze denken dat je alleen een gouden medaille als een succes ziet. Kinderen met talent en passie presteren meestal sowieso wel. En als ik even Nederlands mag zijn en dat in perspectief mag zetten: zelfs in die gevallen betalen toppers altijd een zekere prijs. Dus moet dat echt?

Misschien zit het in onze natuur dat we altijd een beetje bang zijn dat we iets van onszelf moeten maken. Als je in een land woont zonder dringende problemen zoals slechte toegang tot onderwijs, gezondheidszorg en betaalbare voeding en behuizing, ga je misschien vanzelf nieuwe problemen verzinnen. Angelsaksische ouders trappen vaak in de valstrik dat ze hun kinderen alles willen geven wat zij zelf niet hadden; of dat nu eindeloos veel Lego is, eindeloos veel ouderlijke aandacht of een plekje op de 'beste' school. Maar die drang om iets positiefs voor je kind te doen kun je beter uitleven door ze te leren zelfstandig en zelfredzaam te worden als jij langzaam de teugels laat vieren. Om geluksprofessor Ruut Veenhoven te citeren: 'Wie niet valt, leert niet.'

Je hebt maar één jeugd en daarin leg je de basis voor de

rest van je leven. Door die kennis kan het gebeuren dat we de jeugd in een probleem veranderen. Ouders zijn zich hyperbewust van alle risico's die hun baby's lopen. We weten nog maar al te goed hoe we die laatste maanden van onze zwangerschap koesterden, toen onze baby nog veilig in de baarmoeder zat. We weten dat we alleen tijdens de zwangerschap helemaal zeker konden weten waar ons kind was. Maar wij ouders moeten onze constante angst dat er iets met onze kinderen gebeurt temperen. We moeten voor hun bestwil de dingen in perspectief zien. Anders schrikken ze zich straks rot in de echte wereld.

Is er een remedie tegen hyperopvoeden? Nou ja, om te beginnen: hoe meer kinderen je hebt, hoe minder tijd je hebt om ze op hun nek te zitten. Tijd en energie moeten onderling verdeeld worden; die dingen zijn niet oneindig, in tegenstelling tot liefde. Ouders met meer dan één kind moeten achteraf vaak lachen om hun paniekerige gedrag met hun eerste kind. Helikopterouders leggen de schuld vaak bij externe factoren (scholen, leraren, andere mensen) maar ze zouden beter hun eigen angsten kunnen aanpakken. Ouders die zich minderwaardig voelen hebben de neiging om de waarde van hun leven op te hangen aan de prestaties van hun kind, ter compensatie van hun eigen vermeende tekortkomingen. Maar dat is egoïstisch. Wat kinderen nodig hebben, is liefde, aanmoediging, steun en genegenheid. Je kind is een individu, een zelfstandig wezen, en geen verlengstuk van zijn ouders. Een van de voornaamste lessen die je als ouder moet leren is dat je kind geen miniversie van jezelf is.

In Nederland zijn ouders eerder geneigd zelfstandig en tevreden met zichzelf te zijn, en te genieten van hun eigen leven. Ze zijn niet overdreven beschermend omdat ze erop vertrouwen dat hun omgeving inspeelt op hun behoeften en die van hun kinderen. Zelfstandigheid en autonomie maken gelukkig. Net als dialoog. Samen eten als gezin en gewoon met je kinderen praten is een goed begin. Als die verantwoordelijkheid stopt bij de ouders, moet de overwerkcultuur ook stoppen. Het is aan de werkgevers om in te spelen op de behoeften van hun werknemers, en aan de werknemers om daarvoor te vechten.

Geluk zit hem in een liefdevol gezin en een goede relatie met je ouders; positieve ouders die je steunen, in plaats van zeurende, angstige ouders. Een positieve houding van de ouders geeft kinderen meer zelfvertrouwen. Door dat zelfvertrouwen zullen kinderen hun eigen problemen kunnen oplossen.

Ouders in individualistische samenlevingen zoals de VS en Groot-Brittannië, nemen vaak als enige verantwoordelijkheid voor hun kroost. Misschien is het tijd voor een sociale revolutie. Dan moeten niet alleen de ouders, maar ook de hele samenleving de uitdaging aangaan. Er zijn al culturele veranderingen gaande, met meer flexibiliteit op de werkvloer: steeds meer mensen werken parttime en freelance, en portfoliowerkers combineren verschillende banen. Maar het Nederlandse voorbeeld laat zien dat je hierin veel verder kunt gaan. Zo is het verstandig om na te denken over een meer samenwerkende zorg voor de kinderen: we brengen onze kinderen niet groot in een vacuüm, en Nederlandse ouders laten ons zien hoe je de verantwoordelijkheid kunt delen met andere ouders, grootouders en buren, wat het voor drukke, werkende ouders makkelijker maakt. Onderzoek van de Universiteit Leiden heeft aangetoond dat een dergelijk sociaal vangnet enorm kan helpen om het kind in het latere leven op het rechte pad te houden.

Ons leven hier als moeders heeft ons veel geleerd over het karakter van de Nederlanders. Een van de dingen waar we het moeilijkst aan hebben kunnen wennen is de waarde die ze hier hechten aan middelmaat. De populaire uitdrukking 'doe maar gewoon' zegt alles. Nederlanders zetten alles graag in perspectief, met humor en zelfspot, en de focus ligt hier veel minder op status en succes. Het land is weliswaar niet volledig klasseloos (een klasseloze maatschappij bestaat gewoon niet), maar klasse bepaalt niet wie je bent en vormt je leven niet zoals in Groot-Brittannië, en rijkdom bepaalt je status niet zoals in Amerika. Hier stapt zelfs de koninklijke familie op de fiets.

Herman Pleij schrijft dat Nederland al meer dan vijf eeuwen lang een van de gelukkigste naties ter wereld is. Hij schrijf dat niet toe aan het aantal miljonairs, maar aan 'het gevoel hier aan je trekken te kunnen komen'. Bij de interviews die we hebben gedaan of als we het met vrienden over ideeën in dit boek hadden, waren Nederlanders vaak verbaasd om te horen hoe positief we dachten over hun land, hun stijl van opvoeden en hun cultuur. Men is hier geneigd op te kijken naar de Angelsaksische wereld als culturele leider en massaal hun trends te importeren.

Volgens het Sociaal en Cultureel Planbureau, dat ook onderzoek doet naar welzijn, omschrijft 82 tot 87 procent van de bevolking zichzelf als gelukkig. De redenen die men hiervoor geeft zijn decentralisatie, gelijkheid, ondernemingszin, individuele geëngageerdheid, zelfredzaamheid, pragmatisme en het gevoel van erbij horen. De individuele levenstevredenheid is gemiddeld 7,8 op een schaal van 10. En toch stelt de Nederlandse socioloog Paul Schnabel in zijn onderzoeksverslag *Sturen op geluk* dat weliswaar minstens viervijfde van de Nederlanders zich gelukkig noemt, maar dat slechts 1 procent van de bevolking denkt dat het de juiste kant op gaat met dit land. Het ironische is dat de Nederlanders zelf denken dat Nederland naar de donder gaat!

In de Engelstalige wereld heeft het obsessieve streven naar een voorsprong in de concurrentiestrijd ingebouwde consequenties voor de samenleving. Er zijn geen miljoenen geweldige banen meer beschikbaar, er valt geen oneindige hoeveelheid geld te verdienen, dus de marktwerking jaagt het darwinistische voortbestaan van de sterksten aan. Maar snijdt dat beeld echt hout? Zijn de Nederlanders als groep uiteindelijk minder succesvol doordat ze niet hetzelfde doel nastreven als anderen in de westerse wereld? Nee. Is je kinderen gelukkig maken niet het allerbeste doel ter wereld?

Noten

13 **'In 2013 stelde een rapport van UNICEF…'** Het UNICEF-rapport ging uit van onderzoek van de Wereldgezondheidsraad, zie www.HBSC.org.

17 **'De Nederlandse samenleving heeft met succes gevochten…'** Organisatie voor Economische Samenwerking en Ontwikkeling. Gemiddelde gewerkte uren per jaar per werknemer. OECD, *Average annual hours actually worked per worker*, OECD Publishing, https://stats.OECD.org/Index.aspx?DataSetCode=ANHRS.

20 **'Is het in dit kleine landje…'** De Nederlanders stonden op de vijfde plaats wat betreft *Gezondheid* en *Veiligheid* in het UNICEF-rapport van 2013, achter Scandinavische landen als IJsland, Zweden, Finland en verder Luxemburg.

36 **'Ik was zevenendertig weken zwanger…'** In Nederland is het verplichte zwangerschapsverlof korter dan in Groot-Brittannië, een zeldzaam voorbeeld tussen alle opvoedingskwesties waarin het land achterloopt.

37 **'*The Daily Telegraph* schatte onlangs…'** '"We earn £190k a year. Do we need to sell our flat to afford private school fees?"', *The Daily Telegraph*, 19 november 2015, http://www.telegraph.co.uk/finance/personalfinance/pensions/12000288/We-earn-190k-a-year.-Do-we-need-to-sell-our-flat-to-afford-private-school-fees.html.

44 **'Volgens sommige historici...'** Vries, Raymond de, *A Pleasing Birth. Midwives and Maternity Care*, Temple University Press, 2004.

47 **'Groot-Brittannië en de VS haalden...'** Save the Children, *The Urban Disadvantage. State of the World's Mothers*, 2015.

47 **'Voor veel vrouwen in...'** National Center for Health Statistics, 'Births: Method of Delivery', http://www.cdc.gov/nchs/fastats/delivery.htm.

47 **'Het National Institute for...'** Persbericht: 'NICE *confirms that midwife-led care during labour is safest for women with straightforward pregnancies.*' NICE bevestigt dat een bevalling onder leiding van een verloskundige het veiligst is voor vrouwen met een normale zwangerschap. Sanjay, Tanday, 'Midwife-led units safest for straightforward births', NICE, 3 december 2014, https://www.nice.org.uk/news/press-and-media/midwife-care-during-labour-safest-women-straightforward-pregnancies.

47 **'Na een uitgebreid onderzoek...'** Borland, Sophie, 'NHS push for home births: second-time mums are told they only need hospital if high-risk', *Daily Mail*, 13 mei 2014, http://www.dailymail.co.uk/health/article-2626670/NHS-push-home-births-second-time-mums-told-need-hospital-high-risk.html.

48 **'Toch schat het Britse Bureau...'** The Royal College of Midwives, 'Static home birth rate', 18 november 2014, https://www.rcm.org.uk/news-views-and-analysis/news/static-home-birth-rate.

56 **'De gedachte is dat je thuis...'** Halliwell, Rachel, 'Conveyor-belt maternity units: "I was told to go home 6 hours after giving birth"', *The Daily Telegraph*, 31 december 2014, http://www.telegraph.co.uk/women/mother-tongue/11319166/British-woman-I-was-told-to-leave-hospital-6-hours-post-birth.html.

63 **'Het idee van de moeder...'** Abram, Jan, *The Language of Winnicott: A Dictionary of Winnicott's Use of Words*, Karnac Books, 2007.

63 **'Ze verzorgt haar baby...'** Kunst, Jennifer, 'In Search of the "Good-enough Mother": How to Honor the Complexity of Motherhood', *Psychology Today*, 2012.

64 **'Alsof het universum...'** Singal, Jesse, 'Dutch Babies: Better Than American Babies?', *New York Magazine*, 29 januari 2015, http://nymag.

com/scienceofus/2015/01/dutch-babies-better-than-american-babies.html.

64 **'Recent onderzoek toonde aan...'** Johnston, Ian, 'Global sleeping study reveals women get more than men', *Independent*, 6 mei 2016, http://www.independent.co.uk/news/science/sleeping-sleep-study-jet-lag-appmichigan-university-research-a7016871.html.

69 **'Als je vindt dat vijf uur achter elkaar...'** La Leche League International, 'Sleeping Like a Baby', *New Beginnings, vol. 20*, nr 1, jan-feb 2003, https://www.lalecheleague.org/nb/nbjanfeb03p4.html.

70 **'Ze introduceerden het idee...'** Harkness, Sara en Super, Charles M. (red), *Parents' Cultural Belief Systems: Their Origins, Expressions and Consequences*, Guilford Press, 1996.

70 **'Hun bevindingen waren cruciaal...'** Harkness, Sara, et al., 'Chapter Four: Parental Ethnotheories of Children's Learning', *The Anthropology of Learning in Childhood, vol. 65* (2010).

70 **'En het idee van de "slaapstrijd"...'** Ibid.

79 **'Tips uit de GroeiGids...'** Kesler, Anneke, *GroeiGids 0-4 jaar*, GGD, 2012, https://www.groeigids.nl. Citaten niet letterlijk.

84 **'Een onderzoek getiteld *Is Kindergarten*...'** Bassok, Daphna, Latham, Scott en Rorem, Anna, 'Is Kindergarten the New First Grade?', *AERA Open*, 2 (1), http://journals.sagepub.com/doi/abs/10.1177/2332858415616358, 2016.

Onderzoekers vergeleken de klassen op gesubsidieerde Amerikaanse kleuterscholen in 1998 met die van 2010 volgens twee sets representatieve nationale data en zagen een dramatische verschuiving in wat er van kleuters wordt verwacht. Leraren in de latere periode legden de kleuters een veel hogere academische standaard op en besteedden meer tijd aan formele lessen in lezen en rekenen.

97 **'Een kind dat goed kan lezen...'** Medium.com, 'How to Make Your Kid Smarter', 3 juni 2015, https://medium.com/@bookroo_love/how-to-make-your-kid-smarter-5b026eedbf60#.pph127550

100 **'Als ik me over het onderwerp inlees...'** Shumaker, Heather, 'Homework is wrecking our kids: The research is clear, let's ban elementary homework', *Salon*, 3 maart 2016, http://www.salon.com/2016/03/05/homework_is_wrecking_our_kids_the_research_is_clear_lets_ban_elementary_homework/.

Abeles, Vicki, 'We're destroying our kids – for nothing: Too much homework, too many tests, too much needless pressure', *Salon,* 31 oktober 2015, http://www.salon.com/2015/10/31/were_destroying_our_kids_for_nothing_too_much_homework_too_many_tests_too_much_needless_pressure/.

Rosenfeld, Jordan, 'Homework is making our kids miserable: Why the classroom staple is a colossal waste of time', *Salon,* 13 maart 2015, http://www.salon.com/2015/03/13/homework_is_making_our_kids_miserable_why_the_classroom_staple_is_a_colossal_waste_of_time_partner/.

Strauss, Valerie, 'Homework: An unnecessary evil? ... Surprising findings from new research', *The Washington Post,* 26 november 2012, https://www.washingtonpost.com/news/answer-sheet/wp/2012/11/26/homework-an-unnecessary-evil-surprising-findings-from-new-research/?utm_term=.b38563d77455

101 **'*The Times* schreef...'** Woolcock, Nicola, 'Students in Crisis over Poor Maths and English', *The Times,* 29 januari 2016, http://www.thetimes.co.uk/tto/education/article4677431.ece.

101 **'*Het Parool* schreef vol leedvermaak...'** 'Britse tieners onder minst geletterde van westerse wereld', *Het Parool,* 8 februari 2016.

104 **'Als voorloper...'** Veenhoven, Ruut, *World Database of Happiness,* Erasmus Universiteit, http://worlddatabaseofhappiness.eur.nl.

108-109 **'Slechts een paar procent...'** https://www.rijksoverheid.nl/documenten/rapporten/2015/04/15/de-staat-van-het-onderwijs-onderwijsverslag-2013-2014.

109 **'Wie meer wil...'** Pleij, Herman, *Moet kunnen. Op zoek naar een Nederlandse identiteit,* Uitgeverij Prometheus/Bert Bakker, 2014, 162.

110 **'Toch heeft de Nederlandse onderwijsaanpak...'** Ibid., XXII.

113 **'In een artikel...'** Gray, Peter, 'The Decline of Play and Rise in Children's Mental Disorders', *Psychology Today,* januari 2010, https://www.psychologytoday.com/blog/freedom-learn/201001/the-decline-play-and-rise-in-childrens-mental-disorders.

114 **'Volgens het OESO-onderzoek *How's Life*...'** Organisatie voor Economische Samenwerking en Ontwikkeling.

114 **'Het was geen verrassing...'** 'Ik was verbaasd dat Spanje en Tur-

kije bovenaan stonden. Maar goed, ik weet weinig over het schoolsysteem in die landen.'

115 **'Het rapport stelt dat...'** Waterfield, Bruno, 'OECD Education Report: Dutch System Puts Premium on Quality Standards', *The Daily Telegraph*, 3 december 2013, http://www.telegraph.co.uk/news/worldnews/europe/netherlands/10489496/OECD-education-report-Dutch-system-puts-premium-on-quality-standards.html.

116 **'Hoewel het hartverscheurend was...'** Rosin, Hanna, 'The Silicon Valley Suicides: Why are So Many Kids with Bright Prospects Killing Themselves in Palo Alto?', *The Atlantic*, december 2015, http://www.theatlantic.com/magazine/archive/2015/12/the-silicon-valley-suicides/413140/.

120 **'Een recent artikel in *Het Parool*...'** Versprille, Hiske, 'Zijn kinderen straks niet meer welkom in de horeca?', *Het Parool*, 21 augustus 2015, http://www.parool.nl/stadsgids/zijn-kinderen-straks-niet-meer-welkom-in-de-horeca~a4126293/.

122 **'Evengoed was Nederland...'** N.N., 'Straffen', http://www.onderwijsgeschiedenis.nl/Straffen/.

122 **'De Nederlanders, die al lange tijd...'** Voogd, Fanta, 'Laat de kinderen vrij spelen', *Ons Amsterdam*, jaargang 2010, nummer 7-8, juli-augustus 2010, http://onsamsterdam.nl/tijdschrift/jaargang-2010/57-nummer-7-8-juli-aug-2010?start=4.

124 **'Triple "P" Positive Parenting is een in Australië ontwikkeld...'** Ouders, blijf positief, 'Triple P', http://www.positiefopvoeden.nl/nh-nl/home/?cdsid=pfmpjfsprfmhtughriklplrkinsgrimr.

128 **'Volgens onderzoek...'** Kok, Rianne, '"Do As I say!": Parenting and the biology of child self-regulation', Universiteit Leiden (Boxpress), 2013.

128 **'En resultaten gaven aan...'** Macrae, Fiona, 'Toddlers have a strong sense of justice: Biscuit-stealing experiment shows infants inherently know right from wrong', *Daily Mail*, 18 juni 2015, http://www.dailymail.co.uk/sciencetech/article-3129953/Toddlers-strong-sense-justice-Biscuit-stealing-experiment-shows-infants-inherently-know-right-wrong.html.

136 **'Onderzoekers van de Universiteit...'** 'Lang leve de fietser', Uni-

versiteit Utrecht, 22 juni 2015, https://www.uu.nl/nieuws/lang-leve-de-fietser.

136 **'Op een gemiddelde Nederlandse weekdag...'** De website van de Fietsersbond geeft veel informatie. Zie http://www.fietsersbond.nl.

137 **'Het Nederlandse leger heeft...'** Fanfare Bereden Wapens (FBW). Het orkest bestaat uit tweeëntwintig musici op de fiets.

137 **'In Groot-Brittannië mag je alleen...'** Volgens de Britse Wegenverkeerswet is het niet toegestaan om met twee mensen op één fiets te rijden, tenzij de fiets is 'geconstrueerd of aangepast voor het vervoer van meer dan één persoon', oftewel een tandem of een fiets met een goedgekeurde uitrusting zoals een kinderzitje. Als je een passagier meeneemt op een fiets die niet als zodanig goedgekeurd of aangepast is, ben je in overtreding van artikel 24 van de Britse Wegenverkeerswet.

139 **'Onderzoekers van de Universiteit...'** Limonero, Joaquín T., Tomás-Sábado, Joaquín, Fernández-Castro, Jordi, Gómez-Romero, Mª José en Ardilla-Herrero, Amor, 'Estrategias de afrontamiento resilientes y regulación emocional: predictores de satisfacción con la vida', *Behavioral Psychology/ Psichologia Conductual*, vol. 20, nr. 1, 2012, 183-196.

139 **'En je moet ze al helemaal niet...'** Bisschop, Marijke, *Opvoeden in een verwenmaatschappij. Hoe maak ik mijn kind toch gelukkig?*, Uitgeverij Lannoo, 2005, 78.

141 **'Ook is er een vermoeden dat...'** Fietsersbond, 'Fietshelmen', 10 maart 2011, http://www.fietsersbond.nl/de-feiten/verkeer-en-veiligheid/fietshelmen.

142 **'Gelukkig meldt de Stichting...'** SWOV, *Verkeersdoden in Nederland*, SWOV-Factsheet, juni 2016, Den Haag, https://www.swov.nl/rapport/Factsheets/NL/Factsheet_Verkeersdoden.pdf.

142 **'De infrastructuur was...'** Jordan, Pete, *Fietsrepubliek: een geschiedenis van fietsend Amsterdam*, Uitgeverij Podium, 2013.

142 **'Daarmee vergeleken fietst maar...'** Cycling UK, 'Cycling UK's Cycling Statistics', http://www.cyclinguk.org/resources/cycling-uk-cycling-statistics#How many people cycle and how often?/.

145 **'Ik ben bezorgd om Ben...'** De naam van het fietsmerk Batavus verwijst naar een mythische, ideale staat die werd bewoond door de Bataven. Volgens de zestiende-eeuwse medicus en klassieke weten-

schapper Hadrianus Junius, die het vroegst bekende boek over de Nederlandse identiteit schreef, waren zij de voorvaderen van de moderne Nederlanders.

150 **'De Zwitserse natuurwetenschapper en fysioloog...'** Bruin, Johan de en Strouken, Ineke, *Typisch Nederland. Tradities en trends in Nederland,* Reader's Digest BV, 2011, 51.

153 **'En 'Buiten, dat wil zeggen...'** Feddema, Gitty en Wagenaar, Aletta, *En als we nou weer eens gewoon gingen opvoeden*, Uitgeverij Unieboek-Het Spectrum, herz. ed., 2014, 162.

155 **'Onlangs ondertekende president Obama...'** ESSA Progress Report, https://www.whitehouse.gov/sites/whitehouse.gov/files/documents/ESSA_Progress_Report.pdf. De Every Student Succeeds Act is de eerste *federal Free-Range Kids legislation*, dus de eerste federale wetgeving die iets over scharrelkinderen te zeggen heeft. Een amendement van de Republikeinse senator Mike Lee uit Utah stelt: '… niets in deze wet zal … een kind verbieden te voet, per auto, bus of fiets van en naar school te gaan als de ouders van het kind in kwestie daarvoor toestemming hebben gegeven; of leiden tot civielrechtelijke of strafrechtelijke stappen tegen ouders die hun kinderen op een verstandige en veilige manier van en naar school laten gaan op een manier die volgens de ouders in kwestie bij hun leeftijd past.'

154 **'In dorpen kan dat wel nog steeds...'** *NRC Weekend*, 7-8 november, 2015.

158 **'We kunnen niet meer omgaan...'** *Zomergasten*, 30 augustus 2015.

165 **'We worden zodanig gebombardeerd...'** Hardyment, Christina, *Dream Babies: Childcare Advice from John Locke to Gina Ford*, Frances Lincoln, 2007, 343.

165 **'Ze wijst er ook op...'** Ibid., 347.

167 **'Volgens onderzoek uit...'** Baumrind, Diana, 'Effects of Authoritative Parental Control on Child Behavior', *Child Development*, 37 (4), december 1966, 887-907, http://persweb.wabash.edu/facstaff/hortonr/articles%20for%20class/baumrind.pdf.

169 **'"Spelen wordt ingeperkt vanwege vermeende..."** http://www.cam.ac.uk/research/features/plays-the-thing

172-173 **'Het Nederlandse caravanmerk...'** Informatie overgenomen uit: Strouken, Ineke, *Dit zijn wij. De 100 belangrijkste tradities van Nederland*, Pharos Uitgevers/Nederlands Centrum voor Volkscultuur en Immaterieel Erfgoed, 2010, hoofdstuk 51.

173 **'Het Nibud publiceert...'** Nibud, 'Zakgeld: hoeveel geef je?', http://www.nibud.nl/consumenten/zakgeld/.

181 **'In *Moet Kunnen* typeert Herman Pleij...'** Pleij, Herman, *Moet kunnen. Op zoek naar een Nederlandse identiteit*, Uitgeverij Prometheus/Bert Bakker, 2014, 14.

181 **'Pleij vat de Nederlandse...'** Ibid., 76.

183 **'In hun boek *The Spirit Level*...'** Wilkinson, Richard en Pickett, Kate, *The Spirit Level: Why Equality is Better for Everybody*, Penguin, 2010, 6.

184 **'Ongelijkheid wordt geassocieerd met...'** Ibid., 7.

185 **'In haar boek *Why Dutch Women*...'** Brothers, Caroline, 'Why Dutch women don't get depressed', *The New York Times*, 6 juni 2007, https://www.nytimes.com/2007/06/06/arts/06iht-happy.1.6024209.html.

187 **'Dat is een situatie die geen winnaars kent.'** Strauss, Elissa, 'Surprise, Surprise: American Parents Are the Least Happy Parents in the Western World', *Slate*, 16 juni 2016, http://www.slate.com/blogs/xx_factor/2016/06/16/american_parents_are_the_least_happy_parents_in_the_western_world_surprise.html.

187 **'Volgens onderzoek...'** Glass, Jennifer, 'CCF Brief: Parenting and Happiness in 22 Countries, Council on Contemporary Families, 15 juni 2016, https://contemporaryfamilies.org/brief-parentinghappiness.

190 **'Bijna de helft van...'** Eurostat Statistics Explained, 'File: Persons working part-time or with a second job, 2004-14(% of total employment) YB15-de.png, 4 december 2015, http://ec.europa.eu/eurostat/statistics-explained/index.php/File:Persons_working_part-time_or_with_a_second_job,_2004%E2%80%9314_(%25_of_total_employment)_YB15-de.png&oldid=269490.

191 **'Een papadag nemen...'** Er is ook ouderschapsverlof: 26 keer het aantal uren dat je per week werkt, op te nemen tot je kind acht jaar is.

198 **'Ze staat náást...'** Kloek, Els, *Vrouw des huizes. Een cultuurgeschiedenis van de Hollandse huisvrouw*, Uitgeverij Balans, 2009, 7.

198 '"In de Nederlandse context..." Ibid., 10.
200 'Hoewel dat misschien ideaal klinkt...' Schulte, Brigid, *Overwhelmed: How to Work, Love and Play When No One Has the Time*, Bloomsbury, 2014, 29.
200 'De onderzoekers...' Houten, Maaike van, 'Vrouwen ervaren vrije tijd als minder ontspannend dan mannen', *Het Parool*, 8 maart 2016.
200 'Wij moeders lijken...' Als we Nederlanders en Amerikanen vergelijken, hebben moeders in Amerika veel meer last van algemene stress, zozeer dat het effect kan hebben op het geluk van hun kinderen. Schulte schrijft: 'De Wereldgezondheidsorganisatie stelt dat Amerikanen in het rijkste land leven, maar ook de meeste angst ervaren. De gemiddelde highschoolleerling van tegenwoordig heeft evenveel angsten als de gemiddelde psychiatrische patiënt uit de jaren vijftig. En wat misschien nog wel zorgelijker is: wetenschappers zien dat als kinderen worden blootgesteld aan stress (die vaak voortkomt uit de druk op de ouders), niet alleen hun neurologische en hormonale systeem kan veranderen, maar zelfs hun DNA.' Schulte, 2014, 57.
202 'Colin White en...' White, Colin & Boucke, Laurie, *UnDutchables. An Observation of the Netherlands, Its Culture and Its Inhabitants*, Nijgh & Van Ditmar, 2004, 154.
202 'Productiviteitsniveaus liggen aanmerkelijk hoger...' OECD Stat, *Level of GDP per capita and productivity*, OECD Publishing, http://stats.oecd.org/Index.aspx?DataSetCode=PDB_LV.
203 'Carpe diem!' Er is een beweging in de hedendaagse Nederlandse filosofie die betoogt dat de tijd die je passief doorbrengt in een ontspannen staat van diep peinzen bijzonder nuttig is voor iedereen die een baan heeft waarin hij of zij vooral intellectuele vaardigheden gebruikt. Zie Hermsen, Joke J., *Stil de tijd*, De Arbeiderspers, 2009.
205 'Volgens OESO-statistieken...' OECD, *Better Life Index: Work-Life Balance*, OECD Publishing, http://www.oecdbetterlifeindex.org/topics/work-life-balance.
216 'Onderzoek in de VS...' Putnam, Robert D., *Our Kids: The American Dream in Crisis*, Simon & Schuster, 2015.
220 'Onderzoek geeft aan dat tieners...' Rutgers Kenniscentrum Sek-

sualiteit, 'Week van de Lentekriebels', http://www.rutgers.nl/wat-wij-doen/programmas-en-projecten/week-van-de-lentekriebels.

220 **'Volgens het UNICEF-rapport uit 2013...'** Widdicks, Mary, 'Why You Shouldn't be Ashamed of Bathing with Your Kids, despite the Perez Hilton Controversy', *The Washington Post*, 16 oktober 2015, http://www.washingtonpost.com/news/parenting/wp/2015/10/16/why-you-shouldnt-be-ashamed-of-bathing-with-your-kids-despite-the-perez-hilton-controversy/.

220 **'Nieuw-Zeeland, Engeland en Wales...'** Guttmacher Institute, 'Teen Pregnancy Rates Declined In Many Countries Between The Mid-1990s and 2011', 23 januari 2015, https://www.guttmacher.org/media/nr/2015/01/23/. 57, 51 en 47 zwangerschappen per 1000 tieners, respectievelijk in de VS, Nieuw-Zeeland en Engeland en Wales.

223 **'Lentekriebelsweek...'** Week van de Lentekriebels, http://www.weekvandelentekriebels.nl/.

223 **'Mijn dochter van acht heeft laatst...'** Heyden, Haye van der, *Het geheim van de gebroken ruit*, Uitgeverij Leopold, 2009.

224 **'Een boek van Ineke Strouken over Nederlandse tradities...'** Strouken, Ineke, *Dit zijn wij. De 100 belangrijkste tradities van Nederland*, Pharos Uitgevers/Nederlands Centrum voor Volkscultuur en Immaterieel Erfgoed, 2010, hoofdstuk 54.

230 **'Target, een populaire Amerikaanse warenhuisketen...'** Pawlowski, A., 'Target removing "gender-based signage" for kids after complaints from parents', *Today*, 10 augustus 2015, http://www.today.com/parents/target-removing-gender-based-signage-after-complaints-t37711.

230 **'In 2007 beschreef journaliste...'** Womack, Sarah, 'The generation of "damaged" girls', *The Daily Telegraph*, 20 februari 2007, http://www.telegraph.co.uk/news/health/1543203/The-generation-of-damaged-girls.html.

230 **'De American Psychological Association...'** Volgens taakgroepvoorzitter Eileen Zurbriggen van de APA: 'De consequenties van de seksualisering van meisjes in de hedendaagse media zijn zeer wezenlijk en zullen de gezonde ontwikkeling van meisjes waarschijnlijk negatief beinvloeden. Als samenleving moeten we al die geseksualiseerde beelden

vervangen door afbeeldingen van meisjes in een positieve context. We moeten al onze pubers – jongens en meisjes – een boodschap meegeven die leidt tot een gezonde seksuele ontwikkeling'. N.N., 'Sexualisation "harms" young girls', BBC News, 20 februari 2007, http://news.bbc.co.uk/2/hi/health/6376421.stm.

233 **'Hoewel er veel naschoolse opvang is...'** Net zoals crèches worden naschoolse clubs gesubsidieerd voor ouders met een inkomen onder een bepaalde grens. Inkomenstoetsen bepalen hoeveel korting je krijgt.

236 **'"Dat zouden Amerikaanse sociale conservatieven..."'** Kuper, Simon, 'Why American teens should go Dutch', *Financial Times*, 13 januari 2012, http://www.ft.com/intl/cms/s/2/1c9567f8-3c0b-11e1-bb39-00144feabdc0.html.

237 **'Ze moesten immers een mobiele telefoon...'** Bergman, Sunny, 'Frisgewassen consumentisme', VPRO, 16 september 2016, http://www.vpro.nl/lees/smaakmakers/sunny-bergman/opvoeden.html.

240 **'En nog belangrijker: een kind houdt...'** *GroeiGids Puberteit*, GGD, 53. Zie ook hun website: https://www.groeigids.nl.

240 **'En wat betreft emotionele ontwikkeling...'** Ibid., 36.

246 **'Spiegelneuronen (speciale zenuwcellen)...'** Crone, Eveline, *Het puberende brein*, Uitgeverij Prometheus/Bert Bakker, 2008, 160.

246 **'Als ze winnen, zijn ze blijer...'** Ibid., 12-13.

246 **'Het is slimmer...'** Ibid., 116.

246 **'Blijkbaar zijn de hersenen van jongeren...'** Ibid., 68.

247 **'Tieners hebben gedurende de week...'** National Sleep Foundation, 'Teens and Sleep', https://sleepfoundation.org/sleep-topics/teens-and-sleep.

253 **'Visualiseer succes in plaats van falen...'** Universiteit van Leiden, 'Faalangst', 18 april 2011, http://www.studietips.leidenuniv.nl/faalangst.html. Bewerkt naar aanleiding van de lijst van de Universiteit Leiden.

253 **'Aan de ene kant geven ze het advies...'** Zie voor meer informatie www.marinavanderwal.nl.

256 **'We hebben al gezien dat Nederland...'** Garssen, Joop en Harmsen, Carel, 'Number of teenage mothers unprecedentedly low', Centraal Bureau voor de Statistiek, 15 oktober 2013, https://www.cbs.nl/en-

gb/news/2013/42/number-of-teenage-mothers-unprecedentedly-low.

Rogers, Thomas, 'Solving America's teen seks problem', 30 oktober 2011, http://www.salon.com/2011/10/30/solving_americas_teen_sex_problem/.

Schalet, Amy T., *Not Under My Roof: Parents, Teens, and the Culture of Sex*, University of Chicago Press, 2011.

256 **'Onderzoek wijst er ook op...'** *GroeiGids Puberteit*, GGD, 2013, 101.

256-257 **'Officiële cijfers uit 2011 geven aan...'** Crone, Eveline, *Het puberende brein*, Uitgeverij Prometheus/Bert Bakker, 2008.

258 **'Een recent artikel in *The Guardian*...'** *GroeiGids Puberteit*, GGD, 2013.

268 **'Onderzoek van de Universiteit Leiden...'** Weale, Sally, 'English children among the unhappiest in the world at school due to bullying', *The Guardian*, 19 augustus 2015, https://www.theguardian.com/society/2015/aug/19/english-children-among-unhappiest-world-widespread-bullying.

Bibliografie

Boeken in het Engels

Chua, Amy, *The Battle Hymn of the Tiger Mother*, Bloomsbury, 2011.

Druckerman, Pamela, *French Children Don't Throw Food*, Black Swan, 2013.

Geske, Colleen, *Stuff Dutch People Like*, Stuff Dutch People Like, 2013.

Hardyment, Christina, *Dream Babies: Childcare Advice from John Locke to Gina Ford*, Frances Lincoln, 2007.

Jordan, Pete, *In the City of Bikes*, Harper Perennial, 2013.

Martin, Wednesday, *Primates of Park Avenue*, Simon & Schuster, 2015.

Putnam, Robert D., *Our Kids: The American Dream in Crisis*, Simon & Schuster, 2015.

Schalet, Amy T., *Not Under My Roof: Parents, Teens, and the Culture of Sex*, University of Chicago Press, 2011.

Schulte, Brigid, *Overwhelmed: How to Work, Love and Play When No One Has the Time*, Bloomsbury, 2014.

Shorto, Russell, *Amsterdam: A History of the World's Most Liberal City*, Vintage Books, 2013.

Vries, Raymond de, *A Pleasing Birth. Midwives and Maternity Care,* Temple University Press, 2004.

White, Colin en Boucke, Laurie, *The UnDutchables: An Observation of* the Netherlands, Its Culture and Its Inhabitants, Nijgh & Van Ditmar, 2004.

Wilkinson, Richard en Pickett, Kate, *The Spirit Level: Why Equality is Better for Everyone*, Penguin, 2010.

Andere publicaties in het Engels

OECD, *How's Life? 2015: Measuring Well-being*, OECD Publishing, 2015.

WHO/HBSC, *Social Determinants of Health and Well-being Among Young People*, World Health Organization, 2012.

Wouters, Cas, '"Not under my roof": Teenage Sexuality and Status Competition in the USA and the Netherlands since the 1880s', *Human Figurations. Long-term perspectives on the human condition*, vol. 3, nr. 2, juni 2014, http://hdl.handle.net/2027/spo.11217607.0003.205.

Boeken in het Nederlands

Bisschop, Marijke, *Opvoeden in een verwenmaatschappij. Hoe maak je je kind toch gelukkig?* Uitgeverij Lannoo, 2005.

Botermans, Jack, en Grinsven, Wim van, *Gezelligheid kent geen tijd. Nederland en zijn tradities, van kaatsen tot carnaval tot haringhappen*, Uitgeverij TerraLannoo, 2010.

Bruin, Johan de en Strouken, Ineke, *Typisch Nederland. Tradities en trends in Nederland*, Reader's Digest BV, 2011.

Crone, Eveline, *Het puberende brein*, Uitgeverij Prometheus/Bert Bakker, 2008.

Erp, Barbara van en Sterken, Femke, *Dit is het boek voor ouders met een leven*, Nijgh & Van Ditmar, 2015.

Féddema, Gitty en Wagenaar, Aletta, *En als we nou weer eens gewoon gingen opvoeden*, Unieboek-Het Spectrum, herz. ed., 2014.

Kloek, Els, *Vrouw des huizes. Een cultuurgeschiedenis van de Hollandse huisvrouw*, Uitgeverij Balans, 2009.

Looze, Margreet de et. al., *Gezondheid, welzijn en opvoeding van jongeren in Nederland*, Universiteit Utrecht, 2014.

Pleij, Herman, *Moet kunnen. Op zoek naar een Nederlandse identiteit*, Uitgeverij Prometheus/Bert Bakker, 2014.

Strouken, Ineke, *Dit zijn wij. De 100 belangrijkste tradities van Nederland*, Pharos Uitgevers/Nederlands Centrum voor Volkscultuur en Immaterieel Erfgoed, 2010.

Dankwoord

Bedankt, Marianne Velmans van Doubleday, die met het briljante idee voor dit boek kwam, ons opdracht gaf het te schrijven en het vervolgens koesterde alsof het haar eigen kind was.

Bedankt, Elik Lettinga, die resoluut de rechten voor Nederland aankocht, onze vertaalster Petra van der Eerden, en promotiemedewerker Greta Le Blansch.

Dank aan onze deskundigen: Margreet de Looze, professor Ruut Veenhoven, Els Kloek, Roos Wouters en de professoren Sara Harkness en Charles Super.

Micheles vangnet: Martijn, Ben en Ina, Arwen van Grafhorst, Paulien Mouwen, Thomas Durner en Heleen Suer, de lieve dames van Noord Leest, Lesley Wolsey, Joanna Nakopoulou en Iain Wolsey, Eline en Mattijn van Ling, Roman Krznaric, de kinderen van Montessorischool Boven 't IJ, Dineke Valenkamp, Cinthya van Bakel, Lydwin van Rooyen, Janneke Horn, Helen Garnons-Williams, Simon Prosser, Leyla Moghadam, Leilah Bruton, Kirsty Dunseath, Tessa van Grafhorst, Sabine David, Madea Le Noble, Victoria Silver, Francine Brody, Mel Rush, Arnold Auée, Gonda Bruijn, Katrien Hoekstra, Joris Luyendijk, Anne Marie Vaalburg.

Rina's team: Bram, Junior en Matteo, Hester Velmans, mijn ouders Julio en Thelma Acosta, Rhada Rhamcharan, Elma Van Biljon, Eva Brouwer, Tara Wood, Abdelkader Benali, Doortje Graafmans, Mark Hoetjer, Mariska Schouten-Jurgens, Esther Buitendijk, Ottilie Cools, Maria van Lieshout, Gowri Krishna, Anne Leenheer, Dingena Kortland, Irma Lauffer, Leilah Bruton, Marc Möderscheim, Jet van der Hoeven, Ewoud Verheij, Jop de Kwaadsteniet, Michelle Barrionuevo-Mazzini, Frans Liefhebber, Anton de Jong.

Rina Mae Acosta is een Aziatisch-Amerikaanse schrijver uit Californië die nu in Nederland woont met haar Nederlandse man en twee zoontjes. Ze is afgestudeerd aan de Universiteit van Californië, Berkeley en de Erasmus Universiteit Rotterdam. Ze is de schrijver van de succesvolle ouderschapsblog 'Finding Dutchland'.

Michele Hutchison is redacteur, vertaler en blogger. Ze is geboren in Solihull, groeide op in Lincolnshire en studeerde aan de universiteiten van East Anglia, Cambridge en Lyon. Ze werkte in de Britse uitgeverswereld voor ze in 2004 hoogzwanger naar Amsterdam verhuisde. Daar werkte ze als redacteur en werd een prominent vertaler van Nederlandse literatuur. Ze woont in een oud, lekkend dijkhuis met haar Nederlandse man en twee kinderen.